인간관계와 의사소통능력

김현호 공경배 구헌철 김신혜 모아라
신종우 이순득 장예진 조용태 공저

양 성 원

머리말

인간은 서로 다른 유전인자를 가지고 태어나 서로 다른 환경 속에서 다양한 경험을 통해 발달해 간다. 또한 이러한 유전과 환경을 토대로 발달해오면서 다양한 인간관계를 맺게 된다. 태중에서는 24시간 내내 어머니와 한 몸으로 살면서 그의 숨소리를 듣고 생존에 필요한 것들을 공급받으며 만남을 가졌고, 세상에 태어난 후에는 가족, 학교, 직장, 그리고 사회 등 여러 환경 속에서 다양한 사람들과 관계를 맺는다. 이러한 인간관계는 우리 삶의 의미와 행복의 원천이 될 수 있는 중요한 요소이다. 좋은 인간관계를 유지하기 위해서는 자신과 타인에 대한 긍정적인 마음가짐도 중요하지만 서로가 보여주는 행동이나 표현방법도 매우 중요하다. 따라서 우리는 학교나 직장생활 및 일상생활에서 인간관계능력을 높이기 위하여 그에 필요한 의사소통능력의 방법과 기술을 익히고, 그것을 실제의 대인관계 상황에 활용할 수 있도록 노력하고 연습해야 한다. 이러한 과정을 통하여 사람들은 인간관계능력을 향상시켜 바람직한 인간관계를 수립하고 그것을 잘 유지할 수 있도록 노력해야 할 것이다.

이러한 관점에서 본 교재의 구성은 대학에서 2시간 강의기준으로 총 9장으로 구성되어 있다. 제1장은 인간 자신의 발달에 대해서 알 수 있도록 발달의 개념 및 원리, 발달의 영역 및 단계, 그리고 발달의 쟁점 등에 대해서 다루었다. 제2장은 인간관계에 대해서 전반적으로 이해할 수 있도록 인간관계의 의미 및 특성, 인간관계의 중요성 및 어려움, 인간관계형성을 위한 기본요소, 그리고 긍정적인 의사소통을 위한 자아구조분석 등에 대해서 알아본다. 제3~4장은 인간관계에서 자신을 알 수 있는 자아개념, 정서, 기질, 애착, 그리고 도덕성 등을 다루었다. 제5~8장은 인간관계에서 상호작용의 기본이 될 수 있는 의사소통에 대한 개념과 원리 및 유형, 언어적 · 비언어적 · 효과적인 의사소통 기술 등에 대해서 다루었다. 또한 남·여에 대해서 서로 이해할 수 있는 의사소통의 이해 및 기술에 대해서도 다루었다. 특히, NCS 직업기초능력 중 의사소통능력과 그 하위능력인 문서이해능력, 문서작성능력, 경청능력, 의사표현능력 등에 대해서 NCS에 언급한 사례를 들어 기술하였다. 그리고 마지막 제9장은 인간의 발달과정에서 경제적 소득을 창출하는 직장에서의 인간관계에 대해서 다루었다. 이렇게 구성된 내용에 따라 교수자는 NCS 직업기초능력 중 의사소통능력을 중점적으로 학습할 수 있으며, 기타 내용은 의사소통능력을 향상시키는데 참조해서 교수하면 더욱 효과적일 것이다.

본 교재가 초판이기에 내용상의 편협함과 미비점이나 오류도 많을 것으로 생각된다. 앞으로도 계속적인 수정·보완할 예정이며, 이에 대해서 솔직하고도 진지한 지도와 편달을 부탁드리는 바이다.

2019년 8월

저자 일동

차 례

제1장 인간발달의 이해

제2장 인간관계의 이해

제3장 자신에 대한 이해 I

제4장 자신에 대한 이해 II

제5장 의사소통능력 I

제6장 의사소통능력 II

제7장 의사소통능력 III

제8장 의사소통능력 IV

제9장 직장에서의 인간관계

제 1 장

인간발달의 이해

1.1 인간발달의 개념 및 원리

1.2 인간발달의 영역 및 단계

1.3 인간발달의 쟁점

제1장

인간발달의 이해

인간발달은 전 생애에 걸쳐 일어나는 신체적, 심리적, 심리사회적 변화를 다루는 발달심리학의 일부분이다. 발달심리학은 인간에게 나타나는 보편적인 발달현상과 개인만이 나타내는 독특한 발달현상을 연구하는 학문이며 또한 인간의 전체적인 발달을 이해하기 위하여 현재의 발달상황뿐만 아니라 과거와 미래의 발달을 연결해서 연구하는 학문이기도 하다. 일반적으로 인간발달은 정자와 난자가 수정되는 그 순간부터 죽음에 이르기까지를 대상으로 일어나는 성장과 발달 및 이에 영향을 주는 다양한 변인들을 밝혀내는 데 초점을 두고 연구가 이루어진다. 이러한 학문적 특성에 따른 인간발달을 이해하기 위하여 이 장에서는 발달의 개념 및 원리, 발달의 영역 및 단계, 그리고 발달의 쟁점 등에 대해서 알아본다.

1.1 인간발달의 개념 및 원리

1) 인간발달의 개념

인간발달이란 삶이 시작되는 순간, 즉 난자와 정자가 수정되는 순간부터 전 생애 동안에 일어나는 하나의 연속적인 양적 · 질적인 변화과정이다. 인간발달 과정은 시간이

경과함에 따라 인간이 양적 또는 질적으로 변화하는 과정이라 할 수 있는데, 양적인 변화는 신장, 체중, 어휘력에서 보이는 변화와 같이 크기 또는 양에서의 변화를 의미하고, 질적인 변화는 지능이나 심리의 변화와 같이 본질, 구조 또는 조직상의 변화를 의미한다. 이러한 양적 · 질적인 변화는 신체적, 운동적, 정서 및 사회적 측면 등 인간의 모든 발달 측면에서 일어나며 서로에게 영향을 주게 된다.

원초적으로 발달의 개념은 출생에서부터 영아기, 유아기, 아동기, 청소년기에 이르는 상승적인 변화에 초점을 맞추어 좁은 의미로 사용되어 왔다. 하지만 근래에는 전 생애적인 관점에서 수태의 순간부터 죽음에 이르기까지 전 생애 동안 일어나는 연속적인 변화과정으로 인식하여 노년기의 하강적 변화까지 포함하는 보다 넓은 의미로 사용된다. 오늘날 대부분의 발달심리학자들은 인간발달이 일생을 통하여 발생한다는 견해를 받아들이고 있다. 즉, 인간발달은 전 생애에 걸쳐 생명의 시작에서 죽음까지 사고와 행동의 재조직화를 통해 보다 새롭고 복잡한 행동양식을 나타내게 되는 연속적인 과정이라 할 수 있다.

2) 인간발달의 원리

인간의 개인적 특성에 따라 또는 문화에 따라 발달에는 개인차가 있지만 일반적으로 발달원리에 따라 발달이 이루어진다. 인간발달을 이해하려면 먼저 발달의 기본적인 원리를 알아야 한다. 발달의 기본적 원리는 다음과 같다.

① 발달은 일정한 순서가 있으며 누적적이다. 발달은 유전에 의해 정해진 순서대로 진행되므로 앞으로 진행될 발달의 모습을 예측할 수 있다. 또한 발달은 그 이전에 획득한 행동변화에다 새로운 행동 및 능력이 포함되어 다음 단계로 나아가는 것이다. 예를 들면, 앉고, 서고, 그 다음에 걷는 것처럼 이행능력은 일정한 순서를 거치며 앉기와 관련된 신체적 능력을 획득한 다음 서기, 걷기에 필요한 새로운 능력이 추가되어 이행이 가능해진다.

② 신체적 발달은 일정한 방향으로 진행된다. 신체 및 운동발달의 경우 그림 1-1 과 같이 3가지 원칙에 따라 일정한 순서 및 방향으로 이루어진다. 첫 번째는 두미(Head-to-Tail)의 원칙이다. 신체발달에 있어서 상부에서 하부로의 발달을 의미한다. 즉, 태아의 머리, 뇌 등은 신체의 하부보다 먼저 발달하고 다른 부분에 비해

불균형적으로 크다. 생후 1년 된 영아의 뇌는 성인 뇌 무게의 70%를 차지한다. 다른 신체부위의 성장은 그에 비해 미숙하다. 또한 영아는 신체의 하부보다 상부를 사용하는 것을 먼저 배우게 된다. 두 번째는 중심–말초(Near-to-far)의 원칙이다. 신체적인 발달이 중심에서부터 말초로 발달한다는 것이다. 예를 들면, 태아기 동안에 나타나는 신체적인 발달은 가슴과 내부기관이 먼저 형성되고 다음으로 팔과 다리, 손과 발이 형성된다. 그리고 중추에서 가까운 팔꿈치에서 손목 전반과 허벅지를 사용하는 능력이 먼저 발달하고, 그 후 손과 발, 마지막으로 손가락과 발가락을 사용하는 능력이 발달하게 된다. 세 번째는 전체–특수활동(Mass-to-specific)의 원칙이다. 신체적인 발달이 전체 활동에서 특수 활동으로 발달해 가는 것을 의미한다. 예를 들면, 유아들은 어떤 사물을 잡으려고 할 때 처음에는 몸 전체를 움직이는 운동을 하게 되나 점차적으로 잡을 때 필요한 팔과 손목, 손가락만을 움직여서 원하는 물건을 잡을 수 있게 된다. 신체발달의 3가지 방향성은 그림 1-1 에 나타냈다.

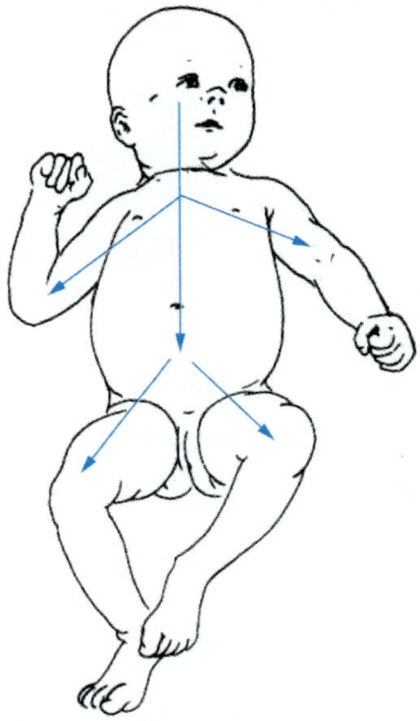

그림 1-1 신체발달의 3가지 방향성

③ 발달에는 개인차가 있다. 모든 인간은 일정한 순서와 방향에 따라 신체적 발달이

이루어지기는 하나 발달속도와 유형에 있어서는 성숙 정도, 학습기회, 학습동기 등의 원인으로 각기 다른 개인차를 보이게 된다. 또한 사람마다 가지고 있는 유전인자와 처해 있는 환경이 다르기 때문에 발달속도나 그 정도에서 차이가 있다. 예를 들면, 일반적으로 2세 영아는 혼자 신발을 신는 것이 쉽지 않으나 소근육 발달이 빠른 영아는 혼자서도 신발을 신을 수 있다. 3세 유아의 경우 말을 잘하고 비교적 이해력도 높은 유아가 있는 반면 말이 늦거나 상대방이 알아들을 수 없을 정도로 의사소통이 원활하지 못한 유아도 있다.

④ 발달은 계속적인 과정이지만 발달의 속도는 동일하지 않다. 인간발달은 상승과 하강 과정을 거치면서 일생 동안 끊임없이 변화하지만 발달해 가는 속도는 신체적, 심리적 특성에 따라 또는 발달영역에 따라 동일하지 않다. 그림 1-2 를 보면 두뇌의 경우 영아기 때 급격한 발달을 나타내고 유아기 때 약 90%가 성장한다. 또한 생식기관은 12세까지 완만한 속도로 성장하다가 이후 빠른 발달속도로 성장한다. 이렇듯이 발달영역에 따라 발달해 가는 모습이 각기 다른데, 신체 부위에 따라 성장시기와 성장속도가 다른 현상을 비동시적 성장(Asynchronous growth)이라고 한다. 청년기까지의 성장발달 곡선은 그림 1-2 에 나타냈다.

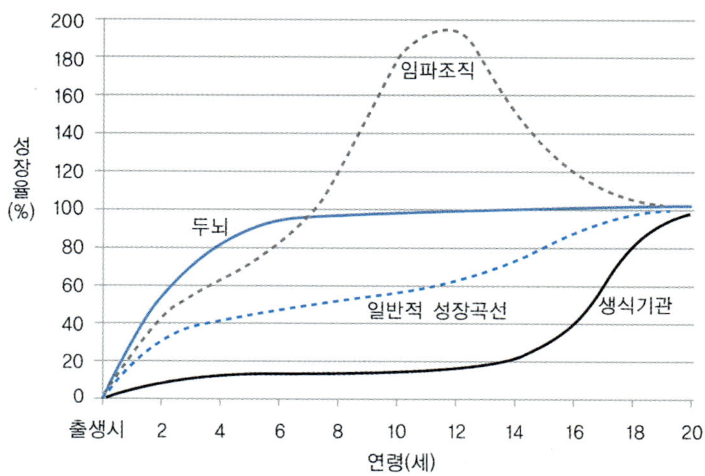

그림 1-2 신체영역별 성장곡선

⑤ 발달에는 결정적 시기가 있다. 결정적 시기(Critical period)는 생물학에서 도입되었

는데, 이는 발달이 가장 급격하게 이루어지는 최적의 시기를 의미한다. 이 시기에 적절한 발달이 이루어지지 못하거나 부정적 영향을 받게 되면 치명적이고 심각한 발달의 장애를 가져오게 된다. 최근에는 결정적 시기의 한계가 불변적이 아니며 환경조건을 인위적으로 조작함으로써 결정적 시기를 확대시킬 수 있다고 본다. 또한 인간의 발달단계 중 생의 초기 단계인 영아기의 경험은 이후 모든 단계의 발달을 좌우한다. 즉, 인간발달 단계에서 결정적 시기인 영아기나 유아기의 경험은 성인기 발달에 지속적인 영향을 미친다는 것이다. 예를 들면, 영아기, 유아기나 아동기에 어머니와 애착을 형성하지 못하면 나중에도 적절한 대인관계를 형성하는 데 어려움을 겪는다.

⑥ 발달의 각 영역은 서로 밀접한 관련이 있다. 인간발달 영역(신체, 언어, 인지, 사회·정서 등)은 각기 독립적으로 발달하지 않고 상호 간에 서로 밀접하게 연관되어 있으므로 한 영역의 발달이 다른 영역의 발달에 직접적인 영향을 미친다. 예를 들면, 정서적으로 불안정한 아이는 친구들과의 관계형성이 어려워 혼자 지내는 경우가 많아 사회성 발달이 늦어진다. 또한 신체적으로 건강하고 정서적으로 안정된 아이는 호기심을 충족시키기 위해 활발한 탐색활동을 하게 되고 그로 인해 인지능력도 발달하게 된다. 그리고 아이들의 지적인 능력은 운동능력과 정서발달에 밀접한 관련이 있기 때문에 아이가 일정한 시기에 앉고 일어선다면 그 아이는 신체적·정서적으로 정상적인 발달을 이루고 있다고 할 수 있다.

1.2 인간발달의 영역 및 단계

1) 인간발달의 영역

인간발달은 크게 신체적 발달, 언어·인지적 발달, 사회·정서적 발달의 세 영역으로 나누어 살펴볼 수 있다. 신체적 발달은 신체변화와 감각 및 운동능력에 관한 것으로 뇌신경발달, 감각기관의 발달, 신장과 체중, 근육, 골격, 사춘기에 나타나는 호르몬 등의 생물학적인 신체 변화와 운동능력의 발달과 관련된 유전, 영향, 건강 등의 요인에 의해 영향을 받는다. 언어·인지적 발달은 지식을 얻고 환경에 대처해 가기 위해 사고하고 배우는 정신적 과정으로 지각, 표현, 개념, 기억, 문제해결능력, 지능, 언어 등의 발달을 다룬다. 사회·정서적 발달은 아동의 선천적인 요인과 부모의 양육행동, 형제, 또래, 교사, 학교, 지역사회, 대중매체, 문화 등의 사회적 관계에서 많은 영향을 받으며 부모자녀관계, 형제관계, 또래관계, 교사와의 관계 등을 통한 자아개념, 정서 및 성격 발달, 사회적 기술능력의 발달 등을 다룬다.

이러한 신체적 발달, 언어·인지적 발달, 사회·정서적 발달은 서로 간에 상호작용을 한다. 예를 들면, 아이들의 신체적 발달은 정서 및 자아개념에 영향을 미치고 또한 또래관계에도 영향을 미친다. 한 영역의 발달은 다른 영역에 직접적인 영향을 미치므로 신체적 발달, 언어·인지적 발달, 사회·정서적 발달 등은 상호작용적이며 역동적 관계를 형성한다. 발달영역 간의 상호작용 관계는 그림 1-3 에 나타냈다.

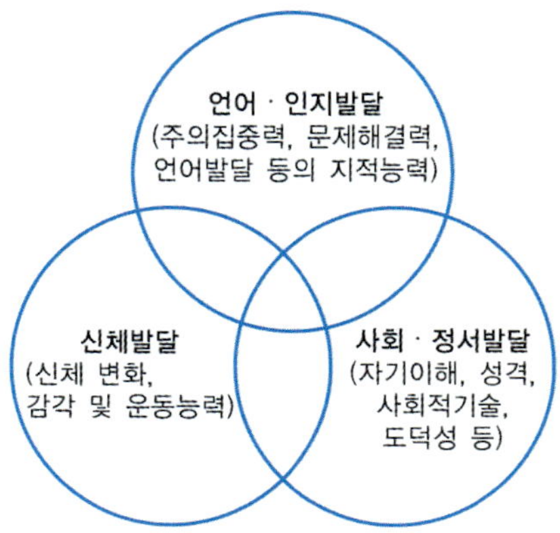

그림 1-3 발달영역 간의 상호작용

2) 인간발달의 단계

인간발달 단계는 일련의 순서에 의해 이루어지는데, 이전 시기의 발달이 이후의 발달에 영향을 미친다. 발달의 순서는 발달의 단계와 시기로 설명할 수 있는데, 발달의 단계를 어떻게 나누느냐는 학자마다 많은 차이를 보이고 있고 상반되는 견해도 있다.

사실상 연령에 따라 발달특징을 분류하는 것은 개인의 발달과정도 다르고 각 사회의 구조가 독특하기 때문에 단순하지는 않다. 이러한 발달단계는 개인마다 발달의 양상이 다르고 개인이 도달하는 발달단계의 연령에 따라 차이가 있지만 본 서에서는 파팔리아와 올드(Papalia & Olds, 1995)가 제안한 인간의 발달단계 8단계에 따라 태내기, 영아기, 유아기, 아동기, 청년기, 성년기, 중년기, 노년기로 구분하였다. 이러한 인간의 발달단계와 발달내용은 표 1-1 에 나타냈다(정옥분, 2007).

표 1-1 파팔리아와 올드의 인간발달단계 및 발달내용

단계 및 시기	주요 발달 내용
태내기 (수정~출생)	• 기본적인 신체구조와 기관이 형성됨 • 신체의 성장이 일생 중 가장 빠른 속도로 이루어짐 • 태내 환경의 영향을 크게 받음
영아기 (0~2세)	• 신생아는 의존적이기는 하지만 나름대로 다양한 능력을 가지고 있음(키는 약 50cm, 몸무게는 약 3.4kg) • 출생 시에 모든 감각기관이 작용함 • 신체의 성장과 발달의 속도가 매우 빠름 • 학습능력과 기억력이 신생아기(출생~4주)에도 형성됨 • 생후 2년이 되면 자아에 눈뜨기 시작함 • 첫돌 무렵에 부모에 대한 애착이 증가함 • 다른 영아에 대한 관심이 증가함
유아기 (2~6세)	• 운동기능과 체력이 신장됨 • 자기중심적 사고가 형성됨 • 인지적 미성숙으로 인해 세상을 보는 눈이 비논리적임 • 놀이, 창의력, 상상력이 풍부함 • 자율성, 자기통제력이 증가함 • 친구의 중요성이 증가하지만 가족이 여전히 생활의 중심이 됨
아동기 (6~11세)	• 신체의 성장이 느려짐 • 체력과 운동기능이 더욱더 신장됨 • 유아기의 자기중심적 사고가 사라짐 • 기억력과 언어기능이 증가함 • 자아개념이 발달됨 • 친구가 생활의 중심이 됨
청년기 (11~20세)	• 신장과 체중이 급격히 성장하고 체형이 변화됨 • 성적 성숙이 이루어짐 • 추상적 사고가 가능해짐 • 청년기의 자기중심성이 나타남 • 자아정체감의 확립이 심각한 문제로 대두됨 • 또래집단이 형성되고 그 영향이 커짐

단계 및 시기	주요 발달 내용
성년기 (20~40세)	• 신체적 건강이 최고조에 달하다가 서서히 감퇴하기 시작함 • 지적 능력이 더 복잡해짐 • 친밀한 관계가 이루어짐 • 대부분의 사람들이 결혼하여 부모가 됨 • 직업을 갖게 되고 자아정체감이 계속해서 발달함
중년기 (40~60세)	• 신체적 건강과 정력이 감퇴하기 시작함 • 여성들은 폐경을 경험하게 됨 • 지혜와 실제적 문제해결능력은 증가하지만 새로운 것에 대한 문제해결능력은 저하됨 • 자녀를 돌보고 부모를 봉양하는 이중의 책임감으로 인해 스트레스가 발생함 • 자녀들이 집을 떠나고 빈둥지 증후군이 나타남 • 삶의 의미를 찾는 것이 매우 중요한 일로 생각됨 • 중년기의 위기가 닥쳐올 수 있음
노년기 (60 이후)	• 신체적 능력이 다소 감퇴하지만 대부분의 노인들은 건강하고 여전히 활동적임 • 반응시간이 더디어져 여러 가지 기능에 영향을 미침 • 지적 능력과 기억력이 감퇴됨 • 은퇴로 인해 수입은 감소하지만 여가시간은 많아짐 • 다가오는 죽음에 대비하여 삶의 목적을 찾을 필요가 있음

1.3 인간발달의 쟁점

인간발달에 대해서 연구하는 학자들이나 이론가들은 인간의 다양한 기능에서의 발달, 즉 신체적 기능, 심리적 기능, 심리사회적 기능 등 인간의 삶과 관련된 많은 것들이 어떻게 형성되고, 그 발달과정은 어떻게 전개되는지, 그리고 그에 영향을 미치는 요인들은 무엇인지에 대해서는 학자마다 서로 상반되는 주장을 제기해 왔다.

발달연구에서 그동안 의문시되어 왔던 쟁점들을 살펴보는 것은 발달을 이해하는 데 도움이 된다. 발달의 쟁점들은 정답이 없을 것이다. 보는 관점에 따라 여러 가지 다른 해석이 나올 수 있으므로 몇 가지 이슈에 대해서만 알아본다.

1) 인간발달의 유전과 환경

유전이란 수정의 순간에 부모로부터 물려받는 유전적인 정보를 말하고, 환경이란 인간의 발달에 영향을 미치는 모든 외적인 조건들을 의미한다. 인간발달이 유전에 의한 것인가? 아니면 환경에 의한 것인가?에 관한 논쟁은 잘 알려져 있다. 이러한 논쟁은 고대 그리스 시대의 플라톤(Plato)이나 아리스토텔레스(Aristotle), 중세의 철학자들, 현재의 발달이론가들에 이르기까지 중요한 논쟁의 대상이다. 플라톤은 국가(The republic)에서 인간발달에는 세 가지 국면이 있는데, 그것은 욕망, 정신, 그리고 신성이라고 하였다. 가장 낮은 수준의 욕망(Desire)은 오늘날 본능, 욕구, 충동으로 표현되며 프로이드(Freud)의 정신분석이론에서 원초아의 개념과 비슷하다. 플라톤에 의하면 욕망은 주로 신체적 욕구만족과 관련되어 있다. 그 다음 수준인 정신(Spirit)은 용기, 확신, 절제, 인내, 대담과 같은 개념이며, 최고의 수준인 신성(Divine)은 초자연적이고 영원하며 우주의 본질을 이룬다. 이것은 진정한 의미의 정신으로서 이성으로 표현된다. 플라톤은 이미 그 시대에 인간이 성장함에 따라 낮은 수준이 높은 수준으로 대체되는 과정이 발달이라고 하였다.

아리스토텔레스는 플라톤의 제자로서 플라톤은 육체와 정신을 분리해서 이해를 했지만 아리스토텔레스는 육체와 정신은 분리될 수 없으며 구조와 기능면에서 서로 관련되어 있다고 주장하였다. 그렇지만 정신구조를 정신세계의 각기 다른 욕망, 정신, 신성의 세 가지 수준으로 구분하는 데는 동의하였다. 정신이 가장 낮은 수준은 영양공급과 생식기능인 것으로 식물과 비슷한 수준으로 보았으며, 그 다음 수준은 감각과 지각의 수준인 것으로 이것은 동물에게도 발견되는 것으로 보았다. 인간과 동물세계를 명확히 구분하는 수준은 이성적 사고를 할 수 있는 능력을 의미한다. 아리스토텔레스는 사고할 수 있는 능력과 더불어 논리 및 이성을 활용할 수 있는 힘이 인간발달의 궁극적인 목적이고 인간의 본질이라고 보았다(Muuss, 1996).

고대 그리스 시대부터 발달에 유전과 환경 또는 천성과 양육 중 어느 것이 얼마나 더 중요한 영향을 미치는가에 대한 논쟁이 있어왔다. 때문에 유전과 환경 문제는 시대마다 다양한 용어를 가지고 논쟁을 거듭해 왔다. 즉, 자연(Nature) 대 양육(Nurture), 생득론(Nativism) 대 문화적 상대주의(Cultural Relativism), 유전(Genetics) 대 사회적 통제(Social Control), 성숙(Maturation) 대 학습(Learning), 선천적 특성(Innate Traits) 대 획득된 특성(Acquired Characteristics) 등이 그것이다(Thomas, 2000).

중세기에는 인류가 순간적인 창조물의 산물이라는 신학적 견해는 전성설(前成說)의 사고를 불러일으켰다. 이 시대에는 어린아이는 성인의 축소판으로 세상에 온다고 믿었고 어른과 어린이의 차이는 질적인 것이 아니라 오로지 양적인 차이로 여겨졌다. 이렇게 주장한 학자들은 인간이 남성의 정자나 여성의 난자 안에 이미 완전한 형상을 갖추고 있다고 믿었다. 따라서 수태 시 오로지 제한된 양적 변화만이 일어나며 환경은 발달의 결과에 거의 영향을 미치지 않는 것으로 믿었다.

반면에 17세기 말 영국의 철학자 로크(Locke)는 인간이 선천적으로 선하거나 악하게 태어나는 것이 아니라 백지상태(Tabula rasa)로 태어난다고 주장하였으며, 인간은 태어날 때 누구나 동등한 상태이지만 태어난 후의 외부 환경요인에 따라 각기 다른 특징적인 발달적 변화를 나타낸다고 주장하였다.

또한 20세기 왓슨(Watson)과 스키너(Skinner) 등의 행동주의 학자들은 자신이 경험한 학습이 인간발달에서의 변화에 대한 근원이기 때문에 인간은 환경을 재구성하여 새로운 학습경험을 하게 되면 새로운 발달적 변화를 가져올 수 있다고 주장하였다. 결국 이러한 입장을 견지하는 학자들은 인간은 선천적인 유전보다 후천적으로 제공되는 환경에 의해 발달이 이루어진다고 주장하였다. 이러한 입장은 양육, 문화적 상대주의, 사회적 통제, 학습, 획득된 특성 등에 의해 발달이 이루어진다고 봄으로써 인간발달에 환경적 요인이 우선적으로 중요하다는 것을 강조하면서 인간을 환경에 의해 영향받는 수동적인 존재로 간주하였다.

인간발달이 자연, 생득론, 유전, 성숙, 선천적 특질 등과 같은 타고난 요인들이 결정한다고 보고 발달에 있어서 선천적 요인의 중요성을 강조하는 유전론자들이 있다. 대표적으로 18세기 루소(Rousseau)는 발달 시 아이의 단계를 결정짓는 가장 영향력 있는 것은 타고난 본성, 즉 자연이라고 주장하였다. 루소에 의하면 아이는 자신이 가지고 태어난 천성을 자연이 이끄는 대로 발달하도록 내버려 두어야 한다고 했다. 그러므로 아이들을 위한 교육은 그들이 타고난 능력과 필요에 따라 각기 발달단계에 맞추어 제공해 주어야 한다고 강조하였다. 또한 20세기 성숙이론가인 게젤(Gesell)도 발달이란 유기체 내부에서 자연스럽게 이루어지는 것으로서 모든 유기체들은 성장하는 데 있어 이미 성장의 방향이 결정되어 있는 성장모형(Growth matrix)을 가지고 있고, 이러한 성장모형은 이미 결정되어 있는 유전적 요소들로 이루어져 있다고 주장하였다(정옥분, 2007). 그러므로 게젤은 아이 자신의 속도에 맞는 발달이 이루어지기 위해서는 아이 중심의 양육환경을 제공해 주는 것이 무엇보다 중요하다고 지적하였다. 결국 유전을 강조하는 입장에 의하면 인간은 누구나 보편적인 발달양상이 있으며 아이가 경험하는 환경조차 유전적 특성에 의해 달라질 수 있다고 봄으로써 능동적 개체로서의 인간 유기체를 강조했다.

인간의 발달에서 유전과 환경의 영향을 논할 때 이 두 요인의 영향을 엄밀하게 구별하기는 어렵다. 20세기 후반 들어 유전과 환경은 인간의 발달에 영향을 미치는 서로 다른 차원이라는 상호작용적인 접근법을 주장하기에 이르렀다. 이러한 관점에서 현재 유전과 환경은 다양한 발달 측면에 대해 환경의 범위는 얼마나 넓은지, 어떤 환경이 아이의 어떤 구조와 행동에 영향을 미치는지, 선천적인 잠재력과 환경 간의 상호작용은 아이들 각각의 발달단계에 어떠한 영향을 미치는지 등에 대한 관심을 기울이고 있다. 결국 오늘날 대부분의 학자들은 유전과 환경은 불가분의 관계를 가지고 있기 때문에 최적의 발달을 위해서는 유전과 환경이 공동으로 그 역할을 수행해야 한다고 주장한다(Thomas, 2000).

유전과 환경에 대한 인간발달의 예를 들면, 일란성 쌍생아인 경우 동일한 유전자를 가지고 태어났더라도 서로 다른 환경에서 성장하면 성격과 행동특성이 서로 다른 성인으로 성장할 수 있고, 태아도 태내 환경의 좋고 나쁨에 따라 다양한 특성과 기질을 지닌 신생아로 태어날 수 있다. 또한 같은 가정환경에서 다른 유전인자를 가지고 태어난 형제들도 동일한 환경에서 함께 성장했다 할지라도 각기 다른 성격이나 행동특성을 나타낼 수 있고, 다른 유전인자를 가지고 똑같은 유해환경에서 근무한 인간이라 할지라도 각자 질병에 걸리는 정도와 빈도에 차이가 있을 수 있다.

이러한 점에서 볼 때 다른 유전인자를 가지고 동일한 환경에서 성장한다 할지라도 서로 다른 발달특성을 나타낼 수 있고, 동일한 유전인자를 가지고 다른 환경, 심지어 같은 환경에서 성장한다 할지라도 각기 다른 발달특성을 나타낼 수 있기 때문에 유전이나 환경 중 어느 것이 더 우세하거나 중요하다고 주장하기는 어렵다. 따라서 인간발달은 개개인의 타고난 특성과 환경 간의 역동적인 상호작용의 산물이므로 인간발달을 최적화하기 위해서는 선천적으로 타고난 유전적인 요인이 최대한 발달될 수 있는 최적의 환경을 제공해 주는 것이 중요하다.

2) 인간발달의 연속성과 불연속성

인간발달은 보는 관점에 따라 연속성 또는 불연속성을 가정할 수 있다. 발달의 연속성을 주장하는 학자들은 행동의적 접근과 같이 학습과 경험을 강조하며 오랜 시간의 훈련과 연습에 의해 발달이 이루어진다고 보았고, 대부분 발달을 점진적이고 연속적인 과정으로 보며 성숙을 강조하였다. 인간발달이 수정에서 죽음까지 연속적이고, 점진적이고, 그리고 축적된 변화로 보았다. 예를 들면, 영아(0~2세)가 처음 말을 시작할 때 이것은 갑작스럽고 불연속적인 것으로 보이지만 연속적인 견해로 보면 말을 하는 것은 몇 주 또는 몇 달에 걸친 성장과 연습의 결과이다. 마찬가지로 사춘기 역시 보기에는 갑작스럽고 불연속적인 사건으로 보이지만 사춘기 또한 수년에 걸쳐 일어나는 점진적인 과정이다.

반면에 발달의 불연속성을 주장하는 학자들은 발달은 독립적이고 질적으로 차이가 있는 불연속적인 단계들로 이루어진다고 하였다. 인간발달은 양적인 것이 아니고 질적으로 서로 다른 단계를 통해서 진행된다고 보았다. 예를 들어 생후 1년 된 영아의 걷기를 각각의 입장에 따라 설명해 보면, 발달의 연속성을 가정하는 입장에서는 영아의 걷기는 생후 1년간의 근육과 중추신경계의 계속적인 발달 및 걷기를 위한 영아의 끊임없는 연습과 경험, 걷기를 위한 적절한 환경자극 등이 있기 때문에 걸을 수 있다고 본다. 그러나 불연속성을 가정하는 입장에서는 생후 1년 동안 영아는 각각의 특징적인 발달단계, 즉 생후 3개월에 뒤집기, 생후 6개월에 앉고 기며, 생후 10개월에 잡고서는 등의 질적으로 상이한 발달단계의 서로 다른 행동특성들을 발달시킴으로써 걷기를 위한 이전의 행동특성이 사전 행동이 되어 이를 기초로 걷게 된다고 본다.

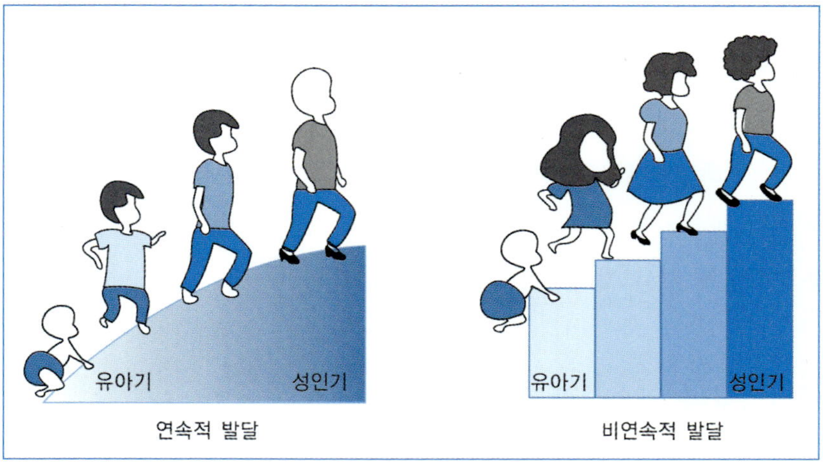

그림 1-4 인간발달의 연속성과 불연속성

이렇듯이 학자들은 나름대로 자기 자신의 입장을 강조하여 주장하기 때문에 보는 관점에 따라 인간의 발달이 단계적인 또는 점진적인 형태로 나타날 수 있다. 따라서 인간발달이 연속성이냐 불연속성이냐에 대한 논쟁도 유전과 환경에 대한 논쟁처럼 합일점을 찾기가 쉽지 않다. 발달의 연속성과 불연속성에 대한 것은 그림 1-4 에 나타냈다.

3) 인간발달의 성숙과 학습

인간발달과 관련해서 위에서 언급한 또 다른 쟁점은 성숙과 학습에 관한 것이다. 성숙과 학습에 관한 논쟁은 유전과 환경의 영향에 대한 논쟁과도 유사하다. 성숙은 유전적 요인에 의해 발달적 변화들이 통제되는 생물학적 과정을 의미한다. 유아기의 빠른 성장과 사춘기의 2차 성장과 같은 변화나, 걷기 전에 서고, 두 단어를 말하기 전에 한 단어를 말하는 것과 같은 발달의 순서는 성숙에 기인하는 사건들로서 특별한 연습이나 훈련의 결과가 아니다. 즉, 이것들은 학습되지 않는 것들이다. 성숙론을 주장하는 학자들은 좋지 않은 환경이 인간의 발달을 저해하는 요인이 될 수 있지만 기본적으로 성장은 성숙에 의존한다고 믿었다.

반면에 학습론을 주장하는 학자들은 인간발달에서 경험의 중요성을 강조하였다. 학습은 훈련이나 연습에서 기인하는 발달적 변화를 의미하며 그 결과는 개별적이고 특수하다. 예를 들면, 외국어의 습득이나 운전기술의 습득은 매우 특정한 훈련에 의존하는 학습된 행동이라고 할 수 있다(정옥분, 2007).

위에서 언급한 3가지 경우의 쟁점 외에 인간발달은 능동적인가 수동적인가, 양적인가 질적인가, 초기 경험에 의한 것인가 후기 경험에 의한 것인가 등이 있을 수 있다. 모든 논쟁에서 어느 한편만을 지지한다는 것은 현명하지 못한 것이다. 왜냐하면 인간의 전 생애를 통해 유전과 환경, 연속성과 불연속성, 성숙과 학습, 초기 경험과 후기 경험 등의 유·무 중 어느 한쪽만이 발달에 영향을 미치는 것이 아니라 양자 모두가 발달에 영향을 미친다고 보아야 하기 때문이다.

제 2 장

인간관계의 이해

제2장

인간관계의 이해

인간관계는 두 명 이상의 사람들 사이에서 일어나는 모든 관계를 통틀어 말하는 광범위하고 총체적인 면을 의미한다. 인간관계에서 아무리 훌륭한 이론적 지식과 효과적인 기술을 갖추었다 하여도, 상대방과의 수평적 관계 또는 라포(Rapport)가 형성되어 있지 못하면 인간관계에 어려움이 따르게 된다. 따라서 인간관계는 상대방의 사회적 욕구와 문제를 있는 그대로 긍정하고 상호 간에 긍정적 인간관계를 맺을 수 있는 기술을 의미한다.

베이커(Barker, 1987)는 인간관계에서 라포는 송신자(말하는 사람, 요구하는 사람)와 수신자(듣는 사람, 받아들이는 사람) 간의 상호이해와 배려하는 조화, 공감, 화합의 상태라고 하였다. 따라서 라포형성은 상호 간의 배려와 상대방의 존엄성, 수용, 자기결정 등을 실천할 수 있는 기초를 제공한다. 이 장에서는 인간관계의 의미 및 특성, 중요성 및 어려움, 효과적인 인간관계형성의 기본요소, 그리고 긍정적인 의사소통을 위한 자아구조 분석 등에 대해서 알아본다.

2.1 인간관계의 의미 및 특성

1) 인간관계의 의미

인간관계는 두 명 이상의 사람들 사이에서 일어나는 모든 관계를 통틀어 말하는 광범위하고 총체적인 면을 의미한다. 인간관계는 부모와 자식, 부부, 친척, 친구, 직장, 학교 등에서의 관계형성은 물론, 우연하게 일상생활에서 스쳐가는 모든 사람들과의 관계형성도 인간관계에 포함된다. 일찍이 "인간은 사회적 동물이다."라고 정의를 내린 아리스토텔레스에 의하면, 인간은 혼자가 아니라 여러 사람들과 어울려 공동체를 구성하고 그 안에서 살아간다는 의미를 강하게 보여주고 있다. 인간은 출생과 더불어 죽을 때까지 타인과의 관계 속에서 생활하게 된다. 원하든 원하지 않든 수많은 사람들과 더불어 살아가야만 한다. 수많은 사람들이 엉키고 뒤섞여 혼자서 모든 것을 해결할 수 없고 서로를 의지하며 살아가 수밖에 없는 사회구조의 탓도 있지만 사람들과의 조화로운 관계가 삶의 질과 건강을 향상시키기도 한다. 따라서 인간관계는 타인과의 상호작용을 통해서 이루어지는 사회화 과정으로서 효과적인 인간관계는 그 관계에 참여하는 개인들에게 매우 중요한 역할을 하게 된다.

인간관계능력은 학문적 성취와 대등한 관계에서 우리의 건강한 삶을 위해 반드시 획득되어야 할 하나의 능력이다. 인간이 아무리 사회적 존재라 하더라도 인간관계는 사회조직 속에서 자연스럽게 이루어지는 것은 아니다. 인간관계능력은 타고날 수도 있지만 키워질 수 있는 변화 가능한 능력이다. 우리가 수학문제의 유형을 많이 알고 연습하면 잘할 수 있듯이 인간관계의 원리와 기술을 배우고 익히는 것이 중요하다. 따라서 효과적인 인간관계능력을 향상시키기 위해 송신자(요구하는 사람)는 개방적이고, 정직하고, 비심판적이고, 그리고 신뢰성 있게 말을 하고 행동해야 할 것이다.

카두신(Kadushin, 1990)은 좋은 인간관계형성을 위해 다음과 같은 기술을 제시하고 있다(Kadushin, 1990: 엄명용 외, 2009).

① 상대방의 자기결정권 문제에 대해 관심을 갖는다.

② 상대방의 문제에 관심을 갖고, 따뜻함을 전하고, 신뢰분위기를 조성한다.

③ 상대방의 개별성에 대해 존경심을 보인다.

④ 상대방 개인에 대한 수용의 태도를 보인다.

⑤ 공감적인 이해를 보인다.

⑥ 진실성과 믿음을 보인다.

⑦ 어떤 정보를 비밀로 보장할 것인지 그렇지 않은지에 대한 판단능력을 보인다.

또한 밀러(Miller, 1976)는 좋은 인간관계가 형성되면 다음과 같은 이점이 있다고 하였다(Miller, 1976: 최경화 외, 2010).

① 잘 형성된 관계는 욕구 및 문제해결을 긍정적으로 해결할 수 있다.

② 상대방 모두에 대해 자신과 타인에 대한 이해의 폭이 넓어진다.

③ 상대방 자신의 가치에 대해 높이 평가하게 되어 자신감과 능력을 향상시킬 수 있다.

④ 타인과 접촉하고 인관관계를 형성하려는 욕구가 이전보다 강해진다.

이러한 관점에서 볼 때, 잘 형성된 인간관계는 상대방의 문제해결과 변화에 촉진제 역할을 할 뿐만 아니라 전달자나 상대방 모두에게 자아성장을 발달시킬 수 있는 기회를 제공할 수 있다.

2) 인간관계의 특성

인간발달에서 다른 사람과 관계를 형성한다는 것은 상호 간의 신뢰를 바탕으로 이루어진다. 인간은 태어나면서부터 죽을 때까지 수많은 사람들과의 만남을 통해서 관계를 형성하며 살아간다. 그러나 이러한 인간관계 또한 급변하는 현대사회에 따라 다양해지고 복잡해졌다. 현대사회에서 살고 있는 사람들은 이전에 비해 인간관계로 겪는 정신적인 스트레스가 많아졌다. 인간관계는 쉽지 않고 마치 작은 우주라고 할 만큼 오묘하고 복잡하기 때문에 인간과 인간의 만남 속에서 전개되는 인간관계야말로 가장 어려운 삶의 수수께끼라고 하지 않을 수 없다. 이렇게 인간관계가 복잡하고 어려운 이유는 다음과 같다(임혜경 외, 2012).

① 성장해 가면서 인간관계의 수가 많아지고 복잡해지기 때문이다.

② 사람들은 모두 각각의 개성과 특색이 다르기 때문이다.

③ 사람들은 누구나 자신을 주인공으로 생각하고 세상에서 가장 중요한 존재로 간주하며, 개인은 전체의 한 부분이라는 사실을 인정하는 데 인색하기 때문이다.
④ 사람들은 자기 자신을 모를 뿐 아니라 상대방에 대해서는 더욱 모르기 때문이다.
⑤ 상대방을 신뢰하지 못하고 상대방에게 필요한 존재가 되지 못하기 때문이다.
⑥ 서로 적당한 관계를 유지하지 못하고 있기 때문이다.
⑦ 사람들은 육체적 제약은 물론 각자의 경험이나 가치관, 인생관 등에 따라 주관적인 눈으로 세상을 바라보기 때문이다.
⑧ 인간 각자의 성숙도가 낮고 인간관계에서 상대방에 대한 기대가 지나치게 크기 때문이다.
⑨ 바람직한 인관관계의 형성기법의 이해가 부족하기 때문이다.

2.2 인간관계의 중요성 및 어려움

1) 인간관계의 중요성

불교에서 말하는 "인생은 고통의 연속이다."라는 말을 상기해 보자. 태어나는 순간부터 매번 직면하는 인생의 도전과 그 속에서 나오는 고통을 표현한 것이다. 사실 나이가 들수록 어떻게 삶을 만들어 가느냐에 따라 인생을 끝없는 고통으로 만들어 가기도 하고, 고통을 통하여 동시에 성장을 하기도 한다. 이러한 고통을 통한 성장은 지혜로운 삶을 만들어 가기도 한다. 혼자 생존할 수 없는 것이 인간 사회이고 서로 엮여서 상호 협동해야만 힘든 삶을 즐겁고 의미 있게 만들어 갈 수 있다. 인간관계는 상대방과 경쟁하며 최고의 이익을 창출해야만 하는 책임과 의무를 면제받은 유아기나 학창시절에는 인간관계가 복잡하지 않다가 경제적인 부양과 책임이라는 임무가 주어지는 성인이 되면서 더 복잡하고 다양해진다.

혼자 살아가기가 힘들어 외로움도 채우고 힘든 어깨의 짐도 나누어 가질 새로운 삶의 길을 선택하지만 더 많은 짐과 고통을 호소하는 사람들이 적지 않다. 자녀와 부양자가 늘면 책임감이라는 밧줄에 얽매여 또 다른 도전을 받아들이며 해결해 나가야 하는 과제로 채워진다. 개인마다 인간관계의 중요성을 어디에 두느냐에 따라 차이가 있을 수 있다. 그러나 아름답고 보람 있는 인간관계는 우리가 사는 보람의 목표로도 가치가 있을 뿐만 아니라 우리가 하는 일 자체가 잘 이루어질 수 있게 하며 성취감과 함께 만족감을 주게 하는 것이다. 그리고 바람직한 인간관계는 우리가 속해 있는 공동체 자체의 성장과 목적 달성에도 기여한다. 이러한 인간관계가 우리의 삶 속에서 갖는 중요성은 다음과 같다(이성태, 2011; 이은숙, 2012).

① 인간관계는 인간을 아름답게 한다는 것이다. 우리를 인간답게 하는 것은 다른 사람들과의 상호작용이다. 우리는 인간관계 속에서 서로 인간으로 대하고, 관심을 갖고, 그리고 서로의 욕구에 반응하는 법을 배우며 사회화가 된다. 인간다움을 나타내는 특성들 가운데는 친절, 자비, 배려, 관심, 연민, 협동, 사랑, 그리고 보호하기 등이 포함되어 있다. 이러한 특성들이 인간관계 속에서 상호작용의 결과로 성장하게 된다. 현대 산업화와 첨단 기계문명 사회의 역기능의 결과로 비인간화되어 가는 인간관계 속에서는 이러한 인간다움의 특성들이 박탈되고 인간의 가치에 대한 무관심이 반영된 비인간적인 방식으로 취급됨으로써 인간은 기계화되고, 대상화되고, 그리고 수단화된다. 즉, 중요한 것은 우리 각자가 다른 사람을 대하고 관계형성을 맺는 방식과 그 관계의 질이 우리가 어떤 종류의 사람이 되는가를 결정하게 된다는 것이다.

② 인간관계는 개인의 가치와 정체성을 높여 준다. 인간관계는 한 공동체의 일원으로서 자신의 능력과 가치를 도전받고 도전할 수 있는 동기부여를 제공한다. 사회라는 집단을 통해서 사람들은 인간에게 주어진 무한한 능력과 도전을 하여 자신의 가치를 인정받으며 존재감을 갖는다. 사람들이 어울려서 형성되는 사회라는 공동체에서 조화를 이루며 좋은 관계가 형성되었을 때 자신의 가치 또한 의미를 가지게 된다. 개인적으로 최고의 위치에 도달하고 엄청남 부를 누린다고 해도, 실패한 인간관계가 그 자신에게 주는 삶의 결과는 의지할 친구 하나 없는 외로운 노후가 될 것이다.

사람들은 어느 집단에 의해서 정체성을 찾고 생산적인 일을 할 때 가치와 의미를 느낀다. 그리고 자신의 가치를 알아주는 환경에서 능력발휘가 최고에 도달하는 경우가 많다. 사회 속에 자신의 정확한 존재 가치를 가지고 있다는 자존감을 높이게 된다. 좋은 인간관계를 유지하는 사람들은 긍정적으로 세상을 바라보기 때문에 도전 의욕을 느끼고 꾸준한 실천으로 좋은 결과를 얻을 수 있도록 노력하게 된다.

③ 인간관계는 신체 및 정신건강에 도움이 된다. 양육자와 아이 간의 신체적 접촉의 결핍이나 무관심은 아이의 신체적 성장이나 정신건강에 장애로 작용한다. 부모나 양육자의 따뜻한 보살핌은 아이의 대뇌 시상부와 뇌하수체를 자극하게 되어 성장 호르몬의 분비를 왕성하게 함으로써 신체발육을 촉진시킨다.
정신건강은 다른 사람들과 협력적이며, 상호 의존적인 관계를 수립할 수 있고 유지하는 능력이라고 할 수 있다. 수용적인 인간관계의 수립이 어려운 사람들은 상당한 불안과 우울, 좌절, 그리고 소외감 등을 갖는 경우가 많다. 긍정적이고 효율적인 인간관계는 정신건강과 적응에 밀접하게 관련되어 있다. 부정적인 인간관계를 맺는 사람들은 심리적 고민의 증가, 자기 신뢰와 자율성 감소, 그리고 일관된 자아정체감 결여 등의 현상이 나타난다.

④ 인간관계는 스트레스를 줄이고 건강한 삶을 유도할 수 있다. 현대인들의 스트레스 수준은 매우 위험한 수준이다. 자신의 의지와는 상관없이 급속도로 변화해서 감당할 수 없는 업무의 요구 때문이다. 더 좋은 차, 더 좋은 집, 더 나은 교육 등의 무한한 계획 속에서 쫓고 쫓기며 높은 스트레스를 받고 있다. 많은 사람들이 스트레스를 제공하는 외적 영향이라고 하지만 스트레스 조절은 자신에게 달려 있다. 자신의 현실감 있는 목표 설정, 스트레스 증상 인식, 그리고 스트레스 해결 등 모든 것을 자신만이 해내야 되기 때문이다. 현대인의 필수품이 되어버린 스트레스는 사람들과의 좋은 인간관계를 통해서 감소시킬 수 있다. 힘들 때 어깨를 빌릴 수 있는 사람, 감당할 수 없는 일을 나눌 수 있는 사람, 이야기하고 싶을 때 들어줄 수 있는 친구 등 그냥 옆에만 있어 주어도 스트레스 증상을 완화시킬 수 있다. 현대사회는 스트레스 없이 삶을 유지하는 것이 불가능하지만 스트레스를 완화할 수 있는 능력이나 인간관계를 형성하는 것이 중요하다.

2) 인간관계의 어려움

우리는 삶에 있어 중요한 인간관계를 만족스럽고 효과적으로 잘 맺고 있는가? 인간관계가 원만하지 못한 사람들 중에는 자신의 문제를 잘 파악하고 있어서 인간관계 개선과 향상을 위해 노력하는 사람이 있는가 하면, 자신의 문제를 전혀 인식하지 못하거나 문제를 은폐하려는 사람도 있다. 자신의 문제를 잘 인식하고 이를 극복하기 위해 노력하는 사람들은 그렇지 않은 사람보다 대인관계에서 문제를 훨씬 빨리 해결할 수 있다. 자신의 문제에 대한 정확한 이해와 극복하려는 의지가 있는 한 극복할 수 있는 것이 바로 인간관계 문제이기 때문이다. 따라서 긍정적인 인간관계를 맺기 위해서는 먼저 인간관계를 저해하는 요인들을 규명해 볼 필요가 있다.

인간관계에 부정적 영향을 미치는 요인들을 일일이 열거할 수는 없지만, 가장 큰 영향을 미치는 것으로 개인의 성격과 습관화된 바람직하지 못한 행동특성을 들 수 있다. 지나치게 공격적이거나 조급함, 의심, 부정적 태도 등은 원만한 인간관계의 형성에 바람직하지 못하다. 반대로 너무나 소극적이거나 수동적이어서 자기의 의견을 제대로 표현하지 못하고 숨기고 억압하는 경우에도 긍정적인 인간관계를 맺기는 어렵다. 상대방을 존중하지 않는 태도와 배려의 부족도 인간관계를 저해하는 큰 요인이 된다. 또한 이렇게 중요한 인간관계임에도 불구하고 인간관계에 대한 관심과 지식이 부족해서 어려움을 겪는 사람들도 있다. 이에 타인을 대하는 대인기술을 숙지하고 있는지 점검해 볼 필요가 있다. 조금이라도 인간관계에 대한 이해가 있다면 좀 더 행복하고 즐거운 생활을 만들 수 있을 것이다.

특히, 대학 시기는 정체감, 인생관, 사회적 가치관 등이 확립되는 시기로, 진리탐구와 직업을 준비하는 기간이며 인간관계의 폭을 넓히는 시기이다. 그러나 통제적으로 타율적인 대학입시 위주의 주입식 교육으로 인해 자율적이고 책임감 있는 생활태도를 갖지 못한 채 성적에 맞추어 대학을 진학하다 보니 자신의 욕구와 능력, 타인의 요구와 가치기준 사이의 혼란과 갈등으로 대학생활에 적응하지 못하고 인간관계의 어려움을 호소하는 대학생들이 많이 있다(송명자, 2009). 또한 직장이나 조직사회에서 상대방에 대한 배려의 부족으로 많은 사람들이 인간관계의 어려움을 호소하는 경우도 있다.

실제로 우리 인간관계에서도 나와 남을 잘 알면, 즉 나와 타인에 대한 올바른 이해에 기초한다면 바람직한 인간관계를 형성할 수 있을 것이다. 타인의 생각이나 욕구, 감정에 대한 이해가 깊을수록 더 효율적인 인간관계가 가능해진다. 인간관계는 우리 삶의 중요한 과제이며 행복한 삶을 영위하기 위한 기본 조건이다. 따라서 긍정적인 인간관계는 두 사람 중 어느 한쪽이 자기의 정체성을 잃어버리고 상대방에게 흡수되어서는 안 된다. 진정한 인간관계란 타인의 관계 속에 있는 나를 이해하고, 수용하며, 개방하는 것뿐만 아니라 관계를 맺는 타인을 이해, 수용, 그리고 개방하여 새로운 우리로 거듭 태어날 때 가능하다. 과연 나의 인간관계는 어떻게 하고 있는지 다음의 척도를 활용하여 체크해 보면서 더 나은 인관관계를 형성할 수 있도록 노력하는 것이 필요하다.

□ 다음의 내용을 읽고 당신에게 가장 적당한 하나를 골라 번호에 동그라미 해주세요(자신의 느낌대로 정확하고 솔직하게 답하기 바랍니다).

번호	내용	점수				
		①	②	③	④	⑤
1	나는 인간으로서 나 자신에 대해 만족한다.					
2	나는 인간으로서 다른 사람에 대해 만족한다.					
3	다른 사람이나 친구들은 나를 만족하는 사람이라고 생각할 것이다.					
4	다른 사람들은 자기 자신을 인간으로서 만족하는 사람으로 생각할 것이다.					
5	다른 사람들과 나의 관계는 원만한 편이다.					
6	나는 다른 사람의 욕구나 바라는 것을 잘 아는 편이다.					
7	나는 내 자신의 느낌을 잘 이해하는 편이다.					
8	나는 다른 사람의 느낌을 잘 이해하는 편이다.					
9	나는 다른 사람과 의사소통하는 것이 쉽다고 생각한다.					
10	나는 다른 사람에 대해 감수성이 있는 편이다.					
11	나는 다른 사람에 대해 관심이나 온정적 태도가 많은 편이다.					
12	나는 다른 사람에 대한 내 생각이나 느낌을 개방적으로 표현한다.					
13	나는 다른 사람의 느낌을 이해하는 것이 쉽다.					
14	나는 다른 사람의 이야기를 듣는 것이 쉬운 편이다.					
15	나는 다른 사람을 신뢰하는 편이다.					
16	나는 다른 사람에 대해 친근감을 느끼는 편이다.					
17	나는 대인관계에 있어서 자신감이 많은 편이다.					
18	나는 다른 사람과 의견이 불일치할 때 이를 건설적으로 잘 다루는 편이다.					
19	나는 다른 사람과 대화를 할 때 어려움을 느끼지 않는다.					

번호	내용	점수				
		①	②	③	④	⑤
20	나는 다른 사람에 대해 긍정적인 느낌을 잘 표현하는 편이다.					
21	나는 다른 사람에 대해 부정적인 느낌을 건설적으로 표현하는 편이다.					
22	나는 다른 사람과 나의 개인적인 관심사를 나누고 싶은 편이다.					
23	나는 다른 사람이 나에 대해 표현하는 긍정적인 느낌을 믿고 건설적으로 받아들이는 편이다.					
24	나는 사람이 나에 대해 표현하는 부정적인 느낌을 건설적으로 받아들이는 편이다.					
25	나는 다른 사람과 앞으로 대인관계를 어떻게 맺어야 할지 이해한다.					

전혀 그렇지 않다 ①, 대체로 그렇지 않다 ②, 그저 그렇다 ③, 대체로 그렇다 ④, 매우 그렇다 ⑤
출처: 정호권(2003).

위의 척도의 채점방식은 ① 만족감(1, 2, 3, 4항), ② 의사소통(9, 14, 18, 19, 24항), ③ 신뢰감(15, 17, 23항), ④ 친근감(5, 11, 16항), ⑤ 민감성(6, 10항), ⑥ 개방성(12, 20, 21, 22항), 그리고 ⑦ 이해성(7, 8, 13, 25항) 등에 해당하는 7개 영역에서 각각에 해당하는 문항의 합산 점수를 산출한다. 해석방법은 다음과 같다.

① 만족감 : 동료들과의 관계가 바라던 대로 이루어져 흐뭇하게 여기는 정도
16점 이상 : 만족/ 12~15점 : 보통/ 11점 이하 : 불만족

② 의사소통 : 의도하고 있는 의미를 능동적으로 전달하고 수용하는 능력의 정도
21점 이상 : 원활한 의사소통/ 16~20점 : 보통/ 15점 이하 : 의사소통 능력이 낮음

③ 신뢰감 : 동료를 믿고 있는지 그렇지 않은지의 심리적 성향
12점 이상 : 신뢰도가 높음/ 9~11점 : 보통/ 8점 이하 : 신뢰도가 낮음

④ 친근성 : 인간관계에서 타인과 쉽게 친해지는 정도
13점 이상 : 친근함/ 10~12점 : 보통/ 9점 이하 : 친근도가 낮음

⑤ 민감성 : 인간관계에서 느낌이 날카롭고 빠르며 예민한 성질
9점 이상 : 민감함/ 7~8점 : 보통/ 6점 이하 : 민감하지 않음

⑥ 개방성 : 자신의 내면과 행동을 동료들에게 솔직하고 정직하게 포용할 수 있는 정도
17점 이상 : 개방적/ 13~16점 : 보통/ 12점 이하 : 폐쇄적

⑦ 이해성 : 이성적으로 사리를 분별하여 해석하며 포용할 수 있는 정도
18점 이상 : 포용적/ 15~17점 : 보통/ 14점 이하 : 낮음

● 느낀 점이나 개선할 사항을 기록하고 발표해 본다.

2.3 인간관계형성을 위한 기본요소

인간의 발달과정에서 상호작용에 의한 인간관계를 형성하는 것은 매우 중요하다. 또한 효과적인 관계를 맺기 위해서는 나 자신을 이해하고 상대방을 이해하는 것이 중요하다. 효과적인 인간관계형성을 위해 다음과 같은 인식이 중요하다.

1) 자아인식과 자아실현

자아인식(Self-awareness) 또는 자아인지(Self-cognition)는 인간의 발달과정에서 영아기(0~2세) 후반부터 나타나는 정서적 성장의 표시로 자신과 다른 사람이 서로 다른 개체(개개인의 특성)라고 인식하는 것이다. 이러한 점에서 나를 알게 되는 자아인식은 상대방을 배려하고 관심을 갖게 할 수 있으므로 인간관계형성을 위한 기본조건이 된다. 따라서 자아인식이란 자신과 자신의 목표에 관하여 깊이 숙고하고, 자기 자신을 믿고 존중하며, 그리고 자신의 복잡한 대인관계활동의 중요한 부분으로 관찰할 수 있는 능력을 의미한다(엄명용 외, 2009: 최경화 외, 2010). 이렇게 본인이 자신의 자아인식을 발달시키기 위해서는 자아성장(Self-growth)의 투철한 동기와 목적을 가지고 인간관계의 경험을 통하여 자기 자신과 자신의 욕구에 대한 인식을 명확히 하고, 자기 자신 내의 여러 성격 유형들을 처리할 수 있는 능력을 키우고, 그리고 사실을 정확히 인식하고 긍정적

관계를 형성하기 위하여 자신에 대한 능력의 한계성으로부터 탈피할 수 있는 능력을 키워야 한다(최경화 외, 2010). 본인의 과거 경험이나 선입견으로 상대방을 대하고 있지는 않은가 돌이켜 생각해 볼 필요가 있다. 개개인이 가지고 있는 가치와 편견은 각자가 사람들에 대한 가정을 만들게 하고, 이러한 가정은 사람들에 대해서 생각하는 방식, 태도, 그리고 다루는 방식에 직접적으로 영향을 줄 수 있기 때문이다(이윤로, 2009).

또한 본인의 자기인식은 인간관계형성 과정에 있어서도 중요한 부분을 차지한다. 사회에서 다양한 사람들을 대하는 본인은 상대방의 성격과 특성, 문제에 대한 민감성, 유연성, 적절성, 그리고 직관력 등을 가지고 반응을 해야 한다. 따라서 본인은 상대방에 대한 선입견이나 편견을 갖지 않고, 자신의 경험을 이해하고, 그리고 자기인식을 명확히 하여 인간관계를 맺고 상대방의 욕구만족에 도움을 주는 상호작용을 해야 한다.

긍정적인 인간관계를 맺기 위해 본인은 정체성을 갖고 항시 자신에게 많은 질문을 함으로써 자기인식을 발달시키기 위해 힘써야 한다. 이윤로(2009)는 자기인식 발달을 위해 다음과 같은 질문을 제시하였다.

① 상대방의 욕구에 대한 나의 입장은 무엇인가?
② 나의 견해는 어디로부터 나온 것인가?
③ 나의 가치는 수정 가능한 것인가?
④ 나의 생각에 대한 변화를 시도해 보았는가?
⑤ 나는 상대방에게 나의 가치관을 받아들이도록 재촉하고 있지는 않은가?
⑥ 나의 가치관이나 신념이 상대방에게 어떠한 영향을 주고 있는가?

자아실현(Self-actualization)은 매슬로우(Maslow)가 제안한 인간의 욕구 5단계(생리적 ⇒ 안전 ⇒ 사랑 · 소속 ⇒ 자아존중 ⇒ 자아실현) 중 최상의 단계에 해당하는 것으로, 자신의 잠재력을 발휘시키기 위하여 자신의 강점과 제한점을 수용하며 독립적이고 자발적이 되고자 하는 것이다. 이러한 자아실현은 인간관계에서 본인이 상대방의 모든 문제를 그 자신의 성장을 위한 기회로 삼고, 인간의 문제와 난관에 당면해도 지혜롭게 해결할 수 있는 능력을 의미한다고 할 수 있다.

2) 감정파악과 감정이입

인간관계에서 중요한 것은 상대방이 처한 상황에서 그가 가질 수 있는 감정을 이해하면서 대하는 능력이다. 사회생활에서 상대방이 나에게 도움을 요청할 때, 그 도움의 종류가 경제적인 문제나 자원의 부족에서 오는 문제라 할지라도 감정에 따른 정서적인 어려움을 가지고 있는 경우가 많다. 이러한 경우 본인은 상대방이 경험하고 있는 감정을 공감하면서 잘 파악하고, 자신이 파악한 감정상태가 맞는지 다시 한 번 상대방에게 확인해 보아야 한다.

여기서 공감(Sympathy)은 상대방이 경험하고 있는 상황과 그 상황에 비롯된 감정을 내가 경험하고 있듯이 같이 느끼는 것을 의미한다. 이러한 공감을 통해 감정을 파악했으면 감정이입을 통하여 상대방에게 전달해야 한다. 여기서 감정이입(Empathy)은 자신의 관점을 유지하면서 다른 사람의 내면 깊숙한 감정을 민감하면서도 정확하게 인지하고, 그 감정을 이해하고 있음을 전달하는 것이다(Hepworth & Larsen, 1990; 이윤로, 2009). 감정이입은 상대방에 대하여 적극적인 경청과 그에 대한 계속적인 주위를 기울여 그가 어떻게 느끼는지를 가리키는 비언어적인 행동에 대해 민감하게 관찰함으로써 도달될 수 있다.

3) 타인에 대한 관심과 이해

타인에 대한 관심은 상대방에게 일어나는 일에 대해서 진심어린 관심을 가지며 상대방의 감정과도 교류할 수 있음을 의미한다. 프롬(Fromm, 1956)은 상담의 초기단계에서 타인에 대한 관심은 책임감, 배려, 존중, 그리고 타인에 대한 이해 및 그들의 더 나은 삶에 대한 바람까지도 포함한다고 하였다(Fromm, 1956; 권구영 외, 2009). 이렇듯이 타인에 대한 관심과 배려는 인간관계형성 과정에서 필수적이다. 누구나 다른 사람을 도우려고 할 때에는 그 사람과 깊이 있는 관계를 맺어야 하는 것은 사실이다. 그러나 다른 사람과 정서적으로 유대가 가까워질수록 해결해야 할 문제에 대해서 과도하게 관여하게 될 위험이 있을 수 있는데, 이러한 경우 상대방의 정서적 · 심리적 마음을 고려하여 상호작용하는 것이 중요하다.

타인에 대한 이해는 인간관계의 기본적인 기술로 상대방의 마음을 읽고 그의 눈을 통해서 세상을 볼 수 있는 능력이다(권구영 외, 2009). 이러한 이해의 능력은 인간관계 형성에 중요하게 작용할 수 있는데, 본인은 상대방의 감정, 욕망, 가치, 신념, 그리고 지각 등을 민감하게 감지할 수 있어야 한다. 또한 본인과 상대방 간의 상호작용에 의한 이해의 폭을 넓힌다면 상호 간의 의사소통을 통해 긍정적인 인간관계를 형성할 수 있을 것이다.

4) 헌신과 의무

헌신과 의무(Commitment & Obligation)는 본인과 상대방의 관계형성 과정에서 책임감을 갖고 일관성 있게 서로를 배려하는 것을 의미한다. 본인과 상대방이 함께 상호작용에 의한 인간관계의 목적과 조건을 위해 교류관계에 헌신을 다할 때 상대방은 편안하고 안전하다는 느낌을 갖게 된다. 따라서 인간관계에서 서로의 목적을 달성하기 위해서는 본인뿐만 아니라 상대방도 헌신과 의무를 다해야 한다.

또한 상대방의 헌신과 의무적인 면은 상대방 자신의 욕구와 문제에 대해서 정직하고 개방적으로 언급하고, 인간관계에서 요구되는 시간약속이나 언행일치 등이 있을 수 있다. 이렇듯이 본인과 상대방의 상호작용에 의한 헌신과 의무를 다할 때, 사람들은 긍정적인 인간관계를 형성할 수 있고 서로 배려하는 마음이 들 것이다.

5) 진실성과 일치성

인간관계형성에서 진실하다는 의미는 서로에게 정직하고 솔직하다는 것을 의미한다. 진실성(Genuineness)은 내면의 마음이나 행동을 일관되고 신뢰할 수 있도록 진실하게 표현하는 것이다. 또한 일치성은 자신의 내면과 외면이 일치하는 것으로, 대화의 내용과 행동이 항상 일치하면서도 자아실현에 부합되어야 한다. 진실성과 일치성을 갖기 위해 본인은 자신을 정직하게 인식하고, 자신을 알려고 끊임없이 노력하고, 그리고 뒤돌아보는 노력과 내면화 등을 추구해야 한다. 본인의 진실성과 일치성을 통해 상대방을 대한다면 상대방은 본인을 신뢰하게 되고 효율적인 인간관계를 형성할 수 있을 것이다.

6) 구체성과 직접성

구체성(Concreteness)은 상대방의 행동, 사고, 그리고 감정 등을 그 자신이 독자적인 방법으로 묘사하거나 표현할 수 있게 도와주는 것을 의미한다(최경화 외, 2010). 즉, 상대방 자신의 경험과 감정을 구체적이고 독특하게 표현하여 자신만의 독자성을 나타낼 수 있도록 도와주어야 한다. 이렇게 함으로써 상대방을 공감할 수 있고, 그의 욕구 및 문제에 대해서 이해할 수 있고, 그리고 그의 내면의 상황까지도 파악하여 긍정적인 인간관계가 형성될 수 있다. 구체적인 실천방법에 대한 예를 들면, 상대방이 두려움에 떨고 있다면 무엇에 두려움을 느끼는지, 열등감을 느낀다면 언제, 누구에게, 어떻게, 왜 열등감을 느끼는지 등을 구체적으로 표현하게 하여 서로 이해의 폭을 넓히는 것이 중요하다.

직접성(Immediacy)은 본인과 상대방 사이에서 현재 일어나고 있는 상황에 대해서 상호작용을 통하여 당면하고 경험하는 행동, 감정, 그리고 사고에 대해서 현실을 정확히 묘사하고 명료화하여 상대방이 처한 현실을 직접 수정할 수 있는 것을 의미한다. 즉, 본인과 상대방 사이에서 현재 순간순간 일어나는 감정이나 경험의 차이를 이해하고 반응할 수 있는 것이다. 이때 본인은 상대방을 어떻게 느끼고 있는지를 상대방에게 표현할 수 있고 피드백을 줌으로써 서로를 이해하는 폭이 넓어질 것이다.

7) 직면 또는 대응

직면(Confrontation) 또는 대응은 본인이 상대방의 상황에 대한 이야기를 적극적으로 경청한 결과에 대해서 어떤 모순점이나 다른 점이 발견되면 이를 상대방에게 표현해 주는 것이다(Carkhuff, 1971; 최경화 외, 2010). 즉, 본인이 상대방의 현재 상황을 그대로 전달해 주고, 상대방 자신이 묘사한 상황이 실제 상황과 다를 경우 이를 정확히 인식할 수 있도록 대응하게 도와주는 것이다.

2.4 긍정적 의사소통 및 관계 증진을 위한 자아구조 분석

인간은 유전적으로 타고난 성격과 자아구조에 따라 개인차가 있다. 따라서 자신의 자아구조가 어떠한 유형에 포함되는지 활동을 통하여 알아보고 긍정적인 면과 개선할 사항에 대해서 알아본다.

1) 자아구조 분석활동

활동 자아구조(Ego-gram) 분석

■ 활동목표

1) 자신의 자아구조를 알 수 있다.
2) 자신의 자아구조 특성을 알고 긍정적 측면을 발전시키는 방법을 알 수 있다.
3) 긍정적 의사소통 및 관계 증진을 위한 방법을 습득할 수 있다.

■ 활동과정

1) 먼저 Ego-gram이 무엇인지 학습자들에게 설명한다. Ego-gram Checklist는 자아상태를 분석하는 프로그램으로 삶의 방식에 대한 습관 같은 것이라고 할 수 있다.
2) Ego-gram Checklist를 사용하여 학습자 자신들의 자아상태를 체크한 후 합계란에 점수를 계산하여 적도록 한다.
3) 점수 결과에 따라 Ego-gram을 쉽게 알 수 있도록 그래프로 그리도록 한다.
4) 5가지 유형의 자아상태 특색을 설명한 자료를 보고 자신의 Ego-gram을 분석하도록 한다(제일 높은 곳에 주목하여 어느 자아상태가 우위인지 낮은지 또한 자신의 자아상태 특색은 어떤지 판단하도록 한다).
5) 검사결과와 자신의 생각이 어느 정도 일치하는지 자기 느낌을 적도록 하고, 스스로 노력해야 할 점 등을 확인하도록 한다.
6) 각 유형의 긍정적 측면(OK)과 부정적 측면(NOT OK), 즉 자아상태의 양면성을 알아보고, 부정적 측면보다는 긍정적 측면으로 행동하는 것이 바람직함을 강조한다.
7) 학습자 본인의 장·단점을 10개 이상 적도록 하여 발표하도록 한다.

■ 유의 사항

어떤 유형도 다른 유형보다 더 우월하거나 열등하지 않으며 다만 서로 다른 것을 추구할 뿐이란 점을 피드백(Feedback)하여 긍정적인 자아개념을 갖도록 유도한다.

자신의 자아구조 체크

※ 다음 항목에 대한 글을 읽고 공란 □에 점수를 기입하세요. 평소 자신의 언행을 생각하면서 가벼운 마음으로 기입하기 바랍니다.

점수 : 매우 그렇다 [5], 그런 편이다 [4], 보통이다 [3], 그렇지 않다 [2], 매우 그렇지 않다 [1]

번호	문 항	CP	NP	A	FC	AC
1	다른 사람을 헐뜯기보다 칭찬하기를 잘 하는 편이다.	■		■	■	■
2	대화에서 격언, 속담을 잘 인용한다.		■	■	■	■
3	"법이 없어도 살아갈 수 있는 사람"이라는 소리를 잘 듣는다.	■	■	■	■	
4	행동이나 말이 자유스럽고 자연스럽다.	■	■	■		■
5	말이나 행동을 냉정하고 침착하게 하므로 안정된 분위기를 느낀다.	■	■		■	■
6	"내가 말하는 대로하면 된다."는 식으로 말한다.		■	■	■	■
7	상냥하고 부드러우며 애정이 깃들어 있는 대화나 태도를 취한다.	■		■	■	■
8	TV, 영화 등을 보면서 마음이 약해 눈물을 잘 흘리는 편이다.	■	■	■		■
9	6하원칙(六何原則)에 따라 사리를 따지거나 설명하는 편이다.	■	■		■	■
10	호기심이 강하고 기발한(창의적인) 창작을 잘 한다.	■	■	■		■
11	말을 할 때 상대방의 안색을 자주 살핀다.	■	■	■	■	
12	직장 내외에서 사회봉사활동에 참가하기를 좋아한다.	■		■	■	■
13	사회의 윤리·도덕·법규 등을 중시하고 준수한다.		■	■	■	■
14	다른 사람으로부터 부탁을 받으면 거절하지 못한다.	■		■	■	■
15	자세가 바르며 여유가 있다.	■	■		■	■
16	자신을 멋대로라고 생각한다.	■	■	■		■
17	다른 사람의 마음에 들고 싶다고 생각한다.	■	■	■	■	
18	부모나 상사가 시키는 대로 한다.	■	■	■	■	
19	타산적이며 이해득실(利害得失)을 생각하고 행동한다.	■	■		■	■
20	일을 능률적으로 잘 처리해 간다.	■	■		■	■
21	매사에 조심스럽고 소극적인 편이다.	■	■	■	■	
22	대화에서 감정적으로 되지 않고 이성적으로 풀어간다.	■	■		■	■
23	상대방의 이야기를 잘 경청하고 공감하는 편이다.	■		■	■	■
24	책임감이 강하고 약속시간을 엄수한다.		■	■	■	■

번호	문 항	CP	NP	A	FC	AC
25	부하나 아이의 실패에 대해 관대하고 격려한다.	■		■	■	■
26	의리와 인정에 끌려서 아이나 부하, 동료 등 누군가를 마음에 걸려 한다.	■		■	■	■
27	신이 나면 도가 지나쳐서 실수를 한다.	■	■	■		■
28	아이나 부하를 엄격하게 다룬다.		■	■	■	■
29	생각하고 있는 바를 입 밖으로 내지 못하는 성질이다.	■	■	■	■	
30	친구, 동료, 아이나 부하에게 신체적 접촉과 같은 스킨십(skinship)을 잘 하는 편이다.	■		■	■	■
31	상대의 말을 가로막고 자신의 생각을 말한다.		■	■	■	■
32	밝고 유머가 있으며, 장난을 잘 치는 편이다.	■	■	■		■
33	어떤 일이나 사실에 근거해서 판단한다.	■	■		■	■
34	상대의 실수를 지적하고 정정한다.		■	■	■	■
35	열등감이 심한 편이고 자신의 감정을 억눌러 버리는 편이다.	■	■	■	■	
36	오락이나 술 등 음식물을 만족할 때까지 취한다.	■	■	■		■
37	미래의 일을 냉정하고 예리하게 예측하고 행동한다.	■	■		■	■
38	욕심나는 것을 가지지 않고는 못 배긴다.	■	■	■		■
39	자신의 생각을 관철하기보다 타협하는 경우가 많다.	■	■	■	■	
40	동정심이나 배려심이 강하고 어린이나 타인을 돌봐주기를 좋아한다.	■		■	■	■
41	어떤 결정을 내릴 때 사실을 확인하거나 반대의견을 듣는다.	■	■		■	■
42	중얼중얼하는 목소리로 말하거나 우물쭈물 사양하는 편이다.	■	■	■	■	
43	상대를 바로 취급하거나 멸시한다.		■	■	■	■
44	기쁨이나 화는 내는 등 희로애락(喜怒哀樂)을 직접적으로 표현하고 뒤끝이 없다.	■	■	■		■
45	곤경에 처해있는 사람을 위로하거나 북돋아 주기를 즐겨한다.	■		■	■	■
46	현상을 잘 관찰·분석하고 합리적으로 의사결정을 한다.	■	■		■	■
47	「~해도 괜찮을까요?」「…할 생각입니다.」「이젠 됐습니다」「어차피 저 따위는…」 등의 말을 쓴다.	■	■	■	■	
48	「와~멋있다!」「굉장하군!」「아하!」 등 감탄사를 자주 쓰며 농담을 잘한다.	■	■	■		■
49	「당연히…해야 한다.」「…하지 않으면 안 된다.」는 식의 말투를 잘 쓴다.		■	■	■	■
50	권리를 주장하기 전에 의무를 다한다.		■	■	■	■
각각의 10문항에 대한 세로줄 합계						

- 당신의 Ego-Gram -

50					
48					
46					
44					
42					
40					
38					
36					
34					
32					
30					
28					
26					
24					
22					
20					
18					
16					
14					
12					
10					
8					
6					
4					
2					
점수					
유형	「비판적 어버이」 CP	「양육적 어버이」 NP	「어른」 A	「자유스런 어린이」 FC	「순응적 어린이」 AC

※ 그래프 작성방법 : 체크리스트에서 얻은 점수를 "당신의 Ego-Gram" 상의 점선에 점을 찍은 후 꺾은선 그래프를 그려본다.

● **실천결과 및 Feedback**

검사결과에 대해 어떻게 생각하는지 자신의 느낌을 적어보고, 자신의 장·단점을 10개 이상 적어보고 발표해 본다.

2) 자아구조 분석(해설)

의사교류분석(Transactional Analysis : TA)은 1954년 정신의학자 에릭 번(Eric Berne) 박사가 집단치료의 한 방법으로 개발한 것으로 집단치료 방법, 개인상담, 심리치료 방법 등으로 사용되고 있다. 에릭 번은 인간이 환경과 경험들에 의해 결정된 행동들을 자율적인 존재로 그들의 조건화된 상태나 어린 시절에 이미 형성된 행동양식을 변경시킬 수 있는 능력을 가지고 있다고 보았다. 또한 인간은 보다 많은 변화의 가능성을 지니고 있으며, 자신의 행동을 자유롭게 선택할 수 있고, 그 행동에 대하여 책임을 질 수 있는 존재로 보는 자유론적인 또는 반결정론적인 인간관을 전제로 한다고 볼 수 있다.

(1) TA 성격이론의 핵심이 되는 3가지 자아

① 어버이 자아(Parent ego) : 출생에서부터 5년간 외계의 경험원들, 즉 주로 부모를 통하여 모방 또는 학습하게 되는 태도 및 기타 지각내용과 그 행동들로 구성되는 자아이다. 형성과정의 특징은 비판에 의하여 교정됨이 없이 바로 받아들여져서 내면화된다는 것이다. 출생에서 5세까지의 어린이는 의존성과 언어로 구성할 수 없는 무능력으로 특정되는 때이므로 학습의 과정에서 감지하는 자료들을 변용하거나 수정하거나 설명할 수가 없다. 이는 대부분 부모나 부모대리인들의 행동표본이나 언어행동을 통해 모방되고 학습을 하기 때문이다. 이러한 것들은 성장하면서 생활양식으로 나타나 개인이 살아가는 법을 배우는 기초 자료가 될 수 있으며 일부 비합리적인 자료들이 포함되므로 인해 나중의 행동에 강박관념이나 편견을 가져오는 원인이 되기도 한다. 어버이 자아의 모형은 그림 2-1 에 나타냈다.

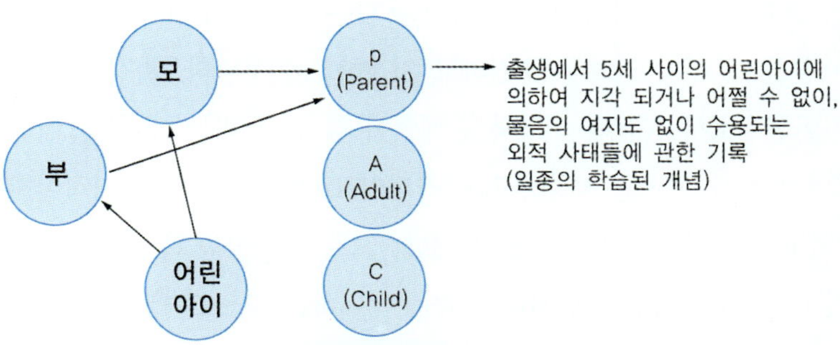

그림 2-1 어버이 자아

② 어린이 자아(Child ego) : 어린아이에게 자연적으로 생기는 모든 충동을 내용으로 하는 것 외에 인생의 초기경험이나 그 경험에 대한 반응으로 자신과 타인에 대하여 어떤 마음을 가졌던 것과 같은 기록이 포함된다. 형성과정의 특징은 부모와 관련된 외적 사태에 대해 개인이 갖고 태어난 그대로의 모습으로 보고, 듣고, 느끼고, 이해하고 있는 본능적인 욕구나 감정 등이 형성된다. 출생 후 5세까지의 외적 사태들(주로 부모와 관련)에 대한 감정적 반응으로서 외적 사태에 대한 그 어린아이의 감정적 반응체계가 내면화된 시기라 말할 수 있다. 어린아이의 반응은 대부분이 감정적이기 때문에 이런 어린아이를 일컬어 '느끼는 나'라고 하기도 한다. 인간은 태어날 때부터 자신의 본능적 욕구 중심으로 자각운동을 시작하며 만족하고, 유쾌한 경험에 감각적으로 반응을 보이며, 자아상태가 발달하고, 그리고 부모의 행동과 습관을 모방함으로써 일종의 성격의 복사판을 형성하여 어린이 자아상태로 발달하게 된다는 것이다. 어린이 자아의 모형은 그림 2-2 에 나타냈다.

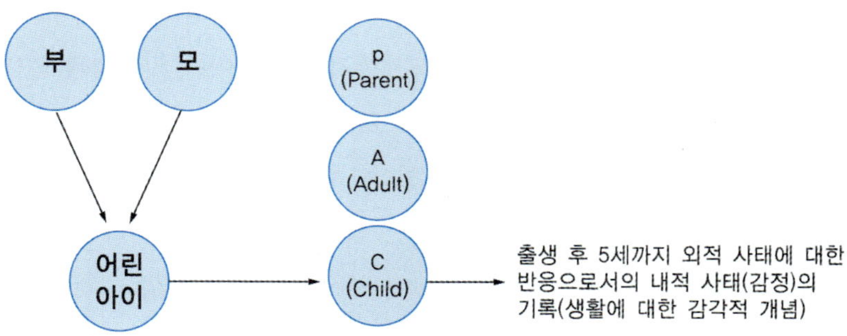

그림 2-2 어린이 자아

③ 어른 자아(Adult ego) : 객관적으로 현실을 파악하며 그렇게 하기 위해서 어른 자아는 외계는 물론 개체의 내적 세계와 다른 자아상태(어버이와 어린이 자아)의 모든 원천으로부터 정보를 수집하고 저장하고 이용한다. 가장 원숙하고 바람직한 자아상태로서 사람의 연령과 관계없이 현실적이라는 것이다. 이러한 자아는 정보의 객관적 수집을 지향하고, 조직적이고, 응용이 잘되고 지적이면서 현실을 분석하고 합리적이고, 이성적인 사고방식으로 가능성을 측정하며 감정에 치우치지 않고, 그리고 냉정하게 처리할 때를 의미하는 것으로 '생각하는 나'라고 한다. 이러한 어른 자아의 기능 작용의 목표는 자료조직체의 검토를 자유스럽게 하여

어버이 자아에 의한 편견과 독선을 그리고 어린이 자아에 근거하는 현실적으로 부적절하고 유치한 부적응 행동을 방지하고자 하는 것이다. 따라서 개인의 원만한 의사소통이나 적응의 관건은 어른 자아가 얼마만큼 제대로 기능작용을 할 수 있느냐에 있다는 것이다. 어른 자아의 모형은 그림 2-3 에 나타냈다.

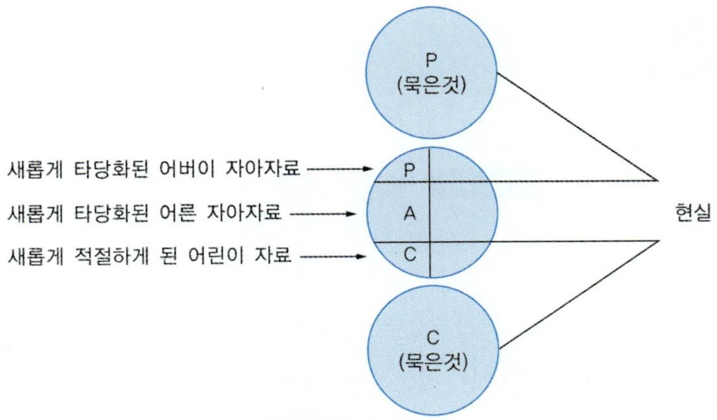

그림 2-3 어른 자아

(2) 5가지의 자아상태

울람스(Woollams) 등은 1974년에 에릭 번(Eric Berne)의 3가지 자아상태를 기능적으로 5가지로 분류하여 분석하였다. 기능적 자아구조는 그림 2-4 에 나타냈다.

① 비판적 어버이 자아(Critical Parent : CP) : 자신의 권리나 다른 사람의 권리를 고려하지 않고 고집하거나 다른 사람의 자존심을 말살해 버리는 것과 같은 행동을 하게 된다. 비판적 어버이 자아가 지나치게 강하면 지배적인 태도, 명령적인 말씨, 칭찬하기보다는 나무라는 경향이 나타난다. 일단 결정된 것은 확실히 지키며 일도 매우 진실하게 하는 경향이 있다.

② 양육적 어버이 자아(Nurturing Parent : NP) : 다른 사람을 사랑으로 돌보고 보호하거나 다른 사람이 요청하거나 필요로 하지 않는데도 보호하는 과잉보호의 기능 작용을 한다. 또한 벌하기보다는 용서하고, 칭찬하고, 지도하며, 다른 사람의 괴로움을 자기의 일처럼 양호적이고 상냥한 면이 있다.

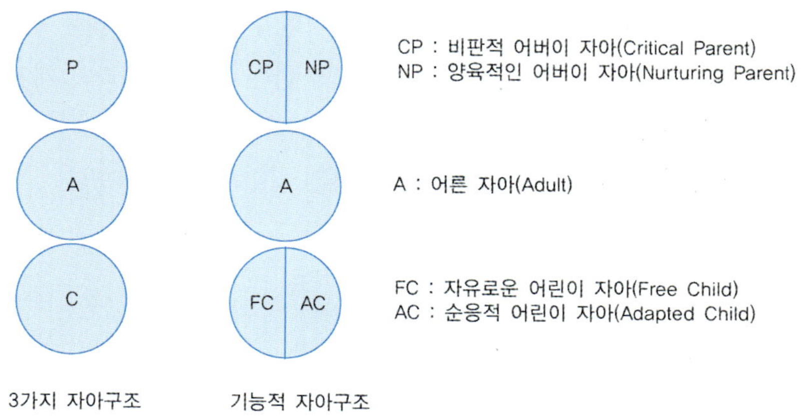

그림 2-4 세분화된 기능적 자아구조

③ **어른 자아(Adult : A)** : 사실에 기초해서 사물을 객관적으로 판단하려 하며 어떤 일을 할 때 자료를 모아 논리적으로 처리해 가는 기능을 한다. 또한 감정에 지배되지 않으며, 합리성, 생산성, 적응성을 가지며 냉정한 계산에 입각해서 그 기능을 발휘한다.

④ **자유로운 어린이 자아(Free Child : FC)** : 부모나 연장자들의 반응에 구애됨이 없이 자발적으로 자유롭게 자신을 나타내며 창조성의 원천이라고 할 수 있다. 또한 훈련이나 제제를 받지 않고 있는 그대로의 자아상태로서 자기중심적이거나 쾌락을 추구하는 어린이와 같은 행동으로 표현된다. 그리고 본능적, 적극적, 창조적인 기능과 도덕이나 규범보다는 자신의 감정을 중요시하는 성향이 있다.

⑤ **순응적 어린이 자아(Adapted Child : AC)** : 개체가 그의 연장자나 권위인물들로부터 어떤 종류의 관심을 얻기 위하여 눈치 보는 행동을 취할 때의 기능이나 작용을 하는 자아상태이다. 또한 싫은 것을 싫다고 말하지 못하고 간단하게 타협해버리며, 자연스러운 감정을 보이지 않으며 자발성이 결여되고 타인에게 의존하기 쉬운 모습이 있다. 자신의 참된 감정이나 욕구를 누르고 부모나 권위자의 기대에 따르려고 노력하는 부분으로 자신의 감정을 표현하지 못하고 타협해버리거나 자발성이 없이 의존하기 쉬운 자아 상태이다.

이러한 자아상태를 통한 자아구조의 분석은 인간관계의 상황이나 의사소통과정에서 어느 한 자아가 선택적으로 한 개인행동의 주된 동력으로 작용한다. 그러므로 어떤 상태에 있는 어느 자아가 개인행동의 동력으로 작용하느냐에 따라 그 의사소통 및 인간관계의 양상이 달라질 수 있으며 동시에 문제를 낳기도 한다. 따라서 자신의 자아구조를 수시로 분석하여 부족한 부분은 보완하고 과대 도출되는 부분은 완화하여 정상적인 정규분포형의 자아상태를 확립하는 것이 바람직할 것이다. 자아상태의 특색이나 양면성은 요약한 것을 참조하면 도움이 될 것이다.

자아상태의 특색

	「비판적 어버이(CP)」	「양육적 어버이(NP)」
P	• 이상(理想) • 양심(良心) • 정의감(正義感) • 권위(權威) • 도덕적(道德的) • (비난 · 질책) • (강제)(편견)(권력)	• 동정(同情) • 위로(慰勞) • 공감(共感) • 보호(保護) • 관용(寬容) • (과보호) • (응석받이)(묵인)(공연한 참견)
	「어른자아(A)」	
A	• 지성(知性) • 정보수집(情報蒐集) • 분석적 사고(分析的 思考) • (과학에의 맹신) • (자연무시) • (자기중심성) • (물질 만능주의)	• 이성(理性) • 잘 살아가기 위한 적응수단 • 컴퓨터 • 냉정한 계산 • 사실에 입각한 판단 • 현상(現狀)의 분석
	「자유스런 어린이(FC)」	「순응적 어린이(AC)」
C	• 천진난만(天眞爛漫) • 자연에 따르고 순응 • 자유스런 감정표현 • 직관력(直觀力) • 창조의 원인 • (충동적)(제멋대로) • (방약 무인)(무책임)	• 참음 • 감정의 억제 • 타협(妥協) • 신중(愼重) • 타인의 기대에 따르려고 노력 • 착한 아이 • (주체성의 결여)(소극적) • (자기속박)(적대감의 온존(溫存))

자아상태의 양면성

부정적 측면 (NOT OK)	자아상태	긍정적 측면 (OK)
• 권위적이고 강압적이다. • 독단적이다. • 편견	CP	• 비판, 도덕, 전통유지 • 규율, 규범, 이상추구 • 생명의 안전, 선악의 판단
• 과보호 • 과간섭 • 맹목적인 애정 • 잔소리가 많다.	NP	• 양육, 보호, 지지 • 친절하고 인정미가 있다. • 육성, 타인의 입장 이해
• 인간미가 없다. • 무감동적인 생활 • 냉정하다.	A	• 이론적이고 합리적이다. • 객관적이고 현실지향적이다. • Ⓟ, Ⓒ를 조절 통제한다.
• 반항, 공격적이다. • 자유방종하고 공포심이 많다. • 자기중심적	FC	• 애정표현이 풍부하다. • 충동적이고 관능적 • 호기심이 강하고 자발적이다.
• 우물쭈물 지연책을 쓴다. • 폐쇄적 • 자폐증의 발생	AC	• 잘 복종한다. • 대결을 피한다. • 자기를 내세우지 않는다.(겸손)

제 3 장

자신에 대한 이해 I

제3장

자신에 대한 이해 I

인간은 발달하면서 자기 자신을 이해할 수 있는 능력이 정서적 성장의 표시로 자신과 다른 사람이 서로 다른 개체라고 인식하는 자아인식(Self-awareness)에서 비롯된다. 따라서 긍정적인 인간관계를 형성하기 위해 가장 중요한 것은 '자신을 알고 이해하는 것'이다. 이러한 자아인식은 발달하면서 계속적으로 변화하고, 자신의 생활에서 타인의 영향을 받으며 계속 강화되는 경향이 있고, 그리고 종종 자신의 외적인 측면으로까지 확대되는 특성을 갖고 있다. 이 장에서는 자아의 이해, 정서의 이해 등에 대해서 알아본다.

3.1 자아의 이해

자아(Self)는 신체적 특징, 개인적 기술 및 특성, 가치관, 희망, 역할, 그리고 사회적 신분 등을 포함해서 '나는 누구인가?', '나는 무엇인가?' 등을 깨닫는 것을 의미한다(정옥분, 2007). 즉, 개인이 자신의 신체, 행동, 그리고 사고가 독특한 타인과 다르다는 것을 깨닫는 것이다. 이러한 자아는 개인이 자기 자신에 대하여 가지는 주관적인 지각 또는 태도이며, 내면의 일관성을 유지하고, 경험을 해석하고, 그리고 미래의 성취에 대한 기대수준을 결정하는 인간행동의 중요한 변인이므로 우리 생활에서 매우 중요한 위치를 차지하고 있다. 즉, 자신에 대해 지니고 있는 생각과 신념인 자아에 따라 다른 사람을 대하는 태도가 달라지기 때문에 자아는 인간관계에 매우 중요한 영향을 준다. 이 절에서는 자아인식, 자기수용, 자기개방, 자기통제, 자아분화, 자아존중감, 사회인지 능력 및 상대방 이해, 그리고 자아의 구성요소 등에 대해서 알아본다.

1) 자아인식

대부분의 사람들은 사람들과의 관계에 있어서 불편하고 문제가 생기면 원인을 타인으로부터 찾는 데 많은 시간을 소비한다. 문제의 출발은 외부에 있는 것이 아니라 그 상황을 문제시하는 자신의 판단으로부터 시작된다. 따라서 자기 자신에 대해서 알아차리는 자아인식의 과정이 필요하다. 자신이 부정적인 경향이 높은지를 분석해 보고 자신의 능력의 한계는 어디까지인지 알아볼 필요가 있다. 성격의 장·단점, 자존감의 수준이나 자신감의 정도 등 자기 자신의 다양한 면을 골고루 정확하게 알아야 한다. 자기 자신에 대한 인식이 높으면 높을수록 인간관계에서 예기치 않게 발생하는 문제나 이유를 풀어 가는 데 많은 시간을 절약할 수 있다. 자아인식이 부족하면 건강하고 효과적인 인간관계를 만들기가 어렵다. 사회가 계속되는 한 인간관계를 건강하게 유지하기 위한 노력이 지속적으로 필요하다. 자신의 장·단점, 능력의 한계 등을 빨리 파악하고 인식한다면 사람들과의 관계 속에서 일어나는 불화나 이슈에서 모든 잘못을 다른 사람에게만 돌리는 미성숙한 단계에서 자신의 약점을 발견하고 인식하기 때문에 당연히 불편한 상황을 원만하게 이끌어 갈 수 있다. 계속되는 시행착오와 경험을 통해서 지혜를 늘리고 자신의 부족함을 개선하려는 끊임없는 도전과 노력이 우리 모두에게 필요하다.

자아와 유사한 개념으로 자신과 다른 사람이 서로 다른 개체(개개인의 특성)라고 인식하는 것을 자아인식(Self-awareness) 또는 자아인지(Self-cognition)라고 하는데, 이는 인간의 발달과정에서 영아기(0~2세) 후반에 나타나는 정서적 성장의 표시이다. 자아인식은 영아기에 점차적으로 발달하는데, 1개월경의 영아는 자신의 신체가 아직 자기 것이라고 깨닫지 못한다. 심지어 8개월경에도 자신의 신체와 다른 사람의 신체를 정확히 구분하지 못하는 경우가 있다. 예를 들어, 다른 영아가 가지고 노는 장난감을 움켜잡았을 때 장난감이 쉽게 자기 손에 들어오지 않으면 놀라는 반응을 보인다. 그러나 1세가 되면 대부분의 영아는 자신과 타인을 분명하게 구분할 줄 알고, 자신이 원하는 장난감을 빼앗기 위해 다른 영아를 때리기도 한다(정옥분, 2007).

인간발달 과정에서 영아들의 자아인식을 살펴보기 위해 루이스와 브룩스(Lewis & Brooks, 1978)는 영아의 코에 입술연지를 찍고서 거울 앞에 세워 놓고 영아가 어떻게 반응하는지 살펴보는 실험을 하였다. 실험을 할 때 영아가 거울을 보고 입술연지가 묻은 자신의 코를 만진다면, 이것은 거울 속에 비친 상이 자신이라고 인식한다는 것을 의미한다. 이러한 영아의 실험은 그림 3-1 에 나타냈다.

그림 3-1 루이스와 브룩스의 영아 실험

출처 : Lewis & Brooks(1978).

9~24개월 된 영아 96명을 대상으로 실험한 결과, 1세 미만의 영아는 한 명도 자기 코를 만지는 반응을 보이지 않았고, 첫돌이 지난 영아는 대부분 자기 코를 만지는 반응을 보였다. 15~17개월 사이의 영아는 거울 속의 모습과 자신을 번갈아 보면서 둘 간의 연관성을 통해 자아인식을 나타내기 시작했다. 그리고 18~24개월 사이 대부분의 영아들은 호기심과 당황스러운 감정을 가지고 자신의 코를 만짐으로써 자기 얼굴에 무엇인가가 묻어 있다는 것을 알아차리는 것으로 나타났다(Bullock & Lutkenhaus, 1990). 이러한 결과로 영아들은 1년 정도 지나야 자아인식이 형성됨을 알 수 있고, 18~24개월경에 확실한 자아인식이 가능하다는 것을 시사한다. 셀만(Selman)은 영아의 자아인식은

관찰 가능한 외적인 행동으로부터 내재적인 심리적 특성을 추론하는 인지과정을 통해 발달한다고 하였다(Selman, 1980). 2~5세경 유아들은 자신과 타인을 성별, 나이 등의 범주에 따라 구분함으로써 자신을 이해하고, 신체 특성을 중심으로 자신을 진술하는 등 자아인식이 크게 발달한다.

학령기 아동들은 내적 상태와 외적 상태를 구별할 수 있을 뿐만 아니라 자아를 기술할 때 주관적인 내적 상태를 포함시킨다. 즉, 자신의 정서상태(나는 가끔 화가 나)나 자신이 소속된 사회적 집단(나는 축구선수이다)을 통해서 자신을 표현하기 시작한다. 또한 아동기 말이 되면 심리적 특성이나 또래들과의 비교를 통해 자신의 수준(나는 우리 반에서 공부를 제일 잘해)을 표현하는 사회적 비교(Social comparison)는 연령이 증가하면서 더 증가하기 시작한다(Montemayor & Eisen, 1977). 연령에 따른 자아인식의 변화는 표 3-1 에 나타냈고(최경숙 외, 2005), 자아인식의 발달적 변화는 그림 3-2 에 나타냈다.

표 3-1 연령에 따른 자아인식의 변화

발달시기	초점	묘사
유아기(2~6세)	소유물, 신체 특징, 선호하는 것	• 나는 장난감이 많다. • 나는 고양이를 좋아한다.
아동기(6~11세)	정서, 사회적 집단, 또래와의 비교, 행동 특성과 능력	• 나는 달리기를 잘 한다. • 나는 기쁘다. • 나는 축구선수이다.
청소년기(11~20세)	태도, 성격 특성, 신념, 미래	• 나는 내성적이다. • 나는 과학자가 되고 싶다.

그림 3-2 연령에 따른 자아인식의 변화

출처 : Kail(2004).

자아인식은 연령이 증가함에 따라 자신에 대해 알아가면서 자아인식이 더욱 다양해지고, 자신에 대해 가지고 있는 지식의 유형이 변한다. 이러한 자아는 다음과 같은 특성이 있다(송관재 외, 2003; 김혜숙 외, 2011; 임혜경 외, 2012).

① 자아는 발달함에 따라 분화되어 간다. 영아기(0~2세)에는 자신과 환경을 분화하지 못한다. 그런데 성장하면서 경험이 누적되어 자아를 환경에서 분리시키기 시작한다. 아동기(6~11세) 때는 점차 성숙하여 많은 것을 학습함으로써 환경으로부터 자기를 구별하려 한다. 따라서 영아기의 자아는 총체적으로 미분화되어 있으나 점차적으로 성장함에 따라 자아가 분화되어 간다. 즉, 자아는 사회기준이나 변화하는 상황에 따라 변화하고 나이가 들고 성장하면서 경험이 누적되어 타인과의 지속적인 상호작용 속에 점차 다른 자아를 발견하게 된다.

② 자아는 중요 타인의 영향 속에서 형성된다. 인간은 주위 사람들이 나를 어떻게 보아주는가에 대한 나의 관점이 내가 나를 평가하는 중요한 기준이 된다. 특히 주위 사람들이 자신(나)을 소중히 여기고 있다고 느끼면 스스로는 자신을 중요한 사람이라고 평가할 것이고, 그렇지 않다고 생각되면 스스로는 열등감에 빠지게 된다. 따라서 자신을 둘러싼 모든 사람들과의 관계 속에서 있었던 경험에 대한 해석은 자아발달을 결정하는 데 중요한 영향을 미치게 된다.

③ 자아는 자체가 강화(Reinforcement)되는 경향이 있다. 인간은 자기가 행한 특정 행동의 결과로 인해 자기가 원하는 어떤 것을 얻게 되면 그 행동의 결과가 그 행동을 강화하여 그 행동을 다시 하게 된다. 즉, 원하는 반응을 지속화, 습관화시킬 가능성이 높아지는데 부모, 교사, 친구 등과 같은 중요 타인에 의해 이루어진다. 이러한 자아발달에 있어서 긍정적인 자아를 가진 사람은 긍정적인 자기언어로 자신을 강화하지만, 부정적인 자아를 가진 사람은 부정적인 자기언어로 자신에게 피드백을 주게 된다.

④ 자아는 행동에 중요한 영향을 미친다. 인간은 스스로 만들어 낸 자아에 의해서 자신이 하는 행동에 직접적인 영향을 주어 생각한 대로 행동하면서, 그 행동은 다시 자신의 사고를 정당화시키고 특정한 성격을 가진 사람으로 구체화한다.

인본주의 학자인 매슬로우(Maslow, 1908~1970)는 인간이 개인적 발달을 위한 많은 잠재력을 지니고 있으며, 기본적으로 선하고, 그리고 자아실현을 위해 노력하는 존재라고 믿었다(김수희 외, 2008). 그의 많은 연구에서는 사람이 동기화되는 요인과 가장 높은 수준의 욕구인 자아실현 욕구에 매우 많은 관심을 보이고 있다. 자아실현은 자신의 잠재된 능력이나 재능 등의 실현을 의미한다. 매슬로우는 자아실현을 연구하기 위해 가장 건전하고 창조적인 사람의 생애와 경험을 면밀히 조사하였다. 연구한 결과, 일반적인 사람에 비해 자아실현을 하는 사람들은 그들이 속한 사회로부터 어떤 독립성을 유지해 왔다는 점이다. 대부분의 사람들은 소속, 사랑, 존경 등의 욕구에 강하게 동기화된 나머지 다른 사람들로부터 용인받지 못할 것이라는 생각을 갖는 것에 두려워했다. 이와 반대로 자아실현을 하는 사람은 용인받지 못하는 것에 두려워하지 않고 동조하는 것이 약했다. 이렇게 자아실현을 하는 사람은 사회적 환경의 영향을 덜 받으며, 판에 박힌 듯 단조롭게 살아가는 경향이 적고, 보다 자발적이며 자유롭고 자연스럽게 살아간다는 것이다.

이렇게 자아실현 동기는 그 사람의 삶을 지배하기까지 5단계의 욕구단계를 거친다고 하였고, 각각의 단계의 욕구에 의해 인간이 동기화된다고 하였다. 단계별 욕구에 대한 것은 다음과 같다. ① 생리적 욕구는 신체 내 균형을 획득하기 위한 배고픔, 목마름, 배설, 수명, 그리고 성 등과 같은 기본적인 생리적 욕구를 의미한다. ② 안전의 욕구는 법칙과 한계를 갖는 구조의 도움으로 공포, 위험, 고통으로부터 안정성을 추구하고, 무질서로부터 자유추구의 욕구이다. ③ 사랑과 소속의 욕구는 타인과 어울리고, 어떤 집단 안에 소속되어 사랑을 받고 싶어 하고, 타인에 의해 제공되는 애정과 친밀감 추구의 욕구이다. ④ 자아존중의 욕구는 타인에 대하여 관심을 갖고 존중하며, 또한 타인으로부터 자신도 가치 있는 사람이라고 존중받고 싶어 하는 욕구이다. ⑤ 자아실현의 욕구는 자신의 잠재력을 발휘시키기 위하여 자신의 강점과 제한점을 수용하며 독립적이고 자발적이 되고자 하는 욕구이다. 이러한 기본욕구 5단계 과정은 그림 3-3 에 나타냈다.

이러한 각각의 단계들은 기본적인 생리적 욕구를 충족시키고 나면 다음 수준의 욕구를 만족시키고자 하는데, 가장 높은 단계인 자아실현 욕구 단계에 도달할 때까지 계속된다. 각각의 단계에서 충분히 만족되어야 다음 단계의 욕구가 생기게 된다. 건전하게 발달하는 사람은 항상 보다 더 자기충족적인 단계로 나아가려고 하는 욕구가 생기게 된다는 것이다.

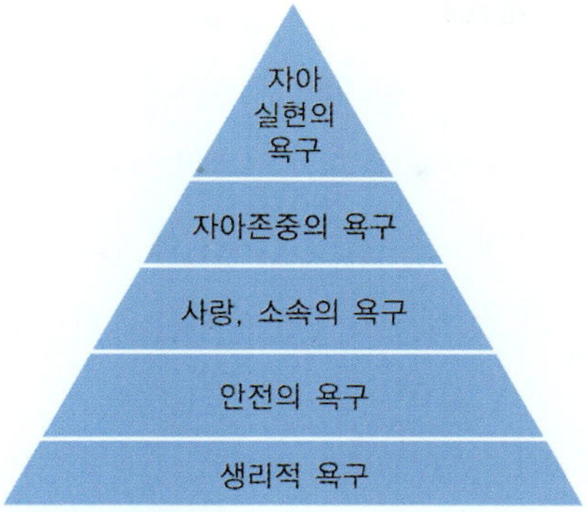

그림 3-3 매슬로우의 기본욕구 5단계

2) 자기수용

자기수용(Self-acceptance)은 자신의 현실, 능력, 한계 등을 올바르게 알고 받아들이는 것이다. 자기수용을 거부할수록 자신은 물론 주위 사람들에게까지 불쾌감을 주고 불편함을 만들 수 있다. 거짓으로 포장된 삶은 타인들을 잠깐 눈속임할 수는 있지만 분명한 것은 자기 자신과 타인조차도 그 포장의 무게에 짓눌려 건강한 관계가 유지되기 힘들다는 것이다. 무리한 거짓된 포장은 처음엔 화려하게 만들 수 있지만 그 포장이 벗겨졌을 때의 초라함은 감당하기 힘들 것이다. '진실은 아름답다'는 명언이 슬그머니 자취를 감추면서 대부분의 사람들은 거짓과 과장된 포장으로 평가받으려고 하고 또 그렇게 평가하는 사회가 되어 버렸다. 자본주의 현실이라고 가볍게 받아들이면서 우리 모두가 과잉포장의 전문가가 되어 가는 것이 현실인 것 같다.

좀 더 원만한 인간관계를 만들어 가기 위해서 가장 우선적으로 해야 할 일은 자기 자신을 점검하고 정확하게 인식하며 수용하는 것이다. 이것은 여러 번 되풀이해도 무리가 아니다. 적을 알아야 이긴다는 말에 앞서서 자기 자신을 정확하게 알아야 상대방을 알아 가는 것이 쉬워진다. 장점들은 더 키워 나가고 약점들은 보완·개선시켜서 인간관계에 걸림돌이 되는 요소들을 최소화하며 바른 인간관계를 유지한다면 지혜로운 삶이 될 것이다.

일반적으로 사람들은 인간관계에서 불편한 문제가 발생했을 때 이성을 뒤로 하고 문제의 핵심을 하나씩 풀어 가기보다는 상한 감정에 초점을 맞추며 문제의 핵심보다는 감정에 연연한다. 자기 자신을 보기 전에 상대방의 약점이 먼저 눈에 띄기 때문에 손가락이 자신을 향하는 것이 아니라 상대방을 향하곤 한다. 하지만 건강하고 효과적인 인간관계를 형성하기 위해서는 자신의 의사소통법, 자존감의 수준, 자신에 대한 인식, 상대방에 대한 신뢰감, 자기개방, 그리고 인간관계에 있어 문제와 갈등 해결 등 장·단점을 정확하게 파악하여 보완 및 개선해서 문제해결을 한다면 좋은 인간관계를 형성할 수 있다.

3) 자기개방

자기개방(Self-disclosure)은 자기 자신의 인지적·정서적·심리적·정신적 요인으로부터 마음을 열어가는 것을 의미한다. 인간관계를 형성할 때 자신의 경험이나 문제를 상대방과 같이 공유해서 공감하면 효과적인 인간관계를 만들어 갈 수 있다. 그러나 지나치게 자신에 대해 이야기하면 상대방과 신뢰감을 갖지 못할 수 있으므로 부적절한 자기개방이 되지 않도록 주의해야 한다.

모든 사람에게 자신을 개방해서 모든 것을 알려야 할 필요는 없다. 모든 사람들은 각자의 비밀을 가지고 있으며, 자신만의 비밀을 무덤까지 가지고 가야 할 경우도 있을 것이다. 특히 요즘같이 진실보다 보이는 것에 대해 더욱 가치를 두는 현대인들에게는 마음을 열어 보인다는 것이 위험해 보일 수도 있다. 진실을 말하라고 하면서도 과연 그 진실을 감당할 수 있는 사람들이 얼마나 있는가? 사람들이 자신의 약점이나 단점을 다른 사람들에게 시인하고 인정하기란 대단한 자신감이 요구된다. 거짓이라는 무거운 옷을 벗고 나면 가볍고 새로운 삶을 만들어 갈 수 있다는 것을 알고 실행에 옮긴 사람은 드물 것이다. 또한 얻는 것보다 잃을 것이 더 많다는 계산 착오와 상대방에게 실망과 상처를 준다는 생각이 앞서기 때문에 사람들은 자기개방을 꺼려한다.

인간관계를 효과적으로 발전시키면서 자신의 진실한 모습을 개방하는 방법은 각 개인마다 차이가 있다. 분명한 것은 자신을 개방하면서 시작한 관계는 건강하고 성숙한 관계를 만드는 데 꼭 필요한 요소라는 것이다. 자신의 약점과 비밀을 회피할수록 사실은 자신의 역량이 타인에게 양도되면서 자신의 일상생활은 언제 어떻게 파헤쳐질까 두려움의 위기선상에 놓이게 된다. 하지만 미리 자신의 약점을 알리고 솔직한 관계로 시작하면 잃을 것이 없다. 비밀은 알려지면서 비밀의 효과를 상실하고 자신의 역량으로 돌릴 수 있을 것이다.

대부분의 사람들은 인간관계에서 과거의 자기개방을 토대로 아픈 상처를 기억하기 때문에 문을 더 굳게 닫아버리는 데 익숙해지고 있다. 물론 사람들의 관계마다 개방의 정도는 차이가 있지만 관계가 더 깊어질수록 문도 더 많이 열어야 훗날에 큰 화를 예방할 수 있다. 효과적인 인간관계를 형성하기 위해서 자기개방은 어떻게 할 수 있는지 알아보면 다음과 같다(이은숙, 2012).

① 자신의 약점이나 치부를 상대에게 보여줄 수 있도록 준비한다. 상대방에게 비밀이나 약점을 나눌 때 이미 자신은 다른 상대방이 알게 되어도 그로 인한 상처나 배반감에 아파하지 않고 당당히 맞설 수 있는 당당한 태도가 준비되어야 한다. 두 사람 이상이 알게 되면 더 이상 비밀이 아니기 때문이다.

② 자신이 개방하고자 하는 시점을 선택한다. 그 누구도 상대방의 비밀이나 상처를 강제로 알아야 하는 권리는 없다. 상대방이 비밀을 털어놓았기 때문에 자신도 같이 털어놓고 싶으면 강제성 없이 자발적으로 동참한다. 후한의 두려움이나 마음이 내키지 않는다면 자신을 열어야 할 준비가 안 된 것이다.

③ 자신의 내면에 있는 자신감을 점검한다. 약점이나 치부를 상대방에게 알리는 것은 자신감에 찬 사람들이 할 수 있는 것이다. 일반적으로 사랑하는 사람이나 최고의 인상을 남기고 싶은 상대방에게는 자신의 약점은 멀리하고 최고의 매력만을 보여주어 호감을 높이고 싶은 욕망이 있다. 자신의 약점까지 안을 수 있는 상대방이야말로 진정한 사랑이라고 할 수 있다.

④ 자신이 있는 그대로 다가간다. 효과적으로 인간관계를 맺기 위해서는 자신의 무거운 포장과 변장술을 벗어 버리고 있는 그대로의 모습을 보여주고 허용하는 것이 좋다. 가식적인 만남은 포장의 두께만큼 거리를 만든다. 진실한 인간관계를 형성하기 위한 출발은 과도하게 위장된 가식의 포장을 벗기기부터 시작된다.

⑤ 감사하는 태도를 보인다. 자신의 이야기를 들어 주기 위해 소중한 시간을 허용한 점에 대해 충분한 감사를 표현해라. 사람들과의 관계형성에 있어서 개인마다 인간관계 철학이 제각기 다른 형태를 띠고 있지만 상대방에 따라 단기 또는 장기적인 관계를 만들어 간다. 상대방에 대해 더 많이 알아 갈수록 또한 관계의 깊이가 깊어질수록 신뢰도 또한 증가하는 것이 일반적이다.

4) 자기통제

자기통제(Self-control)는 어떠한 목표를 위해 충동이나 욕구를 자제하고 즐거움과 만족을 지연시키는 능력을 의미한다(Shaffer, 1999). 코프(Kopp, 1987)는 자기통제가 연령에 따라 발달한다고 하였다. 1~2세 된 영아들은 다른 사람의 지시나 요구에 순종하는 행동을 보이는데, 이러한 순종행동이 자기통제의 일차적 표현이라는 것이다(Howes & Olenick, 1986). 유아들이 2~3세가 되면 본격적인 자기통제가 나타나는데(Bullock & Lutkenhaus, 1990), 이 시기의 유아들은 부모의 지시나 금지가 없어도 해서는 안 될 것에 대해 스스로 자신의 행동을 통제할 수 있다. 자기통제는 유혹에 저항하는 능력, 만족을 지연하는 능력, 그리고 충동을 억제하는 능력으로 구성된다. 일반적으로 유혹에 저항하는 능력은 3~4세경에 나타나기 시작하여 유아기 동안 발달한다(Golden et al., 1977). 유아들이 가지고 놀고 싶어 하는 장난감을 옆에 두고 만지지 말라고 지시한 후 방에 유아만을 남겨놓고 유아들의 행동을 관찰하였다. 이러한 실험결과로, 3세부터 유아들은 장난감을 가지고 놀고 싶은 유혹을 억제하는 능력을 보이기 시작했다. 또한 5~6세경의 유아들은 자기 나름대로 전략을 사용하여 장난감의 유혹에 적극적으로 저항한다. 유아들은 장난감을 쳐다보지 않거나 장난감을 보이지 않게 가리는 등 장난감과 자신을 분리시키는 자기이탈 전략(Self-distraction strategy)을 사용하였고, '장난감을 만지면 안 되지' 등 자기 스스로에게 소리 내어 타이르는 언어적 자기지시 전략(Verbal self-instruction strategy)을 사용하였다(Shaffer, 1993).

만족을 지연하는 능력은 비교적 일찍 나타나기 시작하는데, 유아들이 만족을 지연할 수 있는 시기는 2~3세 때 많이 증가한다. 1.5~2.5세 된 영아나 유아에게 흥미로운 장난감을 준 후 만지지 못하게 하고 얼마나 만족을 지연할 수 있는지 알아보는 실험을 하였다. 이러한 실험결과로, 1.5세 된 영아는 20초, 2세 된 유아는 70초, 그리고 2.5세 된 유아는 100초 정도의 만족을 지연시키는 것으로 나타났다(Vaughn et al., 1984). 이러한 결과는 18개월에 이미 만족을 지연하는 능력이 나타나고, 연령이 증가할수록 만족을 지연하는 시간도 증가한다는 것을 알 수 있다. 일반적으로 감정, 정서, 행동 등의 충동을 억제하는 능력은 유아기에 발달하여 아동기에 많이 획득된다. 정서를 억제하는 능력은 4세 정도에 형성되는데, 이 시기의 유아들은 흔히 낯선 사람 앞에서 울음을 참는 행동을 보인다.

유아들의 자기통제는 부모나 양육자의 양육방식과도 관련이 있다. 부모가 유아의 충동적인 행동에 대해 일관성 있게 반응 및 훈육하고, 유혹에 저항하는 행동을 도와주고, 그리고 이러한 행동을 했을 때 강화해 주면 유아들의 자기통제는 증가하게 된다.

5) 자아분화

자아분화(Differentiation of self)는 타인에 의한 사고나 감정을 적절하게 통제하고 분별하는 능력을 의미한다. 보웬(Bowen, 1978)은 자기분화가 잘된 사람이 사고와 감정에 균형을 이루어 정서적 충동에 저항할 수 있는 자제력과 객관성을 가지고 있다고 보았다. 그러나 자기분화가 미흡한 사람은 감정을 지배하지 못해 객관적인 사고를 하기 어렵다고 하였다. 그래서 주위 사람의 감정에 지배를 받아 추종하거나 분노를 느끼며 배척하게 된다는 것이다(Bowen, 1978; 서혜석 외, 2010).

보웬(Bowen, 1978)은 자기분화를 인지적 기능 대 정서적 기능, 가족의 투사과정, 자아의 통합, 정서적 단절, 그리고 가족퇴행 등 5가지 영역으로 구분하여 척도화하였다. 가장 낮은 0부터 100까지 구분하여 자아분화 수준을 평가하여 4단계로 구분하였다.

1단계는 척도가 0~25로 자기분화가 가장 낮은 수준으로 사고의 융합이 너무 심해 삶이 감정에 의해 지배되는 단계이다. 이 단계에 해당되는 사람은 타인의 인정을 받기 위해 개별성을 희생하며 스트레스 상황에서 쉽게 역기능적이 된다.

2단계는 척도가 25~50으로 안정에 대한 기본적 욕구가 있으나 갈등을 회피하게 되고, 타인을 기쁘게 하려고 노력하며 의존적이고 자율적인 능력이 부족하다. 또한 독립적으로 결정에 이르거나 문제를 해결하는 능력이 부족하다.

3단계는 척도가 50~75로 분명한 신념을 가지고 있음에도 불구하고 타인의 선택에 대해 의식하는 경향이 있다. 또한 의사결정을 내려야 할 때 의미 있는 타인의 인정을 받을 수 있는지 의식하는 편이나 비교적 스트레스 상황에서도 기능을 잃지 않으며 역기능적이 되어도 바로 회복된다.

4단계는 척도가 75~100으로 명확한 가치와 신념을 가지고 있어 목표 지향적이고 융통성이 있으며 안정적이다. 또한 갈등과 스트레스에 대한 인내심이 있으며 강한 자아 통합감을 갖는다(Bowen, 1978; 서혜석 외, 2010).

보웬(Bowen)의 자아분화수준 척도검사는 정서인지분화 영역 7문항(1*, 2*, 3, 4*, 5*, 6*,

7*), 자아의 통합 영역 6문항(8, 9, 10, 11*, 12*, 13), 가족투사 영역 6문항(14*, 15*, 16*, 17*, 18*, 19*), 정서적 단절 영역 5문항(20, 21*, 22*, 23*, 24*), 그리고 가족퇴행 12문항(25*, 26, 27, 28, 29, 30, 31, 32, 33*, 34*, 35*, 36*) 등 총 36문항으로 구성되어 있다. 여기서 별표(*) 문항은 역으로 채점하는 문항이다. 이렇게 구성된 각 문항은 '전혀 그렇지 않다(1점)'에서 '아주 그렇다(4점)'의 4단계 평정법으로 측정하였다. 각 하위 척도의 점수를 합산한 것이 전체 자아분화 수준을 나타내며, 부정적인 문항은 역으로 채점하였기 때문에 점수가 높을수록 자아분화가 잘 되어 있음을 뜻한다. 보웬의 자아분화 척도는 표 3-2 에 나타냈다.

표 3-2 보웬의 자아분화 척도

전혀 그렇지 않다.:1점, 그렇지 않은 편이다.:2점, 그러한 편이다.:3점, 아주 그렇다.:4점

번호	내 용	1점	2점	3점	4점
1	나는 중요한 결정을 내릴 때, 마음 내키는 대로 결정하는 일이 많다.				
2	나는 말부터 해놓고 나중에 가서 그 말을 후회하는 일이 많다.				
3	나는 비교적 내 감정을 잘 통제하는 편이다.				
4	나는 화가 나면 물불을 가리지 않고 행동하는 편이다.				
5	나는 욕을 하고 물불을 가리지 않고 행동하는 편이다.				
6	나는 욕을 하고 무엇이든 부수고 싶은 충동을 자주 느낀다.				
7	나는 대수롭지 않은 일에도 화를 잘 내는 편이다.				
8	나는 남이 지적할 때보다 내가 틀렸다고 여길 때 의견을 더 잘 바꾼다.				
9	나는 대다수 사람들의 의견보다 내 의견을 더 중시한다.				
10	논쟁이 일더라도 필요할 때는 내 주장을 굽히지 않는다.				
11	내 말이나 의견이 남의 비판을 받으면 얼른 바꾼다.				
12	내 계획이 주위 사람의 인정을 받지 못하면 잘 바꾼다.				
13	주위의 말은 참고는 하지만 어디까지나 내 소신에 따라 결정한다.				
14	자라면서 부모님이 내게 대해 근심을 하는 것을 많이 보아왔다.				
15	부모님은 내가 미덥지 못해서 지나치게 당부하는 일이 많았다.				
16	우리 부모는 형제들 중 유독 나 때문에 걱정이 많으셨다.				

번호	내 용	1점	2점	3점	4점
17	부모님은 내게만 문제가 없다면 아무 걱정이 없겠다는 말을 많이 하셨다.				
18	내가 처한 상황은 부모님이 전부터 입버릇처럼 말해오던 그대로다.				
19	내 걱정이나 근심은 부모님이 전부터 말해오던 그대로이다.				
20	부모님과 떨어져 살면 대단히 불편하리라 생각한다.				
21	가정을 떠나는 것이 독립할 수 있는 좋은 기회이다.				
22	나는 부모님으로부터 하루 빨리 독립했으면 하는 생각이 많았다.				
23	부모님과 자주 다투기보다는 안보는 것이 상책이라 생각했다.				
24	나는 자라면서 집을 나가고 싶은 충동을 많이 느꼈왔다.				
25	나는 자라면서 부모님과 별로 대화를 나누지 않았다.				
26	내가 자랄 때 우리 가족은 자신들이 각자 해야 할 일을 스스로 하는 편이다.				
27	우리 가족은 심각한 일이 있어도 가족 간에 금은 잘 가지 않는다.				
28	가족 간에 말썽이 있어도 서로 상의해 가면서 잘 해결해 왔다.				
29	우리 가정에는 소리를 지르거나 주먹다짐을 하는 일은 드물었다.				
30	가정에 어려운 일이 있어도 부모님은 차분하게 잘 처리하셨다.				
31	우리 가정은 대체적으로 화목하고 단란했던 편이다.				
32	우리 가족은 각자 의견이 달라도 서로 존중해 주는 편이다.				
33	나는 어릴 때 다른 가정에서 태어났으면 하는 생각이 들었다.				
34	우리 가족은 사소한 문제 때문에도 잘 싸웠다.				
35	부모님은 나를 낳았을 뿐 교육에는 별로 관심이 없었다.				
36	우리 가족은 서로에게 별 관심이 없었다.				

점수 계산 방법은 ① 각 문항 점수의 합을 구한다. ② 백분위 점수 = 원점수 × 100/144(예: 원점수의 총합이 110인 경우, 100점 만점의 자아분화 점수는 110×100/144 =76.38이다.) ③ 계산된 점수를 해당하는 범주에서 찾는다.

● 느낀 점이나 개선할 사항을 기록하고 발표해 본다. :

6) 자아존중감

자아존중감(Self-esteem)은 자기 자신의 존재에 대해서 긍정적 또는 부정적으로 나타나는 감정을 의미한다. 자신의 존재에 대해 인지적으로 형성된 것이 자아이고, 자기 존재에 대한 감정(느낌)이 자아존중감이다(Simmons & Blyth, 1987). 자아존중감은 매슬로우의 인본주의 이론에서 인간의 기본욕구 5단계(생리적, 안전, 소속감과 사랑, 자아존중감, 자아실현) 중 4단계에 해당되며, 자아존중감의 충족 여부는 중요하다는 필요성이 강조되었다(Maslow, 1965). 모든 인간은 자아존중감에 관한 욕구가 있으며, 이 욕구를 충족시킨 사람은 자신감이 있고 자신이 가치 있고 유용한 사람이라고 하였다. 그러나 자아존중감 욕구를 충족시키지 못한 사람은 열등감을 갖고 자신이 보잘것없는 사람이라고 생각한다. 그리고 이러한 자신에 대한 부정적인 감정은 정신질환을 유발할 가능성이 있다고 하였다(Maslow, 1965).

인간의 자아존중감은 자신이 작은 성취나 어떤 일의 성공을 통해서 형성되고, 그리고 주위 사람들이 자신에 대해 내리는 칭찬과 같은 평가를 바탕으로 이루어진다. 사람들은 스스로 자신이 능력이 있다고 생각하면서 주위 사람들이 인정해 주면 긍정적인 자아존중감이 형성된다. 자아존중감이 높은 사람들은 자신에 대해 긍정적인 감정을 느끼지만, 자아존중감이 낮은 사람들은 자신에 대해서 부정적이고 불행하다고 느낀다. 따라서 자아존중감이 높은 사람들은 학업에서나 사회성 측면에서 모두 성공하는 경향이 있지만, 낮은 자아존중감을 갖는 사람들은 불안수준이 높고 학교생활에 잘 적응하지 못하고 학업성취도가 낮다(유효순, 2007).

인간발달 중 자아존중감이 가장 높은 시기는 유아기(2~6세)로 대부분의 유아들은 여러 영역에서 자신의 능력에 대해 매우 긍정적으로 평가한다. 즉, 유아들은 자신이 능력이 있다고 믿고, 자신감에 차 있으며 새로운 과제에 도전하려고 노력한다. 그러나 아동기(6~11세)에 들어서면서 또래문화가 발달하여 아동들은 여러 영역에 걸쳐 자신을 객관적으로 평가하게 된다. 따라서 유아기 동안 높았던 자아존중감은 보다 현실적인 수준으로 조정된다. 이러한 현상은 아동들이 점차 자신에 대한 판단을 또래의 견해나 객관적인 수행능력에 맞추려고 하는 것이다. 일반적으로 청소년기에는 자아존중감이 안정되어 특정 분야에서 서열에 따라 자신의 위치를 인식하게 되고, 이에 따라 자아존중감이 조정된다(Harter, Whitesell, & Kowalski, 1992).

(1) 자아존중감의 영향요인

사람들의 자아존중감 형성에 영향을 미치는 요인으로는 부모의 양육방식, 형제관계 및 사회 · 경제적 지위, 또래와의 사회적 작용, 그리고 교사의 교수방법 등을 들 수 있다. ① 아동의 자아존중감은 부모의 양육방식이 애정적이고 사랑을 가지고 양육할 때와 가정이 화목할 때에 긍정적이고 높게 나타난다. 가정에서 지켜야 할 규칙이나 가정의 사소한 일에 자녀를 참여시켜 함께 논의하고 의견을 존중해주면 아동들의 자아존중감은 증가한다. 그러나 자녀의 의견에 관심을 두지 않고, 부모가 독단적으로 강요하거나 억압하면 아동의 자아존중감은 낮아진다(Kail, 2004). ② 형제와의 관계에서는 형제가 친밀하고 형제간에 배려하는 마음이 깊으면 서로의 자아존중감이 높은 반면, 형제간에 갈등상황인 경우에는 낮게 나타난다. 또한 사회 · 경제적 지위관계에서는 지위가 높은 집단의 아동들이 낮은 집단의 아동들보다 자아존중감이 높게 나타났다. 경제적으로 빈곤해서 스트레스를 받고 있는 부모는 아동들에게 무관심하고 적대적 양육행동을 보이게 된다. 따라서 아동들은 낮은 자아존중감이 형성된다. ③ 또래와의 사회적 관계에서 아동들의 자아존중감은 또래와 비교하면서 스스로를 또래보다 잘하는 것이 없고, 못하다고 평가하면 낮아진다(Harter, 1998). 아동들의 자아존중감은 자신이 상대방에게 어떻게 인정받느냐가 중요한데, 상대방이 자신을 긍정적으로 보면 높아지고, 부정적으로 볼 때 낮아진다. ④ 교사의 교수방법에서 일반적으로 자아존중감이 높은 아동들은 학교에서 공부도 열심히 하고, 또래와 사이좋게 지내고, 문제행동을 일으키지 않고, 그리고 운동이나 과외활동에도 더 많이 참석한다. 따라서 교사들은 아동들의 능력을 최대한 발휘할 수 있도록 편견을 두지 않고 자아존중감이 향상될 수 있도록 도와주어야 한다.

7) 사회인지 능력 및 상대방 이해

사회인지 능력(Ability of social cognition)은 사회적으로 적응하기 위해 상대방의 감정, 생각, 의도, 그리고 사회적 행동들을 이해하는 것을 의미한다. 사람들의 사회인지는 또래와의 관계, 형제나 부모와의 관계, 모든 상대방과의 관계를 형성하는 데 있어서 중요한 요소이며, 인간관계의 기본이 된다. 이러한 사회인지는 타인을 얼마만큼 이해하는가가 중요하다. 인간은 성장하면서 자아가 보다 추상적이고 보다 심리적 요소로 발달하는 것과 같이 상대방의 이해능력도 추상적이고 논리적으로 발달한다. 피아제(Piaget)는 아동기 때 상대방을 이해하는 능력이 그들의 인지발달 수준에 의해 결정된다고 하였다. 전조작기(2~7세) 아이들은 대상의 지각적 특성에 의존하여 사물을 인지하는 경향이 있다고 하였다. 따라서 상대방을 관찰할 때에도 눈에 보이는 모습이나 행동, 그가 가지고 있는 소유물 등을 중심으로 인지한다. 그러나 구체적 조작기(7~12세) 아이들은 자기중심적 사고가 줄어들고 상대방이 자기와 다른 생각을 가질 수 있다는 것을 깨닫게 된다. 또한 사물의 분류나 보존개념도 획득하게 되어, 이러한 획득을 통해 아이들은 사물이 눈에 보이는 외향을 넘어서 항상성을 유지하는 특징이 있음을 깨닫게 된다. 따라서 사람들은 또래 간의 비교를 통해 각각의 또래들이 심리적으로 자기와 다르다는 것을 이해하게 된다. 이렇게 인간은 상대방에 대해서 알 수 있는 사회인지 능력인 수용능력이 발달하게 된다.

표 3-3 셀만의 수용능력 발달과정 5단계

단계	연령	특징
1단계 : 미분화된 단계	2~6세	자신과 상대방의 사고와 감정이 다를 수 있다는 것을 구별하지 못한다.
2단계 : 사회정보적 단계	4~9세	상대방이 다른 생각을 가질 수도 있다고 깨닫기 시작하나 왜 그런지는 이해하지 못한다.
3단계 : 자기방어적 단계	7~12세	아동이 상대방의 입장이 되어서 자기 자신을 바라볼 수 있게 된다. 상대방도 그렇게 할 수 있다는 것을 안다.
4단계 : 제3자적 단계	10~15세	아동이 자신과 상대방을 제3자의 입장에서 바라볼 수 있게 된다.
5단계 : 사회습관적 단계	14세 이후	제3자의 입장이 그 사람이 속한 사회적, 문화적, 관습적 맥락에 의해 영향을 받을 수 있다는 것을 인식하게 된다.

셀만(Selman, 1981)은 아이들이 성장하면서 수용능력은 지속적으로 발달한다고 하였으며, 5단계로 나누어 설명하고 있다. 셀만의 수용능력 발달과정 5단계는 표 3-3 에 나타냈다(유효순, 2007).

8) 자아의 구성요소

일반적으로 자아의 구성요소는 지각내용에 따라 분류하기도 하고, 하위영역에 따라 일반성의 자아와 구체성이 특정한 자아로 분류하기도 한다. 자아의 구성요소는 자신의 성격적 특징에 대한 지각, 타인 또는 환경과 관계를 맺고 있는 자신에 대한 지각, 물질적 경험과 관련된 지각, 그리고 목표나 이상에 대한 지각이다(임해경 외, 2012). 심리학자인 웰리엄 제임스(William James)는 자아를 '한 개인이 자기 것이라고 말할 수 있는 모든 것'이라고 정의하고 자아의 구성요소를 다음과 같이 3가지로 나눌 수 있다고 하였다(김혜숙 외, 2011; 임해경 외, 2012).

① **물질적 자아(Material self)이다.** 이것은 나를 형성할 수 있고 나와 관련된 물질적 측면인 외모, 신체적 특성, 그리고 물질적 소유물 등을 포함한다.

② **사회적 자아(Social self)이다.** 이것은 타인과의 관계 속에서 나타나는 나의 신분과 위치를 의미한다. 즉, 사회적 관계나 역할을 통해 드러나는 그 사람의 사회적 면모이자 기능적 측면의 자아로서 교우관계, 이성관계, 가족관계, 그리고 사회적 지위나 신분 등을 포함한다.

③ **심리적 · 영적 자아(Psychic or spiritual self)이다.** 이것은 가치관이나 도덕기준 등과 관련된 나의 내면적 특성과 자기 반성적인 사고를 의미하는데, 성격, 능력, 그리고 적성 등을 포함한다.

3.2 정서의 이해

정서는 내 · 외적 자극에 대한 사람의 기분, 느낌, 감정 등의 반응과 상태를 의미하는데, 구체적으로 기쁨, 슬픔, 분노, 불안, 공포 등이 기본정서 요소이다. 정서는 크게 생리적 요소와 표현적 요소로 구분한다. 생리적 요소는 자율신경계에 의한 흥분을 의미하고, 표현적 요소는 얼굴표정, 신체적 표현, 언어 등을 의미한다. 사람들은 표현적 요소인 얼굴표정, 신체적 표현, 울음, 언어 등을 통해 자신의 정서를 타인에게 전달한다. 이 절에서는 정서의 특징, 정서의 분화, 정서의 유형, 정서지능, 그리고 정서표현능력 및 정서이해 능력 등에 대해서 알아본다.

1) 정서의 특징

인간발달 중에서 영아기(0~2세) 정서는 삶의 초기 정신능력을 발달시키거나 대인관계를 형성하는 데 중요한 역할을 한다. 이러한 점은 뇌 중 대뇌피질 아래쪽에 위치한 대뇌변연계가 사람의 정서를 관장하는 뇌인데, 인지의 뇌인 대뇌피질보다 일찍 발달하여 기능을 한다. 따라서 영아기(0~2세)의 정신작용은 정서의 뇌에 더 영향을 받는다고 할 수 있다. 예를 들어, 신생아기에 보이는 반사반응행동은 쾌감과 불쾌감이라는 정서에 의한 것이며, 이후 나타나는 대부분의 행동들도 기쁨, 불안, 공포 등의 정서적 작용에 의해 일어난다. 또한 주의집중 행동이나 기억 등의 인지적 기능도 정서적 흥미가 동반되어야 비로소 가능해지거나 더 효과적이 된다. 그러므로 아무리 중요한 내용이라도 정서적 즐거움이나 재미가 없으면 주의집중이 일어나지 않고 학습도 잘 이루어지지 않는다. 이러한 점은 영아기의 뇌발달 순서 때문으로 영아기 정서발달의 중요성을 나타내 주는 부분이다. 영아기 정서발달과정의 특징은 다음 표 3-4 에 나타냈다(곽노의 외, 2008).

표 3-4 영아기 정서발달과정의 특징

0~1개월 : 배냇미소와 울음 갓 태어난 신생아는 얼굴에 만족감과 괴로움을 나타내며, 반사적으로 배냇미소를 짓는다. 그러나 외부의 환경 변화에 반응하거나 양육자의 관심에 대한 정서적 반응은 잘 하지 못한다. 4주경에는 여러 가지 표정(기쁨, 분노, 무표정)의 얼굴 사진을 보여주면 기쁜 표정의 얼굴을 더 오래 응시하는 경향을 보인다. 불쾌한 자극에 대해서는 울음으로 반응한다.

1~3개월 : 주위 환경에 대한 관심 양육자의 관심에 반응하여 미소를 짓기 시작한다. 3개월경이 되면 친숙한 사람과 그렇지 않은 사람에 대해 구별된 미소를 보이며, 주변의 사람들과 사회적 상호작용이 이루어질 때 자주 미소를 짓고 사회적 반응을 나타낸다. 환경적 자극이 주어지면 자극에 관심을 보이며 흥밋거리에 대해 호기심 어린 눈으로 반응을 나타내기 시작한다.

3~6개월 : 일차정서의 표현 어떤 일이 일어날지를 기대하고 그 일이 실제 일어나지 않으면 실망감을 보인다. 실망감은 화를 내거나 불안스러운 행동으로 나타낸다. 분노가 생기면 성난 소리를 지르는 행동을 보인다. 자주 미소 짓고 많이 웃으며, 양육자와 적극적인 사회적 상호작용을 한다. 4~6개월경에 정서를 억제하는 능력이 생겨 울음을 참을 수 있다. 6개월경이 되면 공포감이 생기며, 또 양육자의 감정에 따른 얼굴표정을 구분하고 눈치를 보기 시작한다.

7~9개월 : 이차정서의 표현 이차정서가 나타나기 시작하며, 기쁨・공포・분노・놀람 등의 좀 더 분화된 정서를 보인다. 다른 아기들에게 반응을 보이며, 사람들로부터 반응을 얻으려 한다. 적극적으로 사회적 상호작용을 하고, 특히 자발적으로 환경을 탐색하기 시작한다. 대개 8~9개월이 되면 다른 사람의 정서를 자신의 행동의 길잡이로 삼는 초기 사회적 참조(social reference)가 나타나기 시작한다. 사회적 참조란 낯선 상황에서 자신의 행동을 선택하기 위해 타인의 정서표현을 참고하는 것을 말한다.

9~12개월 : 애착 및 사회적 참조 낯선 사람들을 두려워하고, 낯가림이 심해지는 시기이다. 주 양육자에게 강하게 애착하여 먼 거리나 오랜 시간 떨어져 있으면 불안해한다. 인지능력의 발달로 새로운 상황에서 조심스럽게 분위기를 파악하려는 태도를 보인다. 12개월경이 되면 타인의 정서를 인식하고 자신의 행동을 선택하는 모습이 보다 분명해지고, 타인에게 정서를 더 분명하게 전달할 수 있다. 이 시기에 심화된 정서 표현과 감정 등을 보인다.

12~18개월 : 환경 탐색과 수치심 수치심 등 이차적 복합정서들이 나타나기 시작한다. 양육자의 말귀를 알아듣고 자기의 감정을 보다 적극적이고 강하게 주장한다. 걷기 능력이 발달하여 자발적 의지로 외부 환경을 적극적으로 탐색할 수 있으며 새로운 환경에 호기심을 보인다. 그러나 애착이 이루어진 양육자를 안정 기저로 하여 환경을 탐색하는 특징을 보인다.

18~24개월 : 자아개념 당혹감, 수치심, 죄책감, 부러움, 자부심과 같은 확장된 복합정서를 표출한다. 양육자와 함께 있으려는 욕구가 강하여 오랜 시간 멀리 떨어져 있으면 불안해한다. 단독 놀이를 즐기고, 분노 등의 부정적 정서를 숨기거나 사회적으로 수용되는 방식을 학습한다. 과제에 성공하면 자부심을 보이고 실패하면 수치심을 나타낸다. 18~24개월에 자신의 정서를 언어로 표현할 수 있다. 이 시기의 영아는 자신을 당황하게 만드는 사람이나 대상의 행위에 적극적으로 대처하는 경향이 높다.

또한 유아기(2~6세) 때 나타나는 정서의 특징을 살펴보면, ① 어떤 특정한 정서상태의 지속시간이 짧고 자주 바뀐다. 예를 들어, 금방 싸운 친구와도 다시 친하게 지내고, 조금 전까지 함께 놀던 친구와도 다시는 안 놀 것처럼 싸우기도 한다. ② 정서상태의 기복이 심해서 작은 일에도 상당히 좋아하는 반면 사소한 일에도 화가 나서 발버둥을 치며 울기도 한다. 그러나 4세 정도가 되면 정서적 표현은 점차 완만해진다. ③ 자신의 감정을 즉각적으로 자주 표현한다는 특징이 있다.

유아들의 정서표현은 연령에 따라 점차 구체화되지만 행동적인 표현은 감소한다. 정서 유형인 분노에 대한 예를 들면, 유아기 초에는 온몸으로 분노를 표현하기 때문에 몸부림을 치거나 격렬한 울음소리를 내고 상대방에게 공격을 가하기도 한다. 그러다 유아기 말이 되면 신경질을 부리거나 눈물을 흘리고 울상을 짓는 등 분노의 표현이 억제된다. 이와 같이 분노의 표현은 강하고 직접적인 것에서 약하고 간접적인 것으로 발달해 간다. 즉, 공격적인 행동이 욕이나 놀리기, 흉보기 등의 언어적인 공격으로 변화되어 표현된다. 또한 인지발달에 따라 공포를 울음으로만 나타내다가 점차 울음 섞인 외침으로 표현하고, 후에는 두려운 상황에서 도망치는 등 구체적이고 분명하게 정서를 표현한다(유안진, 1999). 유아의 정서표현 예는 그림 3-4 에 나타냈다.

그림 3-4 유아의 정서표현 예

2) 정서의 분화

인간발달 중에 영아기 정서발달은 여러 가지 분화단계를 거치면서 빠르게 발달한다. 정서분화는 일차정서와 이차정서로 표현된다. 일차정서는 선천적인 것으로 생의 초기에 나타나고, 얼굴표정만 보고도 정서상태를 쉽게 알 수 있으며, 세계 모든 문화권의 영아들에게서 볼 수 있기 때문에 일차정서 또는 기본정서라 한다(Izard, 1994). 일차정서는 모든 영아들에게 표현되는 기본정서이며 선천적 정서로 주관적 감정, 심리적 변화, 외형적 행동 등의 요소로 이루어진다. 일차정서의 종류는 기쁨, 슬픔, 행복, 분노, 놀람, 공포, 혐오 등이 있다.

이차정서는 사람들과의 관계 속에서 형성되며, 한 가지 이상의 정서를 통합할 줄 아는 인지능력을 필요로 하는 첫돌 무렵에 표현되는 것으로 이차정서 또는 복합정서라 한다(Izard & Malatesta, 1987). 이차정서의 종류는 자부심, 수치심, 죄책감, 애정, 만족, 질투, 감정이입, 고통, 부러움, 당황 등이 있다. 이러한 일·이차 정서는 거의 영아기 때 발달한다. 정서분화 이론에서는 정서발달도 신체발달이나 언어발달처럼 어느 정도 연령규준을 따른다고 보았다.

버거(Berger, 2003)는 영아의 정서분화 과정에 대해서 언급하였는데, 갓 태어난 신생아는 만족과 불만족 두 가지 정서만을 가지고 있다고 보았다. 즉, 신생아들은 배고프거나 고통을 느낄 때 또는 분명한 이유 없이 울 때, 배가 부르고 잘 자고 나면 행복해한다고 했다. 또한 영아는 생후 몇 주가 지나면서 새로운 물건, 새로운 소리, 움직이는 것 등에 대해서 흥미를 보인다. 사람에 대한 관심은 기쁨을 나타낼 수 있는 생후 6주경에 사회적 미소가 나타난다고 하였다. 3~4개월에는 웃음이나 호기심이 표현되고, 미소는 4개월경에 나타난다고 하였다. 분노는 자신이 기대한 대로 되지 않을 때 나타나는데, 4개월경에 자신이 갖고자 하는 물건을 갖지 못할 때 화를 낸다. 9개월경에는 분노가 절정에 달하여 낯선 사람에 대한 분노와 양육자로부터의 분리불안이 나타난다. 정상적인 대부분의 영아들은 생후 1년 말경이 되면 기쁨, 불만족, 흥미, 공포, 분노 등의 정서가 나타나고, 2세말이 되면 자부심, 수치심, 당황, 죄책감 등이 나타난다고 하였다.

3) 정서의 유형

정서분화 과정에서 살펴본 것처럼 정서는 일차정서와 이차정서로 표현된다.

(1) 일차정서

일차정서의 종류는 기쁨, 슬픔, 행복, 분노, 놀람, 공포, 혐오 등이 있으나 대표적인 것만 알아본다.

① 기쁨과 웃음

기쁨은 미소나 웃음으로 표현되며 건강한 영아일수록 기쁨의 표현이 명확하고 자주 나타난다. 출생 직후에 나타나는 배냇미소는 선천적·반사적인 것으로, 이는 깊은 수면이나 부드러운 감촉 등과 같은 편안한 내적 상태에서 비롯된 반응이다. 1개월경이 되면 영아는 움직이는 물체나 장난감 같은 외부 자극에 대해 미소를 보인다. 또한 생후 2개월 이후가 되어야 영아는 자신들이 좋아하는 사람들에게 사회적 미소를 보이는데, 이러한 반응은 친숙한 사람과의 친밀감을 강화하는 역할을 한다. 생후 4개월이 되면 신체 부분을 간질이거나 위로 들어 올려 줄 때 큰소리로 웃는다. 생후 1년이 지나면 사회적 신호로 미소 및 웃음을 사용한다. 즉, 다른 사람과 기쁨을 나누고 싶을 때, 그리고 같이 놀고 싶을 때 미소 짓고 웃는다.

3세경의 유아들은 언어가 발달함에 따라 기쁨을 언어로 표현한다. 유아들은 성장하면서 사회적인 인간관계에 의한 기쁨을 느끼고, 인지능력이 발달함에 따라 몸짓이나 농담 등을 이해할 수 있어 이에 대한 기쁨도 보이게 된다. 3세경에는 신기한 자극에 대해 재미를 느낄 수 있기 때문에 많은 사람들이 하지 않는 행동이나 동작을 보고 즐거워하기도 한다.

② 분노

분노는 자신의 감정을 표현하고 원하는 바를 만족시키는 보편적인 정서의 하나이다. 신생아의 분노는 배고픔이나 고통 자극 등의 불쾌감이 있을 때 주로 울음으로 분노를 표현하지만, 점차 자신이 원하는 것을 못하게 되어 욕구좌절을 느낄 때 울음이나 소리 지르기, 떼쓰기, 발버둥 치기 등의 신체적 표현을 수반하면서 분노를 표현한다. 생후 4~6개월이 되면 분노가 나타나기 시작하는데, 이 시기 영아들은 운동능력이 부족하여 자신이 갖고자 하는 물건을 마음대로 잡지 못하거나 자신이 원하는 것을 하지 못할 때 화를 많이 낸다. 분노는 2세경에 최고조에 달하며 사람이나 사물에 대한 공격성으로 나타난다. 양육자는 사랑으로 영아의 분노를 수용하고, 영아로 하여금 분노를 억제하고, 그리고 말로 표현하도록 유도하는 것이 바람직하다.

유아들은 자기가 하고자 하는 일을 못하게 하거나, 어떤 일을 강요하거나, 부모가 관심을 가져주지 않을 때 분노를 표현한다. 분노는 떼쓰기, 고집부리기, 말 안듣기, 폭발행동 등으로 표출된다. 유아기의 분노는 또래나 형제와의 관계에서 자주 나타난다. 생활의 중심이 놀이집단으로 옮겨감에 따라 또래들과 충돌이 일어날 때 분노를 느끼기도 한다. 4세경이 되면 분노를 공격적인 행동으로 표시하기도 하고, 5세말이 되면 언어가 발달함에 따라 공격적인 행동보다는 욕설을 하는 등 공격적인 언어로 분노를 표시한다(유안진, 1999).

③ 공포와 불안

공포는 큰 소리, 어둠, 고통, 높은 장소 등 신체적이나 심리적으로 위험하다고 느낄 때 표출되는 정서로 불안과 연결되어 있다. 6개월경부터는 인지능력의 발달로 인해 공포심을 갖기 시작하며 친숙하지 않은 대상이나 애착이 형성된 사람과의 분리 등이 공포를 유발하는 주요 원인이 된다. 또한 영아기의 불안은 애착이나 낯가림과 관련이 있으며 양육자와의 분리가 주된 원인이다. 영아들은 낯선 사람이나 사물에 대해서 민감하게 반응을 하기 때문에 이 시기에 불안장애가 나타날 수 있다. 따라서 영아기 때 불안이나 공포를 느끼지 않도록 애착을 가지고 보살펴야 될 것이다.

유아들이 겪게 되는 낯가림이나 분리불안 외에도 많은 것에 대한 공포를 느낀다. 예를 들어, 어둠이나 큰 소리, 새로운 상황에 대한 공포를 느낀다. 또한 밤에 부모가 옆에 없거나 집 이외의 장소에서 잠을 깼을 때 부모가 없으면 공포를 느끼고, 천둥소리에도 심한 공포를 느낀다. 3세말경이 되면 유아들은 개나 고양이 같은 특정 대상을 두려워하는데, 이는 시각적인 것에 공포를 느끼기 때문이다. 4세경에는 공포가 심해져 이유 없이 공포감이 생겨나기도 한다. 이 시기의 공포감은 꿈으로 나타나 유아들은 악몽을 꾸기도 한다. 유아기 말인 6세가 되면 유아의 상상력이 발달하여 귀신이나 도깨비처럼 존재하지 않은 대상에 대해서도 공포감을 갖고, 공포에 대한 반응이 학습되어 다른 사람이 무서워하는 대상을 보고 자신도 공포를 느낀다. 또한 유아의 경험이 확장되어 공포대상이 증가하면서 공포감이 더 심해진다(유안진, 1999).

일반적으로 불안은 부모와 떨어지거나 낯선 장소에서 느낄 수 있으며, 손아래 동생을 보는 것도 어머니의 사랑을 빼앗길 수 있다고 생각하여 불안을 느끼기도 한다.

(2) 이차정서

이차정서는 일차정서보다 늦게 나타나고, 복잡한 인지능력이 필요하다. 루이스(Lewis)는 자아인식이 이차정서에 있어서 필수적이라고 하였으며, 이차정서는 영아가 거울이나 사진으로 자기 자신을 알아보기 전에는 출현하지 않는다고 하였다(Lewis & Brooks, 1978). 이차정서의 종류는 자부심, 수치심, 죄책감, 애정, 만족, 질투, 감정이입, 고통, 부러움, 당황, 그리고 호기심 등이 있으나 대표적인 것만 알아본다.

① 애정

영아들은 생후 18개월 되면 사람이나 사물에 대한 애정 표출을 할 수 있다. 즉, 양육자의 목에 팔을 잡고 매달린다든지, 양육자의 볼에 자기 볼을 갖다 댄다든지, 볼을 만진다든지, 껴안거나 안기는 등의 애정을 표현한다. 영아들의 애정은 사물보다 사람에게 먼저 나타나며 사람 중에서도 성인에 대한 애정이 또래에 대한 애정보다 먼저 나타난다.

② 자부심, 수치심, 죄책감

실패했거나 하지 말아야 할 것을 했을 때 영아들은 수치심, 죄책감을 느끼며 어떤 일을 성공적으로 수행했을 때 자부심을 느낀다. 이러한 정서는 생후 18~36개월 사이에 나타난다.

③ 질투

질투는 애정을 구하는 욕구가 충족되지 못한 데서 일어나는 분노와 실망이 혼합된 정서라고 할 수 있다. 질투심은 대체로 적극적이고 공격적인 유아에게 많고 지능이 높을수록 많이 나타난다. 질투는 1.5세경이 되면 나타나기 시작하는데, 동생이 생기면 질투가 더 심해져 퇴행행동을 보이기도 한다.

퇴행행동은 이전 연령 때 했던 행동을 다시 나타내는 것으로 예를 들면, 동생처럼 사랑받기 위해 동생이 하는 행동을 보이는 것이다. 그래서 손가락 빨기, 오줌 싸기, 애기처럼 소리 내기, 젖병 빨기 등의 행동을 보인다. 3~4경에는 질투가 심해져서 울음으로 표현하기도 하나, 5~6세 되면 어린이집에서 다른 아이들에게 관심을 보이면 심한 질투를 한다. 그러나 점차 연령이 증가하면서 사회성이 발달하고 이에 따라 질투의 표현도 감소한다(조성연 외, 2006).

④ 호기심

호기심은 유아기에 많이 나타나는 정서이다. 유아들은 주의 사람이나 사물에 대한 호기심을 나타내며 눈에 띄는 것마다 '왜'라는 질문을 끊임없이 한다. 이는 자신의 신체나 성과 관련된 것들을 통해 나타내기도 한다. 유아기는 성에 대한 호기심이 커서 인형놀이를 통해 자주 극화시키며 자신의 생식기를 가지고 장난을 치기도 한다.

4) 정서지능

정서지능(Emotional intelligence)의 개념은 제98차 미국심리학회에서 살로베이와 메이어(Salovey & Mayer, 1990) 교수가 정서지능에 관한 주제발표를 하면서 알려졌다. 이후 골만(Goleman, 1995)이 『정서지능(Emotional intelligence)』이라는 책을 출간하면서 더욱 알려졌다. 정서지능은 일반지능에 대비되는 용어로 감정과 느낌을 통제하고 조절할 수 있는 능력이다. 살로베이와 메이어에 의하면, 정서지능은 사회지능(Social intelligence)의 하위요소로 자신과 타인의 감정과 정서를 평가하고 표현하는 능력, 자신과 타인의 감정을 효과적으로 조절하는 능력, 그리고 자신의 계획과 성취를 위해 정서를 활용하는 능력이라고 하였다. 또한 정서지능은 유아가 자신의 정서를 인식하고 적절히 표현하며 감정이입을 통해 타인의 정서를 인지하고, 대인관계에서 정서를 적용하는 능력을 의미한다고 하였다(김경희, 1999).

(1) 정서지능의 구성요소

골만은 정서지능의 영역을 자아인식, 자기조절, 자기동기화, 감정이입, 그리고 대인관계기술 등 5개의 영역으로 구성된다고 하였다(Goleman, 1995).

① 자아인식

자아인식(Self-awareness)은 자신의 감정을 있는 그대로 인식하고 자신의 진정한 감정을 읽고 이해하는 능력으로, 자신의 내면상태에 대한 계속적인 주의집중을 말하는 것이다. 이것은 감정에 휩쓸리지 않고 중립적인 상태에서 자신의 기분과 그 기분에 대한 사고과정을 인식하는 능력이다. 정서인식에는 본인뿐만 아니라 상황의 맥락에서 다른 사람의 언어, 행동, 표정, 몸짓 등을 인식하는 것과 음악, 미술, 조각, 등의 문화작품 속에서 다른 사람의 정서를 인식하고, 파악하는 표현할 수 있는 능력들이 포함된다.

② 자기조절

자기조절(Self-management)은 인식된 자신의 감정을 적절하게 처리하고 변화시키는 능력이다. 즉, 분노, 우울, 스트레스 등의 여러 가지 감정을 관리하는 능력이다. 모든 정서는 나름대로 가치가 있으므로 감정조절의 목표는 정서의 억압이 아니라 여러 감정

간의 균형을 이루는 데 있다. 타인정서 조절은 타인의 감정을 조절하고 바꾸려는 능력으로, 자신에 대해서 타인이 갖게 되는 인상을 조절하고 통제하기 위해서 타인에게 보여주는 행동방식이다.

③ 자기동기화

자기동기화(Self-motivating)는 어려운 상황을 참아 내어 자신의 성취를 위해 노력할 수 있는 능력이다. 즉, 목표를 향한 주의집중, 완전함과 창의성에 대한 추구를 의미하는 것으로 목표 달성을 위해 일시적인 만족이나 충동 등을 억제할 수 있는 능력을 말한다.

④ 감정이입

감정이입(Empathy)은 다른 사람의 감정상태를 읽고, 다른 사람이 느끼는 감정을 자신의 것처럼 느끼고 적절하게 반응하는 공감능력이다. 즉, 다른 사람의 아픔이 곧 자신의 아픔일 수 있다는 것을 느끼게 하는 것이다.

⑤ 대인관계기술

대인관계기술(Social skill)은 인식한 다른 사람의 감정에 적절하게 대처할 수 있는 정서표현능력이다. 대중적 인기, 리더십, 대인관계의 효과성 등을 뒷받침하는 것으로 다른 사람의 감정을 관리할 수 있는 관계를 다루는 기술이다.

(2) 정서지능의 중요성

정서지능이 높은 사람들은 어떠한 특성이 있을까? 정서지능이 높은 사람은 인성적으로 훌륭하고, 자기주장이 확실하고, 그리고 스트레스 상황에서 잘 견딜 수 있다. 퇴행이나 위축행동이 적으며, 삶의 어려움에 닥쳤을 때 정면으로 도전하며 자신감이 넘친다. 또한 독립적으로 일을 해나가는 과정에도 주도적이다. 열정과 기쁨으로 스스로를 동기화하고 목표 달성에 필요한 방법들을 쉽게 찾아내며 어려운 상황 속에서 고통의 감정을 느낄 때에도 그대로 좌절하지 않는다고 하였다.

위와 같은 특성들은 삶을 살아가는 데 필수적인 요소들이다. 최근에는 성공적인 삶을 살아가는 데에는 지능지수(Intelligence Quotient : IQ)보다 정서지수(Emotional Quotient : EQ)

가 더 필요하다고 본다. 골만은 미국 스탠퍼드 대학의 미쉘(Mischell) 교수의 연구결과를 인용해서 인지적, 사회적 성공의 요인이 EQ라고 주장하였다. 미쉘 교수의 연구는 4세 된 유아들 대상으로 혼자 방에 남겨두고 마시멜로(양과자)를 주고 15분간 먹지 않고 참으면 기다림에 대한 보상으로 마시멜로를 하나씩 더 준다고 알려주고, 유아들을 관찰하였다. 4세 된 유아들이 유혹을 참고 15분간을 기다린다는 것은 즉각적인 만족을 지연하는 것으로 성인의 2~3시간에 해당되는 기간이다. 종단연구로 14년 후 18세가 되었을 때 다시 이들을 관찰실험 하였다. 4세 때 15분을 참고 마시멜로를 하나 더 받은 대상자들은 즉석에서 마시멜로를 다 먹은 대상자들보다 교사들로부터 인기가 있고, 좋은 학생이라는 평가를 받고, 그리고 사회적으로도 더 훌륭하게 성장하였다.

이러한 이유로 골만은 출세와 성공에 IQ가 20%, EQ가 80%를 차지한다고 주장한다. 일반적으로 자신의 감정을 잘 이해하고 조절하는 유아나 아동들은 학교생활에서 적응을 잘하고 또래들에게 인기가 높으며 다른 사람과 상호작용을 잘한다. 또한 감성이 안정되어 있는 유아나 아동들은 학업성취도가 높고 창의적이며 문제해결 능력도 높다(유효순, 2007).

5) 정서표현 능력 및 정서이해 능력

아동기(6~11세)는 정서를 표현하는 능력도 유아기(2~6세)보다 크게 발달한다(Underwood, Coie, & Herbsman, 1992). 학령기가 되면서 정서를 보다 효과적으로 다루면서 자신이 아무리 좋아도 친구가 슬퍼하면 자신의 기쁨을 감추려고 노력한다. 위와 같이 정서의 표현 규칙을 습득하고 사회적 상황에 맞게 정서를 적절히 조절할 수 있다. 예를 들어, 생일날 자신이 좋아하지 않는 선물을 받았을 때, 실제로는 실망하고 있었으나 상대방을 고려해서 실망감을 표현하지 않는 경우이다. 따라서 아동들은 경우에 따라 자신의 감정을 솔직히 표현하지 않는 것이 좋다는 것을 이해한다. 아동기가 되면 자신의 내적인 감정을 숨기는 일이 많아 실제로 내적인 감정이 무엇인지 어려울 때가 종종 있다(Saarni, Mumme, & Campos, 1998).

영아나 유아들의 공포는 신변의 구체적인 자극에 공포를 느끼지만, 아동기의 공포는 어두움, 상황의 위험, 죽음, 천둥과 번개, 무서운 이야기, 그리고 영화 등에서 본 것이나 등장한 인물 등에 의해 공포를 느낀다. 이처럼 연령에 따라 공포의 대상이 달라지는 것은 연령의 증가에 따라 아동들의 경험이 확대되고, 상상력과 이해력이 발달하므로 그에 따라 공포의 대상이 구체적인 것에서 점점 추상적이고 상징적인 것으로 변하기 때문이다. 만 7세경에는 자랑, 질투, 죄의식 등과 같은 정서에 대한 인식이 심화되고, 10~14세에는 우울, 안도, 실망, 수치감과 같이 보다 미묘하고 복잡한 정서를 이해할 수 있게 된다. 이처럼 아동들이 이해하는 정서의 폭이 넓어지면서 상황에 따른 정서 변별의 정확성도 증가한다(Saarni & Harris, 1989). 만 5세 유아와 만 13세 아동에게 여러 가지 정서표현을 나타내는 얼굴을 그리도록 했을 때, 유아와 아동의 그림은 그림 3-5 에 나타냈다(곽노의 외, 2008). 그들의 그림을 보면 분노, 슬픔, 공포, 혐오 및 죄책감과 같은 부정적 정서를 반영하는 얼굴표정이 분화되었음을 알 수 있다.

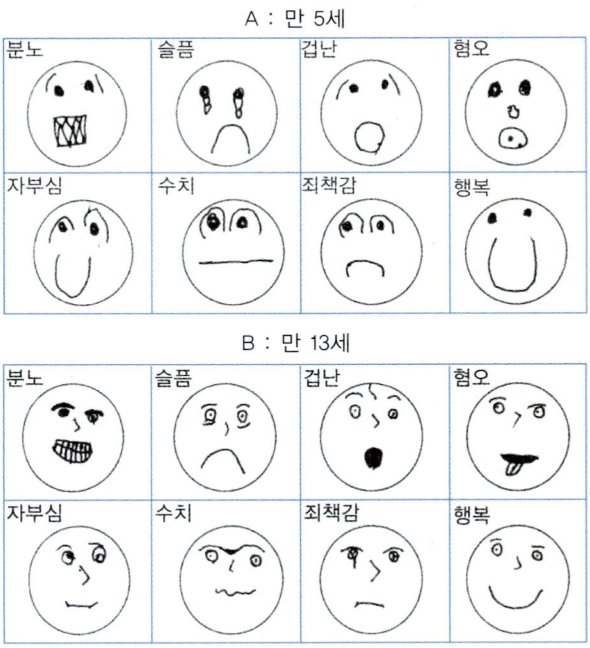

그림 3-5 만 5세와 만 13세의 정서표현

출처 : 곽노의 외(2008), 영유아발달, 양서원.

아동기(6~11세)의 정서이해 능력은 유아기(2~6세)보다 연령이 증가함으로써 인지발달 능력이 증가하고 자신과 타인의 정서를 나타내는 언어사용 능력이 발달함으로 인해 증가한다(Kuebli, 1994). 또한 상황 간의 복잡한 관계를 고려하는 능력이 증가하고 사회적 기준에 따라 정서를 통제하고 조절하는 것에 대한 인식이 더욱 증가한다. 정서발달이 계속되어 자긍심, 죄책감, 부끄러움과 같은 복합정서는 성인의 피드백이 없이도 자연스럽게 표출된다. 그러므로 아동기의 정서는 부모나 교사가 칭찬하거나 야단치지 않아도 아동 스스로가 어려운 일을 해내고 나서 스스로 자긍심을 느끼고, 컨닝을 했거나 거짓말을 했을 경우 죄책감을 느낀다(Harter, Wriight, & Bresnick, 1987).

아동들은 초등학교에 입학할 무렵에는 정서조절 능력도 급속도로 발달한다(Brenner & Salovey, 1997). 아동들은 자신의 또래와 비교하고 또래의 인정에 더 관심을 갖게 되면서 자신의 가치감을 위협할지도 모른다는 부정적인 정서를 조절하는 것을 배워간다(Saarni, 1997). 일반적으로 아동기에는 낮은 학업성적과 또래들의 거부를 두려워한다.

제 4 장

자신에 대한 이해 II

4.1 기질의 이해

4.2 애착의 이해

4.3 도덕성의 이해

제4장

자신에 대한 이해 II

인간은 발달하면서 자기 자신을 이해할 수 있는 능력은 정서적 성장의 표시로 자신과 다른 사람이 서로 다른 개체라고 인식하는 자아인식(Self-awareness)에서 비롯된다. 이러한 자아의 이해, 정서의 이해 등은 3장에서 알아보았고, 이 장에서는 기질의 이해, 애착의 이해, 그리고 도덕성의 이해 등에 대해서 알아본다.

4.1 기질의 이해

기질(Temperament)은 개인의 성격을 구성하는 정서적 · 행동적 특성으로 사람마다 보이는 서로 다른 성격의 특성이다. 기질로 인해 사람들은 환경에 대해 각자의 방식대로 반응하는 경향이 있다. 예를 들어, 태어날 때부터 순해서 혼자서도 잘 노는 영아, 행동이 매우 느려 항상 보살펴 주어야 하는 영아, 명랑하고 자주 미소 지으며 사람들에게 관심을 보이는 영아, 원하는 것에 지나치게 집착하는 영아, 그리고 배가 고프면 심하게 우는 영아 등 사람마다 기질의 차이를 보이고 있다. 토마스와 체스(Thomas & Chess, 1977)는 기질이 생애 초기에 나타나는 행위가 수반되는 일관된 패턴이라고 하였다. 즉, 사람이 어떻게 행동하는가를 의미하는 것이며 선천적으로 타고난다고 하였다.

1) 기질의 구성요소와 유형

기질에 대한 최초 연구는 토마스와 체스(Thomas & Chess)가 1956년에 연구한 뉴욕종단연구(New York Longitudinal Study : NYLS)이다. 이 연구는 영아 141명을 성인 초기까지 커가면서 변화하는 기질을 관찰하였다. 이러한 연구를 토대로 1977년에 영아의 관찰, 부모와 교사를 통한 면접, 그리고 여러 종류의 심리검사를 통해 9가지 기질의 구성요소를 밝혀냈다. 9가지 기질의 구성요소는 활동성(Activity), 규칙성(Rhythmicity), 접근/회피(Approach/Withdrawal), 적응성(Adaptability), 반응강도(Intensity of Reaction), 반응역치(Threshold of Responsiveness), 기분(Quality of Mood), 주의산만성(Distractibility), 그리고 주의력과 지구력(Attention Span and Persistence) 등이다. 이러한 토마스와 체스의 기질 구성요소와 행동특성에 대한 것은 표 4-1 에 나타냈다.

표 4-1 토마스와 체스의 기질 구성요소와 행동특성

구성요소	행동특성
활동성	젖먹기, 목욕하기, 옷입기 등의 일상생활에서의 신체활동의 양
규칙성	수유시간, 수면의 주기, 배변습관 등의 규칙성
접근/회피	새로운 사람이나 사건 등을 수용하고 회피하는 정도
적응성	환경변화에 대한 적응의 용이성
반응강도	긍정적, 부정적 자극에 대한 반응강도
반응역치	새로운 반응을 유발하는 데 필요한 자극의 양
기분	행복하고 기분 좋은 반응의 빈도와 불행하거나 부정적인 행동의 빈도
주의산만성	외부 자극으로 인해 현재 하고 있는 활동이 쉽게 방해받는 정도
주의력과 지구력	활동의 지속시간과 장애에 직면했을 때 그 활동을 계속하려는 의지

토마스와 체스는 9가지 기질의 구성요소를 기준으로 하여 영아의 기질을 순한 영아, 까다로운 영아, 느린 영아 등 3가지 유형으로 구분하였다. 순한 영아는 전체 연구대상에서 40%로 나타났으며, 까다로운 영아는 10%, 그리고 느린 영아는 15%로 나타났다. 또한 3가지 유형에 속하지 않는 영아도 35%가 나타났다.

순한 영아는 충분한 수면으로 행복한 모습을 지으며, 혼자서도 장난감을 갖고 잘 놀며, 새로운 것이나 낯선 사람한테도 쉽게 적응을 잘하고 당황하지 않았다. 잠자는 시간, 음식 섭취와 배설, 행동 등이 수월하고 규칙적이며, 새로운 자극이나 환경의 변화에 잘 적응하고 안정적이며 온화한 감정을 나타낸다.

까다로운 영아는 순한 영아의 반대의 기질을 보인다. 생리적 기능에 있어 불규칙적이어서 예측하기 어렵고, 환경의 변화에 적응이 느리고 낯선 사람에 대해 거부와 의심을 보이며, 그리고 음식습관도 까다롭다. 잠에서 깰 때 눈을 뜨기 전부터 울고, 욕구좌절에 대해 부정적인 기분을 강하게 나타내고, 그리고 자주 우는 경우가 많다.

마지막으로 느린 영아는 새로운 자극에 대해 회피적이고, 적응하는 속도가 느리고, 행동에 있어서 소극적인 경향을 보이고, 그리고 수줍음이 많이 나타난다. 낯선 사람이나 사물에 대해 부정적인 반응을 보이는 점에서 까다로운 영아와 유사하나 약하게 반응하고 활동량이 적다는 점이 다르다. 수면과 음식 섭취 등 일상생활의 규칙성은 순한 영아와 까다로운 영아의 중간 정도이다.

기질의 구성요소와 유형은 토마스와 체스의 9가지 요소와 3가지 유형으로만 구분되는 것은 아니다. 부스(Buss)와 플로민(Plomin)은 토마스와 체스 연구에서 35% 정도가 3가지 유형에 속하지 않는 다는 점을 지적하면서 정서성(Emotionality), 활동성(Activity), 그리고 사회성(Sociability)으로 구분하였다. 정서성은 영아가 정서적 자극에 대해 얼마나 빨리 부정적인 반응을 보이는가를 나타내는 반응의 강도를 의미한다. 활동성은 영아가 일상생활에서 보이는 행동의 속도와 강도를 의미한다. 그리고 사회성은 영아가 얼마나 다른 사람과 함께 있기를 좋아하는지를 의미한다.

우리나라에서도 토마스와 체스의 연구를 바탕으로 한 최영희의 연구에서 기질의 구성요소를 규칙성, 접근－회피성, 적응성, 반응강도, 그리고 기분의 질 등 5가지로 제안했으며, 기질의 유형을 까다로운 기질, 중간 기질, 순한 기질의 3가지로 분류하였다(최영희, 1987).

2) 기질과 부모의 양육태도

기질(성격)은 유전적으로 선천적인가 아니면 환경에 의해 영향을 받는 것인가? 오늘날까지도 학자들 간의 논쟁대상이다. 여기서는 영아의 기질과 양육자와의 관계에 대해서만 알아본다. 영아의 기질은 주 양육자인 부모의 양육태도에 따라 영향을 받는다. 수줍고 소심한 기질을 가지고 태어난 느린 기질의 영아라도, 외부 환경에 대한 대처양식을 부드럽게 촉진시키는 환경에서 양육되는 영아는 수줍고 소심한 기질이 점차 소멸된다. 또한 사교적이고 과감한 기질을 가지고 태어났더라도 지나치게 스트레스를 주는 양육태도의 환경은 소심한 영아가 되게 한다. 따라서 부모의 양육태도와 영아의 기질 간의 상호작용은 쌍방의 원칙에 근거한다. 즉, 영아의 기질발달은 자신이 유전적으로 타고난 기질과 그를 사회화시키는 양육자 기질 간의 상호작용의 산물이다.

토마스와 체스는 영아의 기질과 환경이 상호작용을 하여야 바람직한 결과를 산출한다는 '조화의 적합성' 모델을 제시하였다(Thomas & Chess, 1977). 영아의 이상적 발달은 영아의 기질과 부모의 기질이 얼마나 조화를 이루는가에 달려 있다고 하였다. 부모가 영아의 기질에 따라 양육의 행동을 조절한다면 그 결과는 보다 조화로운 관계가 될 것이다. 그러나 영아의 기질과 부모의 양육행동이 조화를 이루지 못하면 부모나 영아 모두 갈등을 경험하게 된다는 것이다.

예를 들어, 까다로운 영아의 부모가 인내심을 가지고 영아의 요구에 민감하게 대처한 경우는 유아기 및 아동기나 청소년기에 더 이상 까다로운 기질을 보이지 않았다(Chess & Thomas, 1984). 그러나 까다로운 영아를 대상으로 인내심과 민감성을 보이는 것은 쉬운 일이 아니다. 일반적으로 많은 부모들은 까다로운 영아에게 쉽게 화를 내고 처벌적 훈육을 하게 되는데, 이것은 조화롭지 못한 예이다. 이러한 경우의 영아는 까다로운 기질을 계속 유지하고 사춘기에는 문제행동을 많이 보인다(Chess & Thomas, 1984). 따라서 영아의 기질을 제대로 파악하여 부모와 영아 간에 보다 조화로운 관계를 유지하는 것이 바람직하다.

4.2 애착의 이해

애착(Attachment)은 영아기(0~2세) 때 나타나는 중요한 사회적 발달의 하나로 영아와 양육자 간에 형성되는 친밀한 정서적 유대감을 의미한다. 애착은 부모-영아 간의 상호의존적인 관계를 바탕으로 이루어지며 주 양육자와 영아 사이에 형성해야 할 가장 중요한 심리적 유대관계이다. 보울비(Bowlby, 1958)는 애착을 '부모와 영아 사이의 애정의 끈'이라고 하였다. 이러한 애정의 끈은 눈에 보이는 행동으로 나타나는데, 어머니에게 매달리는 영아의 행동, 울면서 어머니를 찾는 행동, 만나면 반갑게 웃거나 안기는 행동 등이 애착행동이다. 애착행동은 영아에게만 나타나는 것이 아니며 어머니의 행동에도 나타난다. 즉, 영아 껴안기, 뽀뽀하기, 귀여워하며 소리내기 등의 부모–영아 간의 접촉을 유도하고 애정을 표시하는 어머니의 애착행동들이다. 이렇게 영아기 때 형성된 애착은 이후 인지, 정서, 사회성 발달에 중요한 영향을 미친다. 일반적으로 안정된 애착관계를 형성한 영아는 유아기(2~6세) 때 자신감, 호기심, 타인과의 관계 등에서 긍정적인 성향을 보이는 것으로 나타났다. 또한 유아기나 아동기에 접어들어서도 도전적인 과제를 잘 해결하고, 좌절을 잘 참아내며 문제행동을 덜 보이는 것으로 나타났다(정옥분, 2007).

1) 애착의 형성단계

영아가 주 양육자인 어머니와 애착을 형성하는 기간은 영아기(0~2세)까지로 보고, 어떻게 애착을 형성해 가는지 보울비(Bowlby)는 영아의 발달단계와 관련해서 애착형성단계를 4단계로 구분하였다(이원영, 2001).

(1) 1단계 : 욕구를 채워주는 사람이면 누구에게든지 애착전조행동을 보이는 단계

1단계는 출생부터 6주까지로 애착의 전조행동인 울기, 빨기, 미소 짓기, 움켜잡기 등을 하면서 상대방과 가까운 거리를 유지하려고 보이는 단계이다. 영아는 누군가 자신의 욕구를 채워주고 자신이 보내는 신호에 응답해 주는 사람이면 누구든지 상관하지 않고 애착전조행동을 보인다. 상대를 변별하지 않고 애착전조행동을 보이는 이유는 아직 영아들이 여러 사람을 구분해서 지각할 수 있는 능력이 없기 때문이다.

(2) 2단계 : 한 명 또는 여러 명의 특정인에게만 애착행동을 보이고 접근하는 단계

2단계는 6주부터 8개월까지로 부모 또는 정기적으로 자신을 돌봐주는 소수의 특정인에게 선호성을 보이는 단계이다. 영아가 울거나 떼를 쓸 때 선호성을 보이는 사람이 달래주면 빨리 그친다. 또한 영아는 선호성을 보이는 사람들이 놀아줄 때 더 적극적으로 반응한다. 6주~8개월이 될 때까지 영아는 덜 선호하는 사람이 놀아줄 때도 반응을 하는 편이다.

(3) 3단계 : 신호 또는 움직임을 사용하여 애착을 느끼는 특정 인물과 가까운 거리를 유지하려는 단계

3단계는 8개월에서 24개월까지로 영아와 양육자 간에 애착이 확실히 형성되었다고 말할 수 있는 단계이다. 이 시기는 영아에게 대상영속성 개념이 형성되어 애착이 형성된 양육자가 눈앞에 안 보이면 계속 찾는 행동을 보인다. 영아는 어머니가 떨어지려고 할 때 능동적으로 접근하고, 어머니를 기점으로 하여 탐색하고, 특히 곤경에 빠졌을 때 그 누구보다도 어머니를 찾는다. 양육자가 곁을 떠날 때 영아들은 격리불안을 보이며 저항하거나 양육자의 관심을 유지하기 위해서 의도적으로 행동한다.

(4) 4단계 : 애착대상에 대한 목표수정 단계

4단계는 24개월 이후부터로 이 시기가 되면 영아는 다른 사람의 존재를 인식하기 시작한다. 따라서 영아들은 다른 사람과 상호작용을 하려면 상대방의 요구와 필요를 고려해야 한다는 사실을 인식한다.

2) 애착의 유형

부모의 양육태도나 영아의 기질에 따라 영아는 서로 다른 애착을 형성한다. 어떤 영아는 부모와 잠시 떨어져 있어도 안정된 태도를 보이는가 하면 어떤 영아는 불안하고 저항하는 태도를 보인다. 이와 같이 서로 다르게 형성된 영아의 애착이 어떠한 유형인지 에인즈워스(Ainsworth, 1978) 등 3인은 낯선 상황(Strange situation) 실험을 통해서 정립하였다. 이 실험 연구는 어머니와 낯선 성인 한 명이 일련의 순서대로 낯선 방에 들어왔다 나가고 다시 영아와 만나는 8가지 장면으로 구성되어 있다. 에인즈워스는 영아를 대상으로 출생 후부터 54주까지 3주마다 한 번에 4시간 가량의 실험을 통하여 영아의 행동을 관찰하였다. 실험자들은 낯선 실험실에서 영아의 탐색활동, 낯선 사람과 낯선 상황에 대한 반응, 양육자와 분리되었을 때나 다시 만났을 때의 영아의 행동 등을 기록하고 분석하였다. 이 '낯선 상황' 실험에 따르면 양육자에 대한 영아의 애착은 안정애착(65%), 불안정 회피애착(20%), 불안정 저항애착(10%), 그리고 불안정 혼란애착(5%) 등 4가지 유형으로 구분하고 있다(곽노의 외, 2008). 에인즈워스의 낯선 상황 실험절차는 표 4-2 에 나타냈다.

표 4-2 에인즈워스의 낯선 상황 실험절차

장면	등장인물	시간	행동 기술
1	어머니, 영아, 관찰자	30초	관찰자가 어머니와 영아를 실험실로 안내한 후 방을 나간다. 방에는 여러 가지 장난감들이 있다.
2	어머니, 영아	3분	영아가 장난감을 갖고 노는 동안 어머니는 의자에 앉아 있다. 2분이 지나는 동안 영아가 아무 것도 하지 않을 때는 장난감으로 놀이하도록 유도한다.
3	낯선 사람, 어머니, 영아	3분	낯선 사람이 들어와 1분간 침묵하고 있다가 1분간 어머니와 이야기를 한다. 그러고 나서 낯선 사람은 1분 동안 영아에게 접근한다. 이렇게 3분이 지나면 어머니가 슬그머니 방을 나간다.
4	낯선 사람, 영아	3분 이하	영아와 어머니가 헤어져 있다(첫 번째 분리 장면). 영아는 어머니를 찾는 행동을 보인다. 낯선 사람은 영아의 행동에 맞추어 행동한다.
5	어머니, 영아	3분 이상	영아와 어머니가 만났다(첫 번째 재회 장면). 낯선 사람은 나가고 어머니는 영아를 달래 준다. 그런 다음 장난감을 가지고 놀게 한다. 또 다시 어머니는'안녕'하고 방을 나간다.
6	영아	3분 이하	영아와 어머니가 헤어져 있다(두 번째 분리 장면).
7	낯선 사람, 영아	3분 이하	낯선 사람이 돌아와 영아의 행동에 맞추어 행동한다.
8	어머니, 영아	3분	영아와 어머니가 만난다(두 번째 재회 장면). 어머니는 영아를 반기며 안아준다. 낯선 사람은 조용히 방을 나간다.

출처 : Ainsworth, Blehar, Waters, & Wall(1978).

(1) 안정애착

안정애착(Secure attachment) 유형의 영아는 낯선 상황에서 어머니에게 몸을 기대거나 가까이 하려 하고, 어머니가 잠시 나갔다가 다시 돌아오면 반갑게 반기며 자신이 갖고 놀던 장난감을 어머니에게 소개하거나 자신이 하고 있던 장난감 놀이를 계속한다. 어머니가 곁에 있으면 낯선 사람에게도 친근한 행동을 보이며 친숙한 상황에서는 어머니가 잠시 떠나 있는 것을 크게 불안해하지 않는다. 안정애착이 형성된 영아는 성장하여 주변 사람들과 관계 맺기를 잘하고 리더의 역할을 한다. 이러한 영아를 둔 어머니는 대체로 영아의 마음을 읽고 그의 요구에 민감하게 반응하고 영아가 스스로 놀 수 있도록 허용해 준다.

(2) 불안정 회피애착

불안정 회피애착(Avoidant attachment) 유형의 영아는 어머니와 단 둘이 있을 때 영아가 좋아하는 장난감 등에 별다른 흥미를 느끼지 않는다. 어머니와 헤어질 때도 별로 고통스러워하지 않고 어머니가 돌아오면 외면한다. 낯선 사람에 대해서도 특별히 경계하지 않으며 외면하는 경향이 있다. 이와 같이 회피애착 영아는 부모의 관심이나 주변 환경의 변화에 관심을 두기보다 회피하는 태도를 보인다. 이러한 영아를 둔 어머니는 영아와의 신체적 접촉이 적고 화가 나 있거나 초조하며 영아의 요구에 무감각하고 거부하는 듯한 태도를 보인다.

(3) 불안정 저항애착

불안정 저항애착(Resistance attachment) 유형의 영아는 낯선 상황에서 어머니가 가까이 있어도 불안해하며 잘 탐색하지 못하고 어머니 가까이 머물려고만 한다. 어머니가 떠나면 매우 고통스러워하고 어머니가 돌아오면 어머니 곁에서 화를 내지만, 어머니가 접근하려 하면 오히려 저항하는 태도를 보인다. 또한 어머니가 있을 때도 낯선 사람을 경계한다. 이러한 영아를 둔 어머니는 영아를 거부하거나 미워하는 태도는 보이지 않지만 영아의 요구에 무감각한 경향을 보이고, 영아를 다루는 방식이 어색하다.

(4) 불안정 혼란애착

불안정 혼란애착(Disorganized attachment)은 최근에 분류된 유형으로 불안정 애착 중 가장 심한 것으로 회피애착과 저항애착에도 속하지 않는 유형이다. 불안정 혼란애착 유형의 영아는 낯선 상황에 대해 큰 스트레스를 받아 혼란스러워하고 불안해서 어쩔 줄 몰라 한다. 어머니와 떨어져 있다가 다시 만나면 어머니에게 접근할지 또는 회피할지에 대한 갈등을 보이며, 저항적인 태도와 회피적인 태도가 교차되어 나타나고, 그리고 멍하고 얼어붙은 듯이 행동하거나 어머니 가까이로 가다가 어머니가 다가오면 갑자기 피한다. 어머니로부터 무시당하거나 신체적으로 학대받았던 과거의 경험 때문에 어머니에게 끌리면서도 공포를 느끼는 것일 수 있다(최경숙 외, 2005).

3) 애착의 반응

영아들이 특성 사람과 애착을 형성하면서 나타날 수 있는 영아의 애착 반응으로는 낯가림(Stranger anxiety)과 분리분안(Separation anxiety)이다.

(1) 낯가림

낯가림은 영아가 누군가와 애착을 형성하면 낯선 사람이 다가오거나 안으려고 할 때, 낯선 사람과 얼굴 마주치기를 회피하고 큰 소리로 우는 형상을 의미한다. 영아의 낯가림은 낯선 사람을 싫어해서라기보다는 낯선 사람과 익숙한 사람을 구별할 수 있는 애착능력이 생겼다는 것을 의미한다. 이는 영아가 인지적 능력이 발달했다는 증거이기도 하다. 영아의 낯가림은 친숙한 사람에 대해서 형성된 도식을 낯선 사람과 비교했을 때 도식이 맞지 않아서 생기는 혼란스러움을 의미한다. 여기서 도식은 지식의 기본 단위로써 유기체가 외부의 사물을 인지하기 위해 사용하는 이해의 틀이다.

영아가 낯가림을 하지 않는다는 것은 낯선 사람과 친숙한 사람에 대한 변별력이 발달하지 않은 것을 의미한다. 즉, 부모와의 애착형성이 잘 이루어지지 않았다는 것을 시사한다. 이러한 영아의 낯가림은 6~7개월경에 나타나기 시작해서 12개월 전 · 후로 최고조에 달했다가 사회성발달로 서서히 감소한다(정옥분, 2007). 일반적으로 대부분의 영아들은 낯가림을 하지만 그 정도나 시기는 영아의 기질이나 환경요인 및 어머니의 양육태도에 따라 차이가 있을 수 있다. 기질적으로 순한 영아는 까다로운 영아보다 낯가림을 덜 하는 편이다. 또한 어머니가 수용적인 양육태도를 보일 때 낯가림이 더 일찍 나타난다.

(2) 분리불안

불리불안은 영아가 양육자나 애착을 느끼는 사람과 분리될 때 나타나는 불안반응을 의미한다. 이러한 불리불안은 12개월 전 · 후에 나타나기 시작하여 24개월경이면 없어진다. 일반적으로 분리불안은 안정애착을 형성한 영아가 불안정 애착을 형성한 영아보다 덜 나타난다. 또한 어머니가 수용적인 양육태도를 보일 때 분리불안 현상이 더 일찍 나타난다(이주혜, 1981). 이는 어머니가 수용적인 태도를 보이면 영아는 어머니와 애착을 더 잘 형성하게 되는데, 애착형성이 잘 될수록 영아는 대상에 대한 개념형성이 빨라지기 때문이다.

4) 애착과 관련된 이론

동물행동학적 이론은 동물의 행동에 대한 연구로 대표적인 것은 로렌츠(Lorenz)의 각인이론이다. 로렌츠의 각인이론을 인간발달에 적용한 연구는 보울비(John Bowlby)의 애착이론이다. 보울비는 인간이 갖고 있는 종 특유의 내적 기제에 의하여 주 양육자와 영아 간에 애착이 형성되는 과정에 대하여 이론을 수립하였고, 보울비 제자인 에인즈워스(Mary Ainsworth, 1913~1999)는 애착이론을 검증할 수 있는 연구방법을 개발하였다.

(1) 로렌츠의 각인이론

로렌츠(Lorenz)는 1903년 오스트리아 의사의 아들로 태어났다. 그는 어려서부터 동물에 관심을 보였으며 빈 대학에서 동물학을 연구하여 동물학 박사학위를 취득하였다. 또한 1973년 틴버겐 프리츠와 함께 노벨생물학상을 공동 수상하기도 하였다.

① 각인

로렌츠는 자연계의 서식지에서 여러 종의 동물행동을 관찰하고, 동물들이 생존 가능성을 증진시키는 행동패턴을 발견하였다. 이러한 패턴이 각인으로, 각인(Imprinting)은 어떤 동물이 출생한 후 특정한 시기 동안 어떤 대상에 노출되어 그 대상에 애착되어 따르는 행동을 의미한다(Crain, 1980). 로렌츠(Lorenz, 1965)는 한 실험을 통하여 각인을 정의하였다. 실험은 어미 오리가 낳은 알을 두 경우로 분류하여, 한 경우는 알을 어미 오리가 부화하게 하고 다른 한 경우는 알을 인공부화기로 부화시켰다. 첫 번째 경우의 새끼 오리는 부화 직후부터 어미 오리를 따라다녔다. 그러나 두 번째 경우는 부화하자마자 새끼 오리는 알을 낳은 오리를 따르지 않고 로렌츠를 어미처럼 졸졸 따라다녔다. 인공부화기로 부화한 새끼 오리가 로렌츠를 반복적으로 따르는지 확인하기 위하여 새끼 오리에게 표시를 하고 상자를 덮어씌운 후 어미 오리와 로렌츠가 나란히 서있는 상태에서 상자를 들어 올렸다. 그랬더니 두 경우의 새끼 오리들은 각각 자기 '엄마' 뒤를 따랐다. 로렌츠는 새끼 오리가 로렌츠를 엄마로 인식하고 따르는 것을 각인이라고 하였다. 새끼 오리가 로렌츠의 뒤를 따르는 모습은 그림 4-1 에 나타냈다.

그림 4-1 새끼 오리가 로렌츠를 따르는 모습
출처 : 곽노의 외(2008), 영유아발달, 양서원.

각인(Imprinting)은 어떤 동물이 출생한 후 특정한 시기 동안 어떤 대상에 노출되어 그 대상에 애착되는 것을 의미하는데, 각인되는 결정적 시기(Critical period)가 있다. 오리는 부화 후 13~16시간 사이가 결정적 시기인데, 이 시기에 자신이 본 움직이는 물체를 어미로 인식한다. 알에서 깨어난 새끼 오리가 엄마로 인식하고 따라가는 행동은 움직이는 대상을 따르려는 생득적 경향성과 알에서 깨어난 후 일정시간 내에 실제로 움직이는 대상이 있는 환경을 만날 때 각인되는 종 특유의 행동인 것이다.

로렌츠는 각인현상이 출생 후 일정기간 내의 결정적 시기에만 일어나며 각인된 행동은 생애 동안 지속된다는 것을 밝혀냈다. 만약 이 기간 동안에 각인이 되지 않으면 이후에는 그 행동을 습득할 수 없다(조성연 외, 2006). 후에 인간발달에 동물행동학적 이론을 적용한 학자들은 발달의 모든 행동에는 결정적 시기가 있다고 주장한다(김정희 외, 2005). 인간의 결정적 시기는 제한된 시간 내에 영아나 유아가 특정한 적응행동을 습득하도록 생물학적으로 준비가 되어 있는데, 그러기 위해서는 적절한 자극인 환경의 지원이 있어야 한다는 것을 의미한다(Berk, 2000).

(2) 보울비의 애착이론

보울비(Bowlby, 1907~1990)는 1907년에 런던에서 출생하여 캠브리지 대학에서 의학을 공부하였다. 보울비는 제2차 세계대전(1939.9.1~1945.8.15, 6년간) 후 고아원에서 성장한 아이가 타인과 친밀하면서 지속적인 관계를 형성하지 못하고 여러 가지 정서적인 문제가 있다는 것을 발견하였다. 이러한 현상은 아이가 생의 초기에 어머니와 애착을 형성할 기회가 없었기 때문이라고 보았다. 또한 정상적인 가정에서 성장했지만 어머니와 장기간 분리된 아이도 유사한 증후를 보인다는 것도 알게 되었다. 보울비는 많은 아이들을 관찰한 결과 어머니와 아이 간의 관계에 대해 주의를 기울이지 않고는 아이 발달을 이해할 수 없다는 것을 알게 되었다. 따라서 동물행동학적 이론을 인간관계에서 형성되는 어머니와 아이 간의 애착관계에 대해서 연구하였다.

① 애착

애착(Attachment)은 영아와 양육자 간에 형성되는 친밀한 정서적 유대감을 의미한다. 이러한 애착은 부모－영아 간의 상호의존적인 관계를 바탕으로 이루어지며 주 양육자와 영아 사이에 형성해야 할 가장 중요한 심리적 유대관계이다. 보울비(Bowlby)는 동물의 종 특유 행동이 외부 자극에 의해 유발되는 것과 마찬가지로, 영아도 선천적으로 다른 사람에게 접근하고자 하는 성향이 있다고 하였다. 즉, 애착욕구를 가지고 태어나며 이러한 욕구를 충족시켜 줄 수 있는 사람이 필요하다고 보았다. 보울비는 영아가 선천적으로 양육자에게 신호를 보내는 성향을 가지고 태어나고 양육자는 생물학적으로 그 신호에 반응하는 것이 애착발달이라고 하였다. 예를 들어, 영아가 어머니를 보고 미소를 짓게 되면 어머니는 아기를 보살펴주면서 영아와 어머니 간에 애착이 형성된다. 그러나 영아의 애착행동이 모든 사람에게 같은 정도로 나타나는 것은 아니다. 동물의 경우는 각인 시기가 대체로 생후 몇 시간 이내이지만 사람의 경우는 보다 기간이 길어 자신을 잘 돌봐주고 같이 놀아주며 모성행동을 보이는 사람에게 애착행동을 더 강하게 자주 나타낸다. 보울비는 이것을 환경 내에서 부모－자녀가 가지는 종 특유의 행동 성향으로 보았다(조성연 외, 2006).

동물에게는 각인되는 경우 결정적 시기가 있듯이 인간발달에서의 애착에도 민감한 시기가 있다. 민감한 시기는 특정 능력이나 행동이 출현하는 데에 최적의 시기로서, 영아들은 이 시기에 특정한 환경의 자극에 민감한 반응을 보인다. 민감한 시기가 지난 후에도 발달이 이루어질 수는 있지만, 그때는 시간이 더 오래 소요될 뿐만 아니라 어렵다. 보울비는 삶에서 첫 3년이 사회·정서발달의 민감한 시기라고 하였다(Bowlby, 1988). 즉, 생후 3년간이 친밀한 정서적 유대를 형성하는 데 민감한 시기로, 만약 이 기간 동안 친밀한 정서적 유대를 갖지 못한다면 나중에 친밀한 대인관계를 형성하는 것이 어렵다고 하였다(정옥분, 2007).

4.3 도덕성의 이해

도덕성은 옳고 그른 것을 구분하고 인간관계에서 지켜야 할 규범을 준수하는 것을 의미한다. 도덕성 발달은 사람들이 속한 사회에서 문화적 · 사회적 집단에서 규범에 따라 행동할 수 있도록 습득하는 것을 의미한다. 도덕성 발달은 어떤 행동의 옳고 그름을 판단하는 도덕적 판단, 어떤 행동에 대해서 죄책감과 같은 도덕적 정서, 그리고 도덕적 판단에 의해 행동하는 도덕적 행동 등의 측면으로 언급된다.

1) 도덕성에 관련된 이론

정신분석 이론에서는 도덕적 정서를 강조하고, 행동주의(학습) 이론에서는 도덕적 행동을 강조하고, 그리고 인지이론에서는 도덕적 인지를 강조하고 있다. 도덕성에 관련된 각각의 이론에 대해서 알아본다.

(1) 정신분석 이론

정신분석 이론에서는 자신의 도덕적 행동을 결정하는 요인으로 도덕적 정서를 강조하였다. 도덕적 정서는 자신이 행동한 뒤에 느낄 수 있는 죄책감, 수치심, 긍지와 같은 감정을 의미한다.

프로이드(Freud)의 정신분석 이론에 의하면, 도덕성 발달은 성격의 기본요소(원초아, 자아, 초자아) 중 초자아의 발달과 관련된다고 보았다. 심리성적 발달 5단계 중에서 3단계인 남근기(3~6세) 때에 남아는 어머니를 좋아하는 오이디푸스 콤플렉스를, 여아는 아버지를 좋아하는 엘렉트라 콤플렉스를 경험하게 되는데, 이러한 콤플렉스를 해결하기 위한 수단으로 성역할 동일시가 이루어진다고 하였다. 이러한 동일시 과정을 통해 남아는 아버지의 도덕규준을 내면화하게 되고, 여아는 어머니의 도덕규준을 내면화하면서 유아나 아동들은 도덕성이 발달한다는 것이다. 이러한 도덕성이 발달함으로써 유아나 아동들은 사회규범을 내면화하고 내면화를 통해 반사회적 행동을 억제하게 된다. 또한 사회규범을 위반했을 때 불안감과 죄책감을 느끼게 된다. 유아나 아동들은 죄책감이 형성되면 죄책감을 탈피하기 위해 사회규범에 순응하게 되고, 순응함으로써 도덕성 발달이 이루어진다고 보았다.

에릭슨(Erikson)도 심리사회적 발달 8단계 중 3단계(3~6세) 주도성과 죄책감 단계에서 도덕성이 발달한다고 하였다. 이 시기의 유아나 아동들은 바람직한 행동이 아닐 때는 벌을 받거나 제재를 받을 수 있다는 것을 알고, 바람직하지 않은 행동을 했을 때 죄책감과 수치심을 느끼면서 도덕성이 발달한다고 하였다.

(2) 행동주의(학습) 이론

행동주의(학습) 이론에 의하면, 도덕적 가치는 학습되어지는 것으로 적절한 행동과 사회적 규칙의 순응성을 도덕성으로 보았다. 도덕적 갈등상황에 직면했을 때, 아동들이 갈등상황을 도덕적으로 어떻게 판단하는가도 중요하지만, 어떻게 행동하는가가 더 중요하다고 하였다(황희숙 외, 2008).

스키너의 조작적 조건형성 이론에서는 도덕적 행동의 결과로 인해 아동들이 도덕적 규칙에 따르게 된다고 보았다. 즉, 성인은 아동이 도덕적으로 바람직한 행동을 했을 때 강화(칭찬)를 주게 되고, 도덕적으로 바람직하지 못한 행동을 했을 때 처벌하게 된다. 조작적 조건형성 이론에서는 강화와 처벌이 도덕적 행동학습에 주요한 역할을 한다고 하였다. 강화는 도덕적 행동을 증가시키는 역할을 한다. 그러나 처벌은 처벌자가 있는 곳에서는 비도덕적 행동이 일시적인 억제 효과만 있을 뿐이고, 처벌자가 보이지 않거나 발각될 위험이 없는 곳에서는 위반행위를 억제하지 못한다는 제한도 있다.

인지적 사회학습 이론에서 반두라(Bandura, 1977)는 행위의 도덕적 기준이 학습과 모델에 의해서 설정되면 아동들은 자기 평가적 능력을 갖는다고 하였다. 즉, 아동들이 보상이나 처벌로부터 학습되는 것보다 상대방의 관찰을 통해서 학습하는 것을 더 중요하다고 하였다. 예를 들어, 어떤 아동이 한 행동에서 보상받는 것을 본 아동의 경우, 자신도 같은 행동을 하면 보상을 받을 수 있다고 믿는다. 따라서 아동들은 모델의 행동을 통해 바람직한 행동과 바람직하지 못한 행동 등의 도덕적 행동이 발달하게 된다.

(3) 인지발달 이론

인지발달 이론에 의하면, 아동들은 인지능력이 발달함에 따라 성숙하고 사회적 경험에 의해서 도덕적 이해가 증가함으로써 도덕성이 발달한다고 하였다. 피아제(Piaget)는

5~13세 유아나 아동의 규칙과 도덕적 판단에 대한 사고를 연구하면서 도덕성발달을 이론화하였다. 이 연구에서 유아나 아동들은 구슬 게임을 하면서 게임의 규칙은 누가 만들었는가?, 누구나 이 규칙을 지켜야 하는가?, 규칙을 바꿀 수 있는가? 등의 질문을 하면서 연구결과를 토대로 타율적 도덕성과 자율적 도덕성으로 구분하였다. 피아제의 행위에 따른 동기와 결과에 대한 딜레마의 예를 들어보면, "A: 엄마가 설거지를 하는 것을 도우려다 손이 미끄러워 컵을 5개나 깨트렸다.", "B: 엄마 몰래 선반 위에 있는 꿀을 먹으려다 잘 못해서 1개의 컵을 깨트렸다." 이와 같은 2가지 명제가 있다.

여기서 타율적 도덕성 단계는 학령기 전 4~7세 유아나 아동으로 규칙은 자기보다 강한 부모나 권위적 존재가 있는 사람들이 만든 것으로 믿고 있으며, 이러한 규칙은 변경할 수 없고 위반하면 벌을 받아야 한다고 생각한다. 타율적 도덕성 단계에 있어서 도덕적 판단은 행동의 옳고 그름은 행위자의 의도가 아니라 행동의 결과만을 고려하게 된다. 예를 들어, 선반위에 있는 꿀을 먹으려다 1개의 컵을 깨트린 경우보다 엄마를 도우려다 5개의 컵을 깨트린 경우가 더 나쁘다고 생각하게 된다.

자율적 도덕성은 10세 이후에 나타나는 시기로, 이 시기의 아동들은 규칙은 단지 사람들이 만든 것임을 알고, 그 규칙은 변경할 수 있다고 생각하고, 도덕적 판단에 상황적 요인을 고려하는 융통성을 보인다. 또한 처벌은 불가피한 것이 아니고 잘못된 행위를 누군가가 목격했을 때 일어난다고 생각한다. 자율적 도덕성 단계에 있어서 도덕적 판단은 행동의 결과뿐 아니라 행위자의 의도를 고려해서 판단하게 된다. 따라서 엄마 몰래 선반 위에 있는 꿀을 먹다가 1개의 컵을 깨트린 아동은 엄마를 도우려다 5개의 컵을 깨트린 아동보다 더 나쁘다고 생각한다. 피아제에 의한 도덕성발달 단계는 타율적, 타율적 자율적 혼합, 자율적 단계로 발달하는데, 타율적 자율적 혼합단계는 7~10세 사이로 타율성과 자율성이 함께 나타나는 단계이다.

(4) 콜버그의 도덕성발달 이론

콜버그(Kohlberg)는 1927년 미국 뉴욕에서 태어나 시카고 대학교에서 박사과정에 입학하여 임상심리학과 아동발달에 관심을 갖고 학업하였다. 콜버그는 아동의 도덕적 추론이 어떻게 전개되고 발달되는지에 대한 아동의 도덕성발달에 관한 논문으로 1958년에 박사학위를 받았다. 콜버그는 피아제의 인지발달 이론과 연계하여 애착, 성역할, 이타주의, 그리고 도덕성발달 등의 사회적 발달현상을 연구하였다(Shaffer, 1979).

콜버그는 1956년부터 10~16세 사이의 아동과 청소년 75명을 대상으로 30년간 도덕성발달에 대한 연구를 하였다. 연구는 이야기 형식의 가설적 딜레마를 통하여 아동들의 도덕적 추론을 측정하였다. 딜레마 중 대표적인 예가 하인츠와 약사의 딜레마이다.

하인츠와 약사의 딜레마

유럽에서 한 부인이 특정 암에 걸려 죽어가고 있었다. 의사는 그 부인을 살릴 수 있을지도 모르는 약이 있는데, 그 약은 일종의 라튬으로 같은 동네에 사는 약사가 최근에 개발한 것이라고 하였다. 약사는 제조하는 데 재료비도 많이 들고 개발하는데 고생했으므로 재료비의 10배인 2,000불을 요구했다. 부인의 남편인 하인츠는 약값을 구하기 위해 돈을 빌리려 아는 사람을 모두 찾아다녔지만 약값의 절반인 1,000불만 마련했다. 그래서 하인츠는 1,000불을 가지고 약사에게 가서 나의 아내가 죽어가고 있다고 사정하고 약을 좀 싸게 팔던지 아니면 나머지 약값은 나중에 갚겠다고 하면서 부탁했다. 그러나 약사는 단호하게 "안 돼요." 하면서 거절하였다. 하인츠는 절망한 나머지 아내를 위해서 그 약을 훔치기 위해 약방을 부수고 침입했다.

위와 같은 딜레마 이야기를 실험대상의 아동과 청소년들에게 들려준 후 일정한 질문을 한다. 부인의 남편인 하인츠가 약을 훔쳐야만 했는가?, 훔친다는 것은 좋은 일인가, 나쁜 일인가?, 만약 다른 방법으로 약을 구할 수 없었다면 하인츠가 약을 훔치는 것이 의무인가?, 약값이 너무 비싼데 그렇게 비싸게 책정해야만 하는가? 이러한 딜레마의 질문에 따라 콜버그(Kohlberg, 1976)는 도덕적 추론을 3수준으로 분류하고 각각의 수준을 2단계로 나누었다. 수준 1은 전인습적 수준이고, 수준 2는 인습적 수준이고, 그리고 수준 3은 후인습적 수준으로 구분하였다. 여기서 인습은 사회규범, 기대, 관습, 권위 등에 순응하는 것을 의미한다. 수준의 하위에 해당하는 1단계는 벌과 복종 지향의 도덕성, 2단계는 도구적 쾌락 지향의 도덕성, 3단계는 착한아이 지향의 도덕성, 4단계는 법과 질서 지향의 도덕성, 5단계는 계약과 민주주의 지향의 도덕성, 그리고 6단계는 개인적 양심과 보편원리 지향의 도덕성으로 구분하였다. 콜버그의 도덕성발달 6단계는 표 4-3 에 나타냈다(정옥분, 2007).

표 4-3 콜버그의 도덕성발달 6단계

단계	도덕적 추론
수준 1 : 전인습적 수준-사회규범이나 기대를 잘 이해하지 못하고 자아중심적이다. 상대방의 입장을 이해하지 못하고 자신의 욕구 충족에만 관심이 있다. 9세 이전의 아동들이 이 수준에 해당된다.	
1단계 : 벌과 복종 지향의 도덕	이 단계의 아동들은 결과만 가지고 행동을 판단한다. 보상을 받는 행동은 좋은 것이고, 벌을 받는 행동은 나쁜 것이다. 따라서 벌을 피하기 위해서는 아동들은 복종을 한다. 예를 들어, 택훈이는 부모에게 야단 맞을까봐 차가 달리는 거리에서 뛰어다니지 않는다.
2단계 : 도구적 쾌락 지향의 도덕	자신의 흥미와 욕구를 만족시키기 위해 규범을 준수한다. 이 단계에서 아동들은 다른 사람의 입장을 고려하기 시작하지만, 대부분 자신이 원하는 것을 얻기 위해서이다. 예를 들어, 택훈이는 어머니가 약속한 상 때문에 찻길에서 뛰어 다니지 않는다.
수준 2 : 인습적 수준-상대방의 입장을 더 이해하게 되고, 사회적 권위에 기초한 도덕적 추론을 내면화하고, 사회관습에 맞는 행동을 도덕적 행동이라 간주한다. 대부분의 청년과 성인들이 이 수준에 해당된다.	
3단계 : 착한아이 지향의 도덕	상대방의 기대 때문에 그리고 상대방으로부터 인정을 받기 위해 착한 아이로 행동한다. 이 단계에서는 동기나 의도가 중요하고 신뢰, 충성, 존경, 감사의 의미가 중요하다. 예를 들어, 택훈이가 담배 피우는 것을 보고 부모에게 이르지 않는다.
4단계 : 법과 질서 지향의 도덕	추상적 사고를 할 수 있는 능력으로 인해 청년들은 이제 자신을 사회의 일원으로 생각하게 된다. 그래서 사회기준에 따라 행동을 평가하게 된다. 사회질서를 위해 법을 준수하는 행동이 도덕적 행동이라고 생각한다. 예를 들어, 택훈이 아빠는 사회의 법과 질서를 준수하기 위해 보는 사람이 없더라도'멈춤'표지판 앞에서 차를 멈춘다.
수준 3 : 후인습적 수준-사회규범을 이해하고, 기본적으로는 사회규범을 인정하나 법이나 관습보다는 개인의 가치기준에 우선을 둔다. 일반적으로 20세 이상의 성인들 중 소수만 이 수준에 도달한다.	
5단계 : 계약과 민주주의 지향의 도덕	법과 사회계약이'최대 다수의 최대 행복'이라는 전제하에 만들어졌다는 것을 이해하고, 모든 사람의 복지와 권리를 보호하기 위해 법을 준수한다. 그러나 때로는 법적 견해와 도덕적 견해가 서로 모순됨을 깨닫고 갈등상황에 놓인다.
6단계 : 개인적 양심과 보편원리 지향의 도덕	일반적으로 법이나 사회계약은 보편적 윤리기준에 입각한 것이기 때문에 정당하다고 믿는다. 따라서 이러한 원칙에 위배될 때에는 관습이나 법보다 보편원리에 따라 행동한다. 보편원리는 인간의 존엄성, 인간의 평등성, 정의 같은 것을 의미한다.

콜버그에 의하면, 도덕성발달 단계는 1단계부터 6단계까지 순서대로 발달하고 어느 한 단계를 넘어 다음 단계로 발달할 수는 없다고 보았다. 또한 모든 사람이 최고의 수준인 6단계까지 발달하는 것은 아니고 소수만이 6단계까지 발달한다고 하였다. 일반적으로 청년기(11~20세) 후기와 성년기(20~40세)에 도덕적 발달수준은 안정화되는데, 남성의 경우 4단계까지 발달하고 여성의 경우 3단계까지 발달한다고 보았다. 콜버그의 도덕성발달 이론의 개념은 내면화(Internalization)로, 내면화는 외적 기준에 의해 통제되는 행동이 내적 기준에 의해 통제되는 행동으로 변화하는 것을 의미한다. 따라서 유아나

아동들은 연령이 증가하면서 도덕적 사고는 점차 내면화되어진다고 하였다. 이러한 콜버그의 이론은 규칙과 개인적 욕구 사이에서 선택을 요구하나 문화적 차이를 인정하지 않았고, 도덕적 사고를 너무 강조하고 도덕적 행동이나 도덕적 성서는 무시하는 경향이 있다고 비판받고 있다(황희숙 외, 2008).

2) 도덕성발달의 영향요인

도덕성발달에 영향을 주는 요인으로는 부모의 양육방식, 연령 및 지능, 또래집단 및 대중매체 등이 있을 수 있는데 각각에 대해서 알아보면 다음과 같다.

(1) 부모의 양육방식

부모의 양육방식은 아동들의 도덕성발달에 영향을 미친다. 애정 지향적이고 수용적인 부모의 양육태도는 지나치게 엄격하고 통제적인 부모보다 아동들의 도덕성발달에 긍정적인 영향을 준다. 아동들은 부모에게 사랑받고 신뢰를 받음으로써 도덕적 기준을 내면화하고 상대방에 대한 배려도 증가한다. 반대로 체벌을 통한 통제적 훈육방법은 아동들로 하여금 순간순간 체벌을 벗어나려고 함으로써 내적 통제능력을 발달시키지 못한다(Hower & Edwards, 1979).

호프만(Hoffman, 1980, 1988)은 애정철회나 힘을 사용하는 훈육방법은 아동들에게 지나친 자극을 주어 효과적인 도덕성발달이 이루어지지 못하고, 논리적 추론을 사용하는 훈육방법은 아동들에게 왜 그런지를 설명해 주고, 옳지 못한 행동이 상대방에게 어떠한 영향을 주는가를 이해시킴으로써 내면화된 도덕성발달이 이루어진다고 보았다. 부모의 학력이나 사회·경제적 지위, 문화 수준 등이 높은 부모의 아동들은 낮은 부모의 아동들보다 도덕성이 더 향상된다(허재윤, 1984).

(2) 연령 및 지능

모든 발달에는 개인차가 있다. 도덕성발달도 개인적 요인과 환경적 요인, 그리고 개인적 요인과 환경적 요인의 상호작용에 의해서 발달한다. 연령이 증가함으로써 인지능력, 사회적응 능력 등의 발달로 인해 도덕성도 발달한다. 일반적으로 지능과 도덕성발달에는 어느 정도의 상관관계는 있을 수 있으나, 아동들이 지능이 높다고 해서 도덕성발달도 향상되는 것은 아니다.

(3) 또래집단 및 대중매체

또래집단의 영향은 아동들의 도덕성발달에 부모의 양육방식 못지않게 중요하다. 학령기가 접어들면서 집보다 또래와 같이 지내는 시간이 많아지므로 또래와 비교를 통해서 도덕성발달이 이루어진다. 착한 또래는 내면화하고 불량 또래는 거부하는 등의 행동을 보인다. 아동들이 생활을 하면서 부모와 또래의 가치관이 일치할 경우에는 문제가 없지만, 일치하지 않을 경우에는 도덕적 가치관 결정에 혼란을 초래한다. 예를 들어, 나와 친구가 사이좋게 지내고 있으나 친구의 가치관과 부모의 가치관이 일치하지 않을 때 친구가 내방하면 부모는 같이 어울리지 말라고 충고를 하기도 한다.

아동들은 TV나 영상 비디오에서 상영되는 역할모델을 관찰함으로써 태도, 가치, 정서적 반응, 그리고 새로운 행동 등의 도덕적 행동들을 학습하게 된다(Bandura, Grusec, & Menlove, 1967). 대중매체에서 나타나는 선행적 행동이나 유혹에 저항하는 행동들은 아동들의 도덕성발달에 긍정적인 영향을 미친다.

제 5 장

의사소통능력 I

5.1 NCS 직업기초능력에 따른 의사소통능력

5.2 NCS 직업기초능력에 따른 의사소통능력 지도

제5장

의사소통능력 Ⅰ

의사소통은 둘 또는 그 이상의 사람들 사이에서 사실, 생각, 의견 또는 감정의 교환을 통하여 공통적 이해를 이룩하고 상대방 측의 의식이나 태도 또는 행동에 변화를 일으키는 행동이다(엄명용 외, 2009). 즉, 한 사람이 상대방에게 전달하고자 하는 정보, 지식, 인식, 생각, 그리고 감정 등 메시지를 주고받고 하는 것이다. 이 장에서는 NCS 직업기초능력에 따른 의사소통능력과 지도에 대해서 알아본다.

5.1 NCS 직업기초능력에 따른 의사소통능력

NCS(National Competency Standards, 국가직무능력표준)는 산업현장에서 직무를 수행하기 위해 요구되는 지식 · 기술 · 소양 등의 내용을 국가가 산업부문별 · 수준별로 체계화한 것으로 산업현장의 직무를 성공적으로 수행하기 위해 필요한 능력(지식, 기술, 태도)을 국가적 차원에서 표준화한 것을 의미한다(자격기본법 제2조 제2호). 여기서 직무(職務)란 직책이나 직업상에서 책임을 지고 담당하여 맡은 사무(일)이고, 능력(能力)이란 일을 감당할 수 있는 힘이고, 그리고 표준(標準)이란 사물의 정도나 성격 따위를 알기 위한 근거나 기준을 의미한다. 또한 NCS학습모듈은 NCS의 능력단위를 교육 · 훈련에서 학습할 수 있도록 구성한 '교수 · 학습 자료'를 의미한다.

이 단원에서는 학교나 직장생활 등 인간관계에 필수적인 NCS 직업기초능력(의사소통, 수리, 문제해결, 자기개발, 자원관리, 대인관계, 정보, 기술, 조직이해, 직업윤리) 중 의사소통능력에 대해서 알아본다. 여기서 10개의 능력에 해당하는 NCS 직업기초능력은 표 5-1 에 나타냈다. 직업기초능력이란 해당 직무를 수행하는 데 필요한 기초적이고 공통적으로 갖추어야 할 직업능력을 의미한다(NCS학습모듈, 2015).

표 5-1 NCS 직업기초능력

영역		정의
의사소통능력		학업이나 업무를 수행함에 있어 글과 말을 읽고 들음으로써 다른 사람이 뜻한 바를 파악하고, 자기가 뜻한 바를 글과 말을 통해 정확하게 쓰거나 말하는 능력
하위 능력	문서이해능력	학업이나 업무를 수행함에 있어 다른 사람이 작성한 글을 일고 그 내용을 이해하는 능력
	문서작성능력	학업이나 업무를 수행함에 있어 자기가 뜻한 바를 글로 나타내는 능력
	경청능력	학업이나 업무를 수행함에 있어 다른 사람의 말을 듣고 그 내용을 이해하는 능력
	의사표현능력	학업이나 업무를 수행함에 있어 자기가 뜻한 바를 말로 표현하는 능력
	기초외국어능력	학업이나 업무를 수행함에 있어 외국어로 의사소통할 수 있는 능력
수리능력		학업이나 업무를 수행함에 있어 사칙연산, 통계, 확률 등의 의미를 정확하게 이해하고, 이를 학업이나 업무에 적용하는 능력
하위 능력	기초연산능력	학업이나 업무를 수행함에 있어 기초적인 사칙연산과 계산을 하는 능력
	기초통계능력	학업이나 업무를 수행함에 있어 필요한 기초 수준의 백분율, 평균, 확률 등과 같은 통계능력
	도표분석능력	학업이나 업무를 수행함에 있어 도표(그림, 표, 그래프 등)가 갖는 의미를 해석하는 능력
	도표작성능력	학업이나 업무를 수행함에 있어 필요한 도표(그림, 표, 그래프 등)를 작성하는 능력
문제해결능력		학업이나 업무를 수행함에 있어 문제상황이 발생하였을 경우, 창조적이고 논리적인 사고를 통하여 이를 올바르게 인식하고 적절히 해결하는 능력
하위 능력	사고력	학업이나 업무에 관련된 문제를 인식하고 해결함에 있어 창조적, 논리적, 비판적으로 생각하는 능력
	문제처리능력	학업이나 업무에 관련된 문제의 특성을 파악하고, 대안을 제시, 적용하고 그 결과를 평가하여 피드백하는 능력
자기개발능력		학업이나 업무를 추진하는데 스스로 관리하고 개발하는 능력

영역		정의
하위 능력	자아인식능력	자신의 흥미, 적성, 특성 등을 이해하고, 이를 바탕으로 자신에게 필요한 것을 이해하는 능력
	자기관리능력	학업이나 업무에 필요한 자질을 지닐 수 있도록 스스로 관리하는 능력
	경력개발능력	끊임없는 자기 개발을 위해서 동기를 갖고 학습하는 능력
자원관리능력		학업이나 업무를 수행하는데 시간, 자본, 재료 및 시설, 인적자원 등의 자원 가운데 무엇이 얼마나 필요한지를 확인하고, 이용 가능한 자원을 최대한 수집하여 실제 학업이나 업무에 어떻게 활용할 것인지를 계획하고, 계획대로 학업이나 업무 수행에 이를 할당하는 능력
하위 능력	시간자원관리능력	학업이나 업무를 수행에 필요한 시간자원이 얼마나 필요한지를 확인하고, 이용 가능한 시간자원을 최대한 수집하여 실제 학업이나 업무에 어떻게 활용할 것인지를 계획하고 할당하는 능력
	예산자원관리능력	학업이나 업무를 수행에 필요한 자본자원이 얼마나 필요한지를 확인하고, 이용 가능한 자본자원을 최대한 수집하여 실제 학업이나 업무에 어떻게 활용할 것인지를 계획하고 할당하는 능력
	물적자원관리능력	학업이나 업무를 수행에 필요한 재료 및 시설자원이 얼마나 필요한지를 확인하고, 이용 가능한 재료 및 시설자원을 최대한 수집하여 실제 학업이나 업무에 어떻게 활용할 것인지를 계획하고 할당하는 능력
	인적자원관리능력	학업이나 업무를 수행에 필요한 인적자원이 얼마나 필요한지를 확인하고, 이용 가능한 인적자원을 최대한 수집하여 실제 학업이나 업무에 어떻게 활용할 것인지를 계획하고 할당하는 능력
대인관계능력		학업이나 업무를 수행함에 있어 접촉하게 되는 사람들과 문제를 일으키지 않고 원만하게 지내는 능력
하위 능력	팀워크능력	다양한 배경을 가진 사람들과 함께 학업이나 업무를 수행하는 능력
	리더십능력	학업이나 업무를 수행함에 있어 다른 사람을 이끄는 능력
	갈등관리능력	학업이나 업무를 수행함에 있어 관련된 사람들 사이에 갈등이 발생하였을 경우 이를 원만히 조절하는 능력
	협상능력	학업이나 업무를 수행함에 있어 다른 사람과 협상하는 능력
	고객서비스능력	고객의 요구를 만족시키는 자세로 업무를 수행하는 능력
정보능력		학업이나 업무와 관련된 정보를 수집하고, 이를 분석하여 의미 있는 정보를 찾아내며, 의미 있는 정보를 학업이나 업무 수행에 적절하도록 조직하고, 조직된 정보를 관리하며, 학업이나 업무 수행에 이러한 정보를 활용하고, 그리고 이러한 제 과정에 컴퓨터를 사용하는 능력
하위 능력	컴퓨터활용능력	학업이나 업무와 관련된 정보를 수집, 분석, 조직, 관리, 활용하는 데 있어 컴퓨터를 사용하는 능력
	정보처리능력	학업이나 업무와 관련된 정보를 수집하고, 이를 분석하여 의미 있는 정보를 찾아내며, 의미 있는 정보를 학업이나 업무 수행에 적절하도록 조직하고, 조직된 정보를 관리하며, 학업이나 업무 수행에 이러한 정보를 활용하는 능력

영역		정의
기술능력		학업이나 업무를 수행함에 있어 도구, 장치 등을 포함하여 필요한 기술에는 어떠한 것들이 있는지 이해하고, 실제로 학업이나 업무를 수행함에 있어 적절한 기술을 선택하여 적용하는 능력
하위 능력	기술이해능력	학업이나 업무 수행에 필요한 기술적 원리를 올바르게 이해하는 능력
	기술선택능력	도구, 장치를 포함하여 학업이나 업무 수행에 필요한 기술을 선택하는 능력
	기술적용능력	학업이나 업무 수행에 필요한 기술을 학업이나 업무 수행에 실제로 적용하는 능력
조직이해능력		학업이나 업무를 원활하게 수행하기 위해 국제적인 추세를 포함하여 조직의 체제와 경영에 대해 이해하는 능력
하위 능력	국제감각	주어진 업무에 관한 국제적인 추세를 이해하는 능력
	조직체제이해능력	학업이나 업무 수행과 관련하여 조직의 체제를 올바르게 이해하는 능력
	경영이해능력	사업이나 조직의 경영에 대해 이해하는 능력
	업무이해능력	조직의 업무를 이해하는 능력
직업윤리		학업이나 업무를 수행함에 있어 원만한 학교생활이나 직업생활을 위해 필요한 태도, 매너, 올바른 직업관
하위 능력	근로윤리	학업이나 업무에 대한 존중을 바탕으로 근면하고 성실하고 정직하게 학업이나 업무에 임하는 자세
	공동체윤리	인간 존중을 바탕으로 봉사하며, 책임 있고, 규칙을 준수하며 예의 바른 태도로 학업이나 업무에 임하는 자세

출처: 국가직무능력표준, www.ncs.go.kr

이러한 직업기초능력 중 의사소통능력은 상대방과 대화를 나누거나 문서를 통해 의견을 교환할 때, 상호 간의 전달하고자 하는 의미를 정확하게 전달할 수 있는 능력을 의미한다. 이러한 의미에서 직업기초능력으로서의 의사소통능력이란 학생이나 직업인이 학교나 직장생활에서 우리말로 된 문서를 제대로 읽거나 상대방의 말을 듣고 의미를 파악하며, 자신의 의사를 정확하게 표현하는 능력을 의미한다. 또한 국제화된 시대에 간단한 외국어 자료를 읽거나 외국인의 간단한 의사표시를 이해하는 능력까지 포함한다(NCS학습모듈, 2015). 의사소통능력은 문서이해능력, 문서작성능력, 경청능력, 의사표현능력, 기초외국어능력 등 5개의 하위능력으로 구분하는데, 자세한 내용은 표 5-1을 참조하면 된다.

1) 의사소통능력의 지도

인간관계에서 의사소통은 끊임없이 변화하고 발전해 간다. 이러한 점에서 학교나 직장생활에서의 의사소통은 학업이나 업무를 수행하는 과정에서 문서를 읽거나, 동료나 상사 등 다른 사람의 말을 듣고 의미를 파악하여 학업이나 업무를 추진하며, 그에 따라 자신의 의견을 표현하는 것이다. 사람들은 이러한 의사소통능력을 개발하고 함양시키려는 노력이 필요하다. 교수자는 의사소통능력을 함양시키기 위해 다음과 같은 사항을 고려해서 교수해야 한다(NCS학습모듈, 2015).

① 학습자 스스로 의사소통의 필요성을 인식하고 자신의 현재 상태를 점검하고 미래의 업무성과 제고를 위한 계획을 수립할 수 있도록 지원한다. 즉, 의사소통이 요구되는 상황, 정보를 효과적으로 수집하여 활용하는 방법 등에 대한 가이드라인을 제시하는 것이 중요하다.

② 학습자가 의사소통능력과 그 하위능력(문서작성능력, 경청능력, 의사표현능력, 기초외국어능력(미적용) 등)을 갖추도록 지도한다. 즉, 의사소통의 개념, 의사소통의 필요성, 의사소통의 종류, 의사소통의 저해요인, 경청과 경청의 바람직한 자세, 비언어적인 의사소통 방법 등을 학습하도록 한다.

③ 학습자들의 다양한 경험과 요구를 바탕으로 기초적인 개념과 원리를 간단하고 구체적인 것에서 추상적인 것으로 순서화해서 학습한다. 즉, 생활주변 현상이나 구체적 사실을 학습 소재로 하여 기초적인 개념, 원리 등을 지도하고 업무상황에서 발생할 수 있는 실제 상황에서의 의사소통능력을 길러준다.

④ 학습자들이 실제 현장 상황에 대처하는 능력을 발휘할 수 있도록 학습한다. 즉, 현장 상황에 따른 문서이해능력, 문서작성능력, 경청능력, 의사표현능력 등을 학습한다.

⑤ 학습자들이 의사소통능력을 어느 정도 갖추고 있는지를 정확하게 파악하도록 한다. 즉, 자신의 의사소통능력을 알 수 있도록 지도하고 효과적인 의사소통능력을 발전시킬 수 있도록 학습한다.

2) 의사소통능력의 사전평가 및 사후평가

사전평가는 학습자가 학습을 시작하기 전에 학습자의 개인차(능력, 흥미, 장점, 단점 등)를 고려하여 실시하는 평가이다. 이러한 평가의 목적은 학습자가 학습을 이해하기 전에 앞으로 학습할 내용을 성공적으로 학습하기 위해 준비가 되었는지를 확인하는 것이다. 사전평가는 과거의 성적, 사전검사 점수, 자기보고식 검사점수, 관찰결과 등이 활용된다. 따라서 의사소통능력의 지도와 같은 내용으로 지도하기 전에 교수자는 학습자의 수업 전 의사소통능력을 학습자 스스로가 평가할 수 있도록 사전평가를 실시하여 제출받거나 NCS 평가자료로 활용할 수 있을 것이다. 학습자의 수업 전 의사소통능력 사전평가 체크리스트는 부록의 표 1 에 나타냈다.

사후평가는 일련의 활동이나 프로그램이 종료되었을 때 그 효과와 적합성을 최종적으로 확인하기 위한 목적으로 실시하는 판단활동이다. 일정 기간 학습이 끝난 다음 학습의 효과를 판단하기 위해 실시되는 시험으로, 일반적으로 총괄평가에 해당한다. 사후평가의 기능은 ① 학습자들의 성적을 판정해 주고, ② 특정 분야에 대한 자격이나 면허를 부여하며, ③ 학습자들의 장례 성취도를 예측할 수 있는 토대를 제공해 주고, ④ 집단 간의 성취도를 상호 비교할 수 있는 토대를 제공하며, ⑤ 학습이 진정으로 효과가 있는지를 판정하는 것이다. 사후평가가 이루어지면 교수자는 학습자의 성취수준을 점검하고, 평가결과 부족한 부분에 대하여 문항별로 제시된 관련 학습모듈을 참조하여 해당 학습활동을 추가적으로 학습하거나 별도의 과제를 부여하여 해당 학습내용을 충분히 숙지할 수 있도록 지도해야 한다. 학습자의 수업 후 의사소통능력 사후평가 체크리스트는 부록의 표 2 에 나타냈다.

3) 의사소통능력의 교육목표

의사소통능력의 학습에 따른 교육목표 및 교육내용, 장비 및 도구, 교수 · 학습 방법, 평가방법 등 교과목 프로파일은 표 5-2 에 나타냈다. 또한 의사소통능력의 하위능력(문서이해능력, 문서작성능력, 경청능력, 의사표현능력, 기초외국어능력(미적용))에 따른 수행준거(학습목표) 및 지식 · 기술 · 태도 등의 NCS 정보는 표 5-3 에 나타냈다.

표 5-2 교과목 프로파일

교과목 프로파일

교과목 정보					
교과목 명	의사소통능력	이수 구분	직업기초능력	시수	2
학년-학기	1 - 1	학 점	2	이론/실습	1 / 1

능력단위 및 하위능력단위				
능력단위 명	하위능력단위 명	능력단위코드	NCS적용 여부	학습모듈
의사소통능력	문서이해능력	직업기초-A-1	적용	■유 / □무
	문서작성능력	직업기초-A-2	적용	■유 / □무
	경청능력	직업기초-A-3	적용	■유 / □무
	의사표현능력	직업기초-A-4	적용	■유 / □무
	기초외국어능력	직업기초-A-5	미적용	■유 / □무

교과목 개요	직장생활에서 문서를 읽거나 상대방의 말을 듣고 의미를 파악하고, 자신의 의사를 정확하게 표현하고, 이해하는 능력을 교육한다.
교육 목표	1. 의사소통의 개념과 중요성을 설명할 수 있다. 2. 의사소통의 종류를 설명할 수 있다. 3. 의사소통 저해요인을 제거할 수 있다. 4. 의사소통능력을 개발하기 위한 방법을 실천할 수 있다. 5. 기초외국어능력의 필요성을 설명할 수 있다(미적용).
교육 내용	1. 의사소통의 개념 및 유형, 의사소통능력의 필요성, 의사소통의 종류, 의사소통능력 개발을 위한 TIP 2. 문서이해능력의 개념 및 중요성, 다양한 문서의 종류와 그에 따른 이해방법, 문서이해의 구체적인 절차와 원리, 문서이해를 통한 정보획득, 수집, 종합방법 3. 문서작성의 개념 및 중요성, 문서작성의 종류 및 목적과 상황에 따른 예시, 문서작성의 절차와 과정, 문서작성 시 주의사항, 효과적인 문서작성 예시 4. 경청의 개념 및 중요성, 올바른 경청을 방해하는 요인, 경청의 바람직한 자세, 대상과 상황에 따른 경청법 및 훈련방법 5. 의사표현의 개념 및 중요성, 의사표현의 방해요인과 제거방법, 원활한 의사소통을 위한 지침, 설득력 있는 의사표현의 기본요소 및 특성

장비 및 도구	NCS 능력단위	자체 능력단위
	• 학습자용 워크북 • 교수자용 매뉴얼 • 프리젠테이션 자료 • 신문기사 • 인터넷	• • • • •

교수 · 학습 방법	a	b	c	d	e	f	g	h
	○	○						○
	a. 이론강의, b. 실습, c. 발표, d. 토론, e. 팀프로젝트, f. 캡스톤디자인, g. 포트폴리오(학습자/교수자), h. 기타							

평 가 방 법	a	b	c	d	e	f	g	h	i	j	k	l	m
			○				○						○
	a. 포트폴리오 b. 문제해결시나리오 c. 서술형시험 d. 논술형시험 e. 사례연구 f. 평가자 질문 g. 평가자 체크리스트 h. 피평가자 체크리스트 i. 일지/저널 j. 역할연기 k. 구두발표 l. 작업장평가 m. 기타												

교 육 정 보	• 국가직무능력표준 홈페이지(www.ncs.go.kr) • 직업기초능력 학습자용 워크북 • 기타 자료

표 5-3 NCS 정보

관련 NCS 정보					
대분류	중분류	소분류	세분류	능력단위	능력단위코드
직업기초능력	직업기초능력	직업기초능력	직업기초능력	의사소통능력	직업기초-A

	하위능력단위요소 (코드)	수행준거(학습목표)	지식 · 기술·태도
1	문서이해능력 (직업기초-A-1)	1. 문서이해능력의 의미에 대하여 설명할 수 있다. 2. 문서이해의 중요성에 대하여 설명할 수 있다. 3. 다양한 문서의 종류와 양식에 대하여 설명할 수 있다. 4. 문서이해를 통해 정보획득, 수집 및 종합방법에 대하여 설명할 수 있다.	[지식] • 문서이해의 개념 및 중요성 • 문서의 종류 및 양식 이해 • 문서이해의 구체적인 절차와 원리 • 문서를 통한 정보 획득 및 종합 방법의 유형 [기술] • 문서의 종류에 따른 문서 읽기 • 문서에서 핵심내용 파악 • 주어진 정보의 관련성과 의도 파악 • 문서 읽기를 통한 정보 수집, 요약, 종합 [태도] • 상사의 지시문이나 메모를 읽는 경우 • 업무 처리를 위한 기술매뉴얼을 확인하는 경우 • 고객의 예산서와 주문서를 확인하는 경우 • 업무 보고서를 통해서 정보를 획득하는 경우 • 메일이나 공문을 처리해야 하는 경우
2	문서작성능력 (직업기초-A-2)	1. 문서작성의 개념 및 중요성을 설명할 수 있다. 2. 문서작성의 종류 및 목적과 상황에 따른 예시를 설명할 수 있다.	[지식] • 체계적인 문서작성의 개념 및 중요성 • 목적과 상황에 맞는 문서 작성의 유형 • 문서의 종류와 양식 이해

관련 NCS 정보					
대분류	중분류	소분류	세분류	능력단위	능력단위코드
직업기초능력	직업기초능력	직업기초능력	직업기초능력	의사소통능력	직업기초-A

하위능력단위요소 (코드)		수행준거(학습목표)	지식 · 기술·태도
		3. 문서작성의 절차와 과정을 설명할 수 있다. 4. 문서작성 시 주의사항을 설명할 수 있다. 5. 효과적인 문서작성의 예시를 이해할 수 있다.	• 문서작성의 구체적인 절차와 원리 • 논리적인 문장 전개방법의 유형 • 효과적인 내용 구성방법의 유형 [기술] • 문서의 종류에 따른 적절한 문서작성 • 문서작성에 적합한 문체와 어휘 사용 • 논리적인 체계를 사용한 문서작성 • 문서작성에서 강조점 표현방법 • 논리적인 문장 전개 • 목적에 적합한 적당한 분량 설정 • 시각적 표현과 연출 • 작성한 문서의 수정 [태도] • 업무 중 프로젝트나 연구과제의 결과를 문서로 제시하는 경우 • 소비자와 고객의 요구를 문서화하는 경우 • 동료와 정보와 의견을 공유하는 경우 • 산출물을 디자인하고 제시하는 경우 • 상사의 지시와 전화메시지를 기록하는 경우 • 상대방에게 메일이나 공문을 발송하는 경우
3	경청능력 (직업기초-A-3)	1. 경청의 개념 및 중요성을 설명할 수 있다. 2. 올바른 경청을 방해하는 요인을 찾을 수 있다. 3. 경청의 바람직한 자세에 대해 설명할 수 있다. 4. 대상과 상황에 따른 경청법을 파악하고, 훈련방법을 설명할 수 있다.	[지식] • 경청능력의 중요성과 개념 • 대화과정에서 효과적인 경청방법의 이해 • 상대방의 말을 듣는 바람직한 자세의 이해 • 지시사항에 대한 적절한 반응방법의 이해 • 지시사항을 재확인하는 방법의 이해 [기술] • 상대방의 말을 주의 깊게 듣고 반응 • 상대방의 의도 파악 • 대화과정에서 숨은 의미를 파악 • 대화과정에서 상대방 격려 • 대화과정에서 상대방과 친밀감과 신뢰감 조성 • 대화과정에서 적절한 시선 처리 • 비언어적인 신호를 파악 • 상대방의 입장 이해 • 상사의 지시사항을 듣고 확인 [태도] • 업무 수행과정에서 상사의 지시를 받는 경우 • 제품판매, 서비스문의 등으로 고객을 대하는 경우 • 조직 구성원과 회의하는 경우

<table>
<tr><th colspan="6">관련 NCS 정보</th></tr>
<tr><th>대분류</th><th>중분류</th><th>소분류</th><th>세분류</th><th>능력단위</th><th>능력단위코드</th></tr>
<tr><td>직업기초능력</td><td>직업기초능력</td><td>직업기초능력</td><td>직업기초능력</td><td>의사소통능력</td><td>직업기초-A</td></tr>
</table>

<table>
<tr><th colspan="2">하위능력단위요소
(코드)</th><th>수행준거(학습목표)</th><th>지식 · 기술·태도</th></tr>
<tr><td>3</td><td>경청능력
(직업기초-A-3)</td><td></td><td>• 업무결과에 대한 상대방의 의견을 듣는 경우
• 업무 수행 과정에서 상대방과 의견을 조율해야 하는 경우</td></tr>
<tr><td>4</td><td>의사표현능력
(직업기초-A-4)</td><td>1. 의사표현의 개념 및 중요성을 설명할 수 있다.
2. 의사표현의 방해요인과 제거방법을 설명할 수 있다.
3. 원활한 의사소통을 위한 지침을 수립할 수 있다.
4. 설득력 있는 의사표현의 기본요소 및 특성을 설명할 수 있다.</td><td>[지식]
• 정확한 의사전달의 중요성
• 의사표현의 기본원리
• 효과적인 의사표현 방법의 유형
• 설득력 있는 화법의 특징 및 요소
• 상황과 대상에 따른 화법의 이해
• 비언어적 의사표현 방법 이해
[기술]
• 주제, 상황, 목적에 적합한 의사표현
• 자신 있고 단정적인 의사표현
• 간단명료한 의사표현
• 중요한 부분을 반복하여 제시
• 목소리의 크기, 억양, 속도의 변화
• 상황에 대한 적절한 질문
• 대화를 구조화하는 기술
• 적합한 이미지와 어휘, 표현 사용
• 상황에 적합한 비언어적 의사표현
[태도]
• 업무 중 상사의 지시를 확인하는 경우
• 소비자와 고객에게 제품을 소개하고 판매하는 경우
• 동료와 정보와 의견을 공유하는 경우
• 업무결과를 발표하는 경우
• 업무 수행 과정에서 상대방에게 질문하는 경우
• 회의에서 상대방을 설득시키는 경우</td></tr>
</table>

표 5-2 에서 교수·학습 방법은 교육목표를 달성하기 위해 학습활동을 효과적으로 지도하기 위한 교수·학습 방법을 의미한다. 따라서 효과적인 수업이 되기 위해서는 다양한 교수·학습 방법을 활용하여 학습자의 관심과 흥미를 제고시키고 학습의 능력을 향상시켜야 한다. 교수·학습 방법은 수업내용에 따라 질문, 조사, 토론, 발표, 관찰 및 면담, 현장견학, 모형 제작, 실험, 역할놀이, 시뮬레이션 게임 등과 같은 다양한 방법을 활용한다. 현재는 강의식과 같은 직접교수·학습 방법보다 학습자의 경험을 통해

자신의 발견과 계획을 수립할 수 있도록 문제중심학습, 프로젝트학습, 역할극, 프로그램 학습, 시뮬레이션 학습, e-Learning 등을 활용한다.

여기서 문제중심학습(Problem Based Learing : PBL)은 실제적인 문제를 중심으로 수업 상황을 구조화해서 학습하는 방법으로 학습자가 학습에 능동적으로 참여하여 문제를 협력적이고 자기 주도적으로 해결하고, 이를 통해 문제해결능력을 키울 수 있도록 하는 학습방법이다. 프로젝트학습은 소집단 또는 전체 학습자들이 특정 주제에 대해서 서로 협력하면서 심층적으로 연구하는 목적 지향적 학습방법이다. 역할극(Role-playing)은 어떤 가상적인 역할을 수행하게 함으로써 문제시되는 태도나 행동을 변화시키려는 기법의 일종으로 정서적 역할놀이이다. 프로그램 학습은 복잡한 행동을 학습시키려면 간단한 행동으로 분석하고 그것을 단계적으로 계속하여 목표에 접근할 수 있도록 강화함으로써 목적한 바를 이루는 학습방법이다. 시뮬레이션 학습은 가상적인 실체 상황에 직면하여 현실적인 해결책을 마련해 보는 학습방법이다. 그리고 e-Learning은 인터넷을 활용하여 개인 및 조직의 목적과 연결되는 학습경험과 네트워크 기술을 이용하여 상호작용하는 자기주도적인 학습방법이다.

또한 표 5-2 에서 평가방법은 학습한 후에 학습자가 학습목표를 얼마나 성취했는지를 확인하는 것으로 학습이 진행되는 동안 학습자에게 피드백을 주거나, 학습이 모두 끝난 후에 전체적으로 학습목표의 달성도를 평가하는 방법이다. 이러한 방법에는 여러 가지 방법이 있으나 포트폴리오를 이용한 평가방법은 어떤 주제에 대한 학습자의 관심·능력·진도·성취·노력·성장 등의 증거를 보여주는 학습자의 작품을 평가하는 방법이다. 포트폴리오는 한 주제에 대해 학습자가 학습해 온 과정과 결과를 모두 알 수 있다는 차원에 부합되는 평가방법이다.

표 5-2 와 표 5-3 에서 언급한 교육목표 및 수행준거(학습목표)를 학습하면서 제시되는 성취수준은 직업기초능력으로서 의사소통능력과 하위능력(문서이해능력, 문서작성능력, 경청능력, 의사표현능력, 기초외국어능력(미적용))을 학습자가 갖추고 있는지를 판단하는 기준이다. 직업기초능력으로서 의사소통능력표준에 따른 성취수준은 표 5-4 에 나타냈다.

표 5-4 직업기초능력으로서 의사소통능력표준에 따른 성취수준

구분			성취수준
의사소통능력		상	직장생활에서 제안서, 기술매뉴얼과 같은 복잡한 내용의 문서를 읽거나 작성함으로써 정보를 종합하고 업무 성과를 발표하는 상황에서 논리적으로 의사를 표현한다.
		중	직장생활에서 메일, 공문과 같은 기본적인 내용의 문서를 읽거나 작성함으로써 정보를 요약하고 회의와 토의 같은 상황에서 주제에 맞게 의사를 표현한다.
		하	직장생활에서 지시문, 메모와 같은 간단한 내용의 문서를 읽거나 작성함으로써 정보를 이해하고 결과를 보고하는 간단한 상황에서 이해하기 쉽게 의사를 표현한다.
하위능력	문서이해 능력	상	직장생활에서 최신 기술매뉴얼과 같은 복잡한 업무문서를 읽고 필요한 정보를 종합한다.
		중	직장생활에서 예산서, 주문서와 같은 기본적인 업무문서를 읽고 필요한 정보를 요약한다.
		하	직장생활에서 지시문, 메모와 같은 간단한 업무문서를 읽고 필요한 정보를 확인한다.
	문서작성 능력	상	제안서와 프리젠테이션과 같은 복잡한 문서를 논리적으로 작성한다.
		중	메일이나 공문과 같은 기본적인 문서를 형식에 맞게 작성한다.
		하	상사의 지시나 전화 메시지와 같은 간단한 문서를 일기 쉽게 작성한다.
	경청능력	상	부서 전체의 회의에서 발표를 듣는 것과 같은 복잡한 업무상황에서 들은 내용을 종합한다.
		중	고객의 주문전화를 받는 것과 같은 기본적인 업무상황에서 들은 내용을 요약한다.
		하	상사의 지시를 듣는 것과 같은 간단한 업무상황에서 들은 내용을 이해한다.
하위능력	의사표현 능력	상	업무 성과를 발표하는 것과 같은 복잡한 상황에서 논리적으로 의사를 표현한다.
		중	부서의 회의 중 토론을 하는 것과 같은 기본적인 상황에서 주제에 맞게 의사를 표현한다.
		하	상사에게 결과를 보고하는 것과 같은 간단한 상황에서 이해하기 쉽게 의사를 표현한다.
	기초외국어 능력 (미적용)	상	외국어로 된 메일을 받은 업무상황에서 메일을 직접 읽고 의미를 이해한다.
		중	외국어로 된 메일을 받은 업무상황에서 사전을 활용하여 해석하여 의미를 이해한다.
		하	외국어로 된 메일을 받은 업무상황에서 다른 사람의 도움을 얻어 의미를 이해한다.

출처: 국가직무능력표준, www.ncs.go.kr

위와 같은 성취수준에서 '상'은 4년제 대학 졸업자 수준이고, '중'은 2년제 졸업자 수준이고, 그리고 '하'는 고등학교 졸업자 수준을 의미한다. 즉, '하'는 일반적인 직장생활에서 정보를 이해하고 간단하게 의사표현을 하는 수준을 의미하고, '중'은 정보를 요약하고 주제에 맞게 의사표현을 하는 수준을 의미하고, 그리고 '상'은 다양한 정보를 종합하고 논리적으로 의사표현을 할 수 있는 수준을 의미한다. 학습자의 이러한 수준은 학습자 설문조사, 학습자 면담, 동료, 교수자가 얻은 정보, 각종 정보가 기록된 개인정보 카드, 표준화된 검사 등을 통해 확인할 수 있다.

5.2 NCS 직업기초능력에 따른 의사소통능력 지도

1) 기본학습 1

학교나 직장생활에서 의사소통은 상호이해와 공감의 과정으로 중요하다. 자신이 얼마만큼 알고 있는가보다 자신의 생각을 얼마나 잘 표현하고, 상대방의 의견을 들어주는가가 중요하다. 다음 사례 1을 통해 의사소통의 개념과 원리 및 유형에 대해서 알아보고, 학습자의 유형은 어떠한지 알아본다.

사례 1

1분 이내에 발언을 끝내주세요.

무역회사 구매업무팀 김팀장은 팀원과 협력하여 회사내부 업무뿐만 아니라 대외 업무활동 등에 적극적으로 관여하고 있다. 그 결과 역대 팀장 중 최고라는 좋은 평판을 듣고 있다. 그가 주간회의를 이끌거나 팀장으로서 발언을 할 때 듣는 사람들이 남다른 집중을 하게 되는데, 그 이유는 김팀장의 탁월한 의사소통능력 때문이다. 그는 '주간회의 때 추상적인 설명보다 구체적이며 간결하게 말하며 1분 내에 발언을 끝내는 것을 원칙으로 한다.'고 말하며 그의 인기비결을 말해주었다. 또한 '정확한 개념을 가지고 있으며 1분 내외로 의사전달을 명확히 할 수 있어 회의 등에서 팀원들과 의사소통을 잘 할 수 있고 공식적인 대외활동에서 발언을 할 때에도 간결하게 말하여 동의와 신뢰를 이끌어 내는 데 성공하였다.'고 한다(NCS학습모듈, 2015).

활동 1

무역회사 구매업무팀 김팀장의 성공비결은 구체적이고 간결한 의사소통에 있다고 했다. 그렇다면 학습자 자신이 생각하는 의사소통이란 무엇인지 작성해보고, 학교나 직장생활에서 의사소통과정에서 어려웠던 점은 없는지 생각해 보도록 한다. 또한 이를 바탕으로 학교나 직장생활에서 원활한 의사소통은 무엇인지 생각해보고 발표하도록 한다.

자신이 생각하는 의사소통은 무엇인가?

____

____

____

학교나 직장생활에서 의사소통과정에서 어려웠던 점은?

____

____

____

학교나 직장생활에서 원활한 의사소통이란?

____

____

____

활동 1 내용

제시된 활동 1은 학습자가 자신이 생각하는 의사소통과 자신이 경험한 어려웠던 점 등을 작성해 봄으로써 의사소통의 개념, 원칙과 원리, 의사소통능력에서 필요한 능력을 파악하도록 하는 활동이다. 활동 1은 학습자들의 경험에 따라 작성하는 것이므로 정답은 없지만, 다음과 같은 예를 제시할 수 있다.

- 자신이 생각하는 의사소통 : 상대방의 의견을 존중하고 이해하는 것
- 의사소통과정에서 어려웠던 점 : 조별과정에서 상대방이 무관심했던 점
- 학교나 직장생활에서 원활한 의사소통이란 : 일방적으로 상대방의 말을 자르지 않는 것

(1) 의사소통의 개념

인간은 사회를 벗어나 존재할 수 없으며 사회는 인간과 인간과의 상호작용에 의해서 성립된다. 인간과 인간과의 상호작용은 반드시 의사소통에 의해서 이루어진다고 할 수 있다. 인간관계는 의사소통을 통해 관계를 형성하고 서로 상호작용하면서 발달하게 된다. 또한 말하는 사람은 듣는 사람에게 자신의 의사를 정확히 전달하고, 수신자의 의사를 정확히 이해하기 위한 노력을 기울여야 한다. 이렇듯이 의사소통은 둘 또는 그

이상의 사람들 사이에서 사실, 생각, 의견 또는 감정의 교환을 통하여 공통적 이해를 이룩하고 상대방 측의 의식이나 태도 또는 행동에 변화를 일으키는 행동이라 할 수 있다(엄명용 외, 2009). 즉, 한 사람이 상대방에게 전달하고자 하는 정보, 지식, 인식, 생각, 그리고 감정 등 메시지를 주고받고 하는 것이다. 의사소통은 때로는 의식과 무의식 속에서도 일어나기도 하고, 언어를 사용하기도 하고, 그리고 행동이나 얼굴 표정 등의 무언의 의사법을 사용하기도 한다. 건강한 사람은 자신의 느낌이나 생각을 분명하고 조화롭게 전달할 수 있다. 의사소통을 원활하게 하는 데 있어서는 심리적 건강에 따라 정도가 다르지만 어떻게 표현해야 하는지에 대한 능력적인 결함에 의해 나타나는 경우도 있다. 또한 의사소통에 대해 적절한 학습이 없어서 의사소통에 문제를 겪는 경우도 많다. 그러나 대체로 심리적으로 건강하고 적절하게 표현할 수 있는 능력을 습득하면 대인관계에 있어서 자연스럽고 원만한 상호작용을 할 수 있다.

의사소통이란 용어는 영어의 커뮤니케이션(Communication)을 의미하는데, 일반적으로 의사전달이라는 의미를 가지며, 본질적으로는 의사전달뿐만 아니라 의사의 상호유통까지도 포함하는 것이다. 커뮤니케이션은 일방적인 의사전달만을 의미하는 것이 아니라 소통을 통하여 정보나 감정도 동시에 전달하는 것이다. 인간관계에 대한 이해는 그 관계형성에 관여된 사람들 간의 의사소통 행동을 연구함으로써 가능하다. 왜냐하면 의사소통을 통해서 인간관계가 존재하게 되고 발달하게 되기 때문이다. 즉, 의사소통이란 그것을 통하여 한 인간이 다른 인간들과 관계를 발전시킬 수 있는 본질적인 하나의 과정이라 할 수 있다. 따라서 이러한 의사소통에 사용되는 능력은 자신의 감정이나 의견을 효과적으로 주고받을 수 있고 바람직한 인간관계를 형성하고 유지하기 위해 필수적인 요소이다. 대화에서는 언어를 사용하는 방법뿐만 아니라 표정이나 제스처, 목소리의 크기와 같은 비언어적 신호들도 중요한 역할을 한다.

의사소통에서는 송신자(말하는 사람), 메시지, 그리고 수신자(듣는 사람) 3대 요소가 있는데, 송신자는 메시지를 기호화(Encoding)해서 송신(Transmitting)하면 수신자는 메시지를 수신(Receiving)하여 해독(Decoding)한 다음 피드백(Feedback) 메시지를 기호화하여 이를 다시 송신자에게 송신하는 과정이 반복된다. 그런데 의사소통과정에는 3대 요소만 있는 것은 아니라 다른 요소들이 있을 수 있는데, 메시지를 송・수신하는 과정에서 잡음(Noise)이 있을 수 있고, 송신자나 수신자 편에서 잡음이 있을 수 있다. 이러한 잡음이 많아지면 의사소통에 문제가 발생할 수 있다. 벤부르크와 빌모트에 의한 의사소통과정의 구성요소를 살펴보면 다음과 같다(길귀숙 외, 2011).

① **송신자(Sender, 말하는 사람)** : 메시지를 부호화해서 전달하는 사람으로 메시지의 전달은 언어적·비언어적으로 이루어진다.

② **메시지(message)** : 송·수신되는 정보의 내용으로 다양한 언어적·비언어적 변수들로 구성된다.

③ **수신자(Receiver, 듣는 사람)** : 메시지를 해독해서 전달받고 송신자에게 부호화해서 다시 보내는 사람이다. 수신자와 송신자의 상호작용을 하게 된다.

④ **메시지의 변수** : 메시지의 변수는 내·외적 환경으로부터 선택된 언어와 비언어적 자극들로서 메시지의 형태와 방향 및 초점을 제시한다. 의사소통과정에서 거의 35% 정도는 언어적 의사소통이고, 나머지 65% 정도는 비언어적 의사소통에 의해서 표현된다.

⑤ **소음(Noise)** : 소음은 의사소통과정에서 메시지를 정확히 전달하는 장애요인이다.

⑥ **상황** : 의사소통이 일어나는 시대적·지리적 상황을 의미하는데, 좁은 의미로는 의사소통이 일어나는 분위기, 장소, 시간, 그리고 수신자와의 관계 등이 있을 수 있고, 넓은 의미로는 사회적·정치적 체제, 세계정세 등 사회적·정치적·문화적 배경까지를 포함한다.

⑦ **매체** : 보고(시각), 듣고(청각), 만지고(촉각), 느끼고(미각), 그리고 냄새를 맡는(후각) 등의 메시지를 운반하는 5대 감각기관의 채널을 의미한다.

⑧ **환경** : 환경은 내적과 외적 환경으로 구분되는데, 내적 요인은 의사소통을 하는 각각의 개인만이 알 수 있기 때문에 서로 다른 환경적 요인을 갖는다. 예를 들어, 피로감, 어지러움, 한기 등이 있을 수 있다. 외적 요인은 의사소통을 하는 모든 사람이 같이 볼 수 있지만 서로 다르게 지각한다. 예를 들어, 실내온도, 소음수준, 조명, 그리고 냄새 등이 있을 수 있다.

⑨ **피드백(Feedback)** : 메시지를 동시에 부호화하고, 해독하는 송신자와 수신자의 반응을 계속해서 하는 것이다. 이러한 피드백은 정보의 의미를 정정하거나 조정하며 그 정보의 내용을 명확히 하고 의미를 맞추는 과정이다(Ellenson, 1988; 이근후 외 역, 1990).

⑩ **의사소통능력** : 전달의 의미를 관찰하여 경청하고, 파악하고 확인하기 위해 메시지의 변수 등을 효과적으로 사용하는 송·수신자의 능력이다.

위와 같은 의사소통 요소를 고려하여 송신자(말하는 사람)와 수신자(듣는 사람)는 긍정적이고 효과적인 의사소통능력을 습득해야 한다. 특히, 송신자와 수신자는 자신의 문제를 바르게 인식하고 감정을 표현하고 행동에 변화를 일으킬 수 있도록 목표 지향적인 의사소통을 해야 한다. 또한 이러한 의사소통은 송·수신을 하는 사람들 사이에서 이루어지고 있는데, 다른 사람을 도와주기 위한 전제는 좋은 관계를 맺는 것이다. 좋은 관계가 형성되어야 메시지를 잘 전달할 수 있고, 또한 좋은 관계는 문제해결에 도움을 전달하기 위한 수단으로 작용하게 된다. 따라서 의사소통은 좋은 관계를 형성하기 위한 수단으로 자신의 생각과 감정을 타인에게 정확히 전달하고 타인이 표현하는 생각과 감정을 정확히 받아들이는 목적이 있다고 할 수 있다(최경화 외, 2010). 의사소통 구성요소에 따른 의사소통과정은 그림 5-1 에 나타냈다.

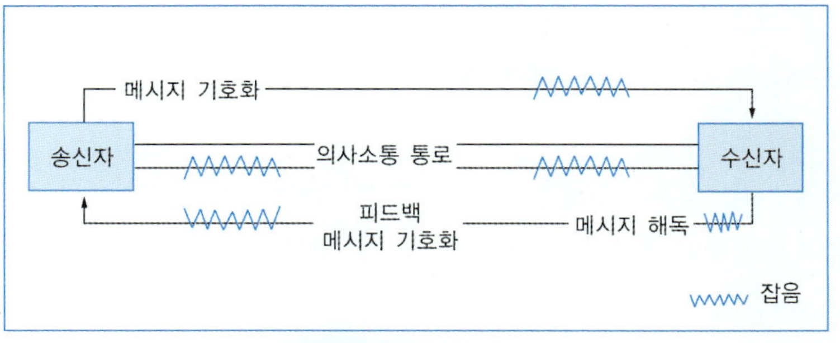

그림 5-1 의사소통과정

(2) 의사소통의 원칙과 원리

사회의 환경적 요인에 적응하면서 살아가는 인간은 인간관계를 형성하기 위해 의사소통을 하면서 생활하게 된다. 의사소통을 어떻게 하느냐에 따라 긍정적인 관계형성이 될 수 있고 또한 부정적인 관계를 형성할 수도 있는데, 의사소통의 원칙은 ① 사람은 항시 의사소통을 할 수밖에 없고, ② 의사소통은 언어적, 비언어적 두 가지 형태로 이루어지고, ③ 모든 의사소통에는 내용과 관계의 두 가지 측면이 있고, ④ 기본적으로 모든 의사소통에는 관계형성의 종류에 따라 대칭적이거나 상보적인 두 가지 형태를 취하게 된다는 것이다.

또한 인간관계를 형성함에 있어서 의사소통은 매우 중요한 역할을 하는데, 의사소통의 원리는 다음과 같이 4가지로 요약할 수 있다(길귀숙 외, 2011).

① **원리 1, 진솔한 마음 전하기** : 상대방과의 관계에서 자신이 체험하는 느낌과 생각을 있는 그대로 인식하고 충분히 인정한 후에 표현하는 것이다.

② **원리 2, 상대 모습 받아들이기** : 상대방을 한 인간으로 존중하고 상대방의 감정, 사고, 그리고 행동을 평가하거나 판단하지 않은 상태에서 있는 그대로 하나의 인격체로 존중하면서 받아들이는 것이다.

③ **원리 3, 상대 마음에 들어가기** : 자신이 상대방의 입장이 되어 상대방의 생각과 감정을 이해하는 것이다.

④ **원리 4, 구체적으로 이해하기** : 애매모호한 표현이나 일방적이고 추상적인 말들을 최소한으로 줄이고, 실제적이고 구체적인 내용을 중심으로 대화가 이루어질 수 있도록 질문하고 이야기하는 것이다.

레드필드(Redfield)가 제시한 의사소통의 원리는 다음과 같다(Redfield, 1958; 김종두, 2005).

① **명료성** : 의사소통은 간결한 문장과 평이한 용어를 사용해야 한다. 즉, 전달하는 내용이 분명하고 체계적이어야 하며, 과거 · 현재 · 미래가 명확하게 비교될 수 있어야 한다.

② **일관성** : 의사소통은 일관성이 있어야 한다. 의사소통의 내용이 처음부터 끝까지 모순이 없어야 한다. 또한 상사는 처음의 지시와 후의 지시에 모순이 있어서는 안 되며, 지시는 조직의 목표에 부합되어야 한다.

③ **적기 · 적시성** : 의사소통은 알맞은 시기를 선택하여야 하며 때를 놓쳐서는 안 된다. 예를 들면, 상대방이 기분이 나쁠 때 불필요한 의사소통을 하면 기분이 더 나빠질 수 있다.

④ **적절성** : 의사소통의 양은 적정량을 넘으면 안 된다. 예를 들면, 수업할 때 단시간에 너무 많은 양의 내용을 가르치면 학습하는 것은 교수자와 학생 모두에게 효과적이지 못하다는 것이다.

⑤ **분포성** : 정보는 전달자로부터 수신자에게 올바르게 전달되어야 한다. 즉, 수신자가 누가 될 것인가를 확실히 정하면 사용할 의사소통의 수단도 달라진다. 의도, 정보 및 지시 등은 송신자로부터 일정한 경로를 거쳐 수신자에게 정보가 정확하

게 전달될 수 있도록 적정 공간에 적정 인원이 분포하고 있는지 상황에 맞도록 정보를 전달해야 한다.

⑥ **적응성과 통일성** : 의사소통에 있어서 적응성과 통일성을 조화시켜야 한다. 즉, 각각의 다른 내용의 의사소통은 상호 간에 수용될 수 있는 차원에서 전체적으로 통일된 시각으로 표현해야 한다.

⑦ **관심과 수용** : 효과적인 의사소통은 수신자의 관심과 수용태도에 의해 결정된다는 것이다. 그러므로 수신자에 대해 이해와 수용을 제고해야 한다.

(3) 의사소통의 유형

사람의 감정은 목소리의 특성, 얼굴표정, 몸짓, 신체적 자세, 음조, 호흡 등의 비언어적 의사소통으로 표현되며, 각기 사람마다 다르듯이 자라온 환경과 후천적 교육 등에 따라 의사소통 유형이 변할 수 있다. 따라서 의사소통은 기여하는 목적, 전달하는 경로, 흐름의 방향, 전달의 대상, 그리고 전달의 수단 및 기타 여러 가지의 분류기준에 따라 다양한 형태로 분류될 수 있다. 그 내용을 살펴보면 다음과 같다(차배근, 1989: 김종두; 2005).

① **목적에 의한 분류** : 직무상의 의사소통, 인간관계상의 의사소통

② **경로에 의한 분류** : 공식적 의사소통, 비공식적 의사소통

③ **방향성의 의한 분류** : 수직적 의사소통(상향 · 하향적 의사소통), 수평적 의사소통(사선 · 대각선적 의사소통)

④ **전달의 대상에 의한 분류** : 대내적 의사소통, 대외적 의사소통

⑤ **전달의 수단에 의한 분류** : 문서에 의한 의사소통, 언어적 의사소통

⑥ **의사소통 망에 따른 분류** : 집단적 의사소통, 분권적 의사소통

⑦ **기타의 분류** : 개인적 의사소통, 대중적 의사소통

일반적으로 공식적인 의사소통은 공식적 조직체제 내에서 공식적인 경로나 매체를 통하여 공식적으로 의사가 전달되는 것을 의미한다. 공식적 요건인 누가, 누구에게, 무엇을 어떻게 전달할 것인가를 기록, 이야기, 수기, 인쇄, 연설, 기록물에 의해서 공식적으로 의사소통을 하는 것이다. 이는 다시 상의하달식(上意下達式), 하의하달식(下意下達式), 그리고 수평적 의사소통으로 나눌 수 있다. 상의하달식 의사소통은 상관의 의사

또는 최고 관리층이 가진 정보가 조직의 하부까지 전달되는 것을 의미한다. 예를 들면, 조직에서 상사가 부하직원에게 전달하는 형태나 교수자가 학생들에게 전달하는 형태이다. 하의하달식 의사소통은 상의하달식과 반대되는 유형으로 부하직원이나 학생들이 상사나 교수자에게 전달하는 형태의 유형이다. 그리고 수평적 의사소통은 조직이나 교실에서 주로 동기나 학생들 간의 원만한 의사소통 유형이다.

버지나 사티어(Virgina Satir: 1916~1988)는 심리분석의 근거로 자기개념과 자기존중, 신념 및 철학에 따라 변할 수 있는 의사소통의 유형이 회유형, 비난형, 초이성형, 산만형, 일치형 등 5가지가 있다고 하였다. 이러한 의사소통 유형은 순기능적 의사소통 유형과 역기능적 의사소통 유형이 있는데, 순기능적 의사소통 유형에는 일치형이 있고, 역기능적 의사소통 유형에는 회유형, 비난형, 초이성형, 산만형이 있다. 사티어는 역기능적 의사소통을 하는 사람은 자신의 생각과 감정을 마음속에 가지고 있는 것을 기초로 하여 추측하고 가정하기 때문에 오해가 생기기 쉽고, 계획된 목적이나 결과에 도달하기 어렵다고 하였다. 대화방식에 따른 5가지 유형에 대해서 알아본다.

① **회유형** : 의사소통의 세 가지 구성요소인 자신, 상대방, 상황 중에서 자기 자신을 무시한다. 이 유형의 가장 큰 특징은 자기 가치와 자기존중감의 결여이다. 이들은 자기 자신을 가치가 없고 무력한 존재로 여기며 상대방의 어떤 비판도 무조건 수용하며 소극적으로 지낸다. 이 회유형의 의사소통은 다른 사람을 회유하여 화를 내지 못하고 상대방의 비위를 맞춘다. 이들은 무조건 참으며 자기 자신을 희생하고 어떠한 경우에도 반대하지 않는다. 회유형이 자주 사용하는 행동과 언어는 표 5-5 와 같다.

표 5-5 회유형이 자주 사용하는 행동과 단어

자주 사용하는 행동	자주 사용하는 언어	내재된 감정
• 사과하기 • 간청하는 표정 짓기 • 우는 소리 • 변명, 애원하기 • 의존적인 태도 • 지나치게 상냥함 • 지나치게 쾌활함	• 모두 내 잘못이야 • 네가 없으면 난 아무것도 아니야 • 난 중요하지 않아 • 아무거나 • 다 좋아	• 억압 • 억압되었던 경험 • 자존감이 낮음

② 비난형 : 항상 상대보다 우월감을 가지고 있으며 상대의 단점을 잘 발견하고 보스로 군림하려 한다. 이 유형은 목소리가 크고 어떤 이든 상대를 얕잡아보고 깍아 내리려 하며 "너만 아니었으면 만사가 잘 되었을 텐데..."식의 책임전가 형태를 지니고 있다. 비난하는 사람은 어떤 것에 대해서 진정으로 발견하기보다는 자신을 주위 사람들에게 부각시키기에 더 관심이 있다. 비난형이 자주 사용하는 행동과 언어는 표 5-6 과 같다.

표 5-6 비난형이 자주 사용하는 행동과 언어

자주 사용하는 행동	자주 사용하는 언어	내재된 감정
• 탓하기 • 소리치기 • 화난 표정으로 위협하기 • 판단 및 명령하기 • 결점잡기 • 조종하기	• 니 잘못이야 • 너는 뭐가 문제야? • 넌 제대로 하는 것이 하나도 없구나 • 니가 ~만 하지 않았어도 • 나의 잘못은 하나도 없어	• 화, 분노 • 가족의 약력을 살펴보아야 함

③ 초이성형 : 아주 정확하고 이상적이며 쉽게 감정을 드러내지 않는다. 이 유형은 차분하고 냉정하며 침착해보이고 의사소통의 세 가지 구성요인 중 자신과 타인을 배제시키고 오직 상황만 중시해 객관성을 찾는다. 이들은 지나치게 합리적이고 이기적이어서 융통성과 사교성이 결여되어 있다. 초이성형은 대인관계에서 무미건조하며 고립감을 느끼고 긴장과 위축을 느낀다. 초이성형이 자주 사용하는 행동과 언어는 표 5-7 과 같다.

표 5-7 초이성형이 자주 사용하는 행동과 언어

자주 사용하는 행동	자주 사용하는 언어	내재된 감정
• 딱딱하고 경직된 자세 • 냉담함 • 진실하고 우월한 척하는 표정 • 교묘히 조종함 • 충고를 많이 함 • 비인간적이고 감정이 없음 • 객관적이고 지루함	• 논리적이고 객관적인 규칙 • 추상적인 개념의 언급 • 긴 설명, 규칙을 언급 • 개인적이고 감정적인 주제를 피함 • 복잡하게 횡설수설 말하기	• 외로움 • 자신의 감정을 돌보지 않음 • 낮은 자존감의 은폐

④ **산만형** : 의사소통의 구성요소인 자신, 상대방, 상황 세 가지 구성요소가 모두 배제되어 있어 주위를 혼란시키고 그가 하는 어떠한 행동이나 말은 다른 사람이 말하고 행동하는 것과 무관하다. 상대방으로부터 오는 자극에 적절하게 반응을 보이지 못하고, 빗나가기 쉬우며 상대의 말이나 현재 진행되고 있는 과정에 초점을 맞추지 못하고 주의를 집중하지 못하기 때문에 산만한다. 이 유형은 의사소통을 할 때 입과 몸과 다리를 계속 움직인다. 이들은 요점 없는 말을 하며 상대방의 질문을 무시하고 흔히 상대의 질문에 자기 나름대로의 질문으로 반응해 주제에 빗나가 있다. 산만형이 자주 사용하는 행동과 언어는 표 5-8 과 같다.

표 5-8 산만형이 자주 사용하는 행동과 언어

자주 사용하는 행동	자주 사용하는 언어	내재된 감정
• 지나치게 활동적이거나 처짐 • 항상 움직이고 부적절한 유머나 말을 함 • 둔감한 듯이 행동 • 바보스럽거나 피상적임 • 주의 끌기	• 주위를 흩트리기 위해 주제를 빠르게 바꿈 • 한 가지에 집중하지 않는 대화 • 농담, 넌센스인 언어를 많이 사용 • 말할 때 끼어들기 • 개인적이며 감정적 주제를 피하여 말을 함	• 두려움 • 갈등에 직면할 힘이 없음

⑤ **일치형** : 순기능적 의사소통의 유형인 일치형은 사티어가 말하는 가장 이상적인 의사소통 유형이다. 사티어가 분류한 5가지 의사소통 유형 중 일치형 의사소통만이 부부문제를 치료 또는 해결할 수 있으며, 부부간의 성장과 성숙을 촉진할 수 있다고 한다. 일치형 의사소통을 수평적 또는 유동적 반응이라 하는데, 이는 메시지의 모든 부분이 같은 방향으로, 즉 자신, 상대방, 상황이라는 3가지 요소가 모두 관련을 맺고 언어적·비언어적 모든 메시지가 일치를 이룬다. 일치형의 의사소통 방법은 화자의 목소리 톤과 얼굴표정, 몸의 자세가 일치하며 편안하고, 자유롭고 정직하게 표현하는 것이다. 일치형이 자주 사용하는 행동과 언어는 표 5-9 와 같다.

표 5-9 일치형이 자주 사용하는 행동과 언어

자주 사용하는 행동	자주 사용하는 언어	내재된 감정
• 에너지 넘치는 행동 • 자신감, 균형적, 창의적인 활동 • 책임감, 능력, 경쟁력 있는 행동	• 감정과 사고, 기대, 원하는 것, 싫어하는 것들에 대해서 정직함 • 배려, 격려, 인정, 공감하고 이해할 수 있는 언어 사용	

(4) 의사소통의 유형검사

자기 자신이 어떠한 대화유형으로 대화하고 있는지를 확인하기 위해 표 5-10 과 같은 척도로 확인할 필요가 있다. 사티어는 일치형의 대화유형이 바람직하다고 하였다. 일치형의 대화유형에 해당하지 않는 사람은 일치형의 대화방식을 유도하기 위해 의사소통능력을 습득해야 할 것이다. 의사소통 유형에 대한 검사는 표 5-10 에 나타냈다. 표 5-10 의 내용을 읽어보고 자신에게 해당하는 문항에 ○를 하여 각각에 해당하는 A, B, C, D, E형의 개수를 (　)안에 기록한다.

표 5-10 의사소통 유형검사

번호	내용	구분
1	나는 상대방이 불편하게 보이면 비위를 맞추려고 한다.	A
2	나는 일이 잘못되었을 때 자주 상대방의 탓으로 돌린다.	B
3	나는 무슨 일이든지 조목조목 따지는 편이다.	C
4	나는 생각이 자주 바뀌고 동시에 여러 가지 행동을 하는 편이다.	D
5	나는 타인의 평가에 구애받지 않고 내 의견을 말한다.	E
6	나는 관계나 일이 잘못되었을 때 자주 내 탓으로 돌린다.	A
7	나는 다른 사람들의 의견을 무시하고 내 의견을 주장하는 편이다.	B
8	나는 이성적이고 차분하며 냉정하게 생각한다.	C
9	나는 다른 사람들로부터 정신이 없거나 산만하다는 소리를 듣는다.	D
10	나는 부정적인 감정도 솔직하게 표현한다.	E
11	나는 지나치게 상대방을 의식해서 나의 생각이나 감정을 표현하는 것을 두려워한다.	A
12	나는 내 의견이 받아들여지지 않으면 화가 나서 언성을 높인다.	B
13	나는 나의 견해를 분명하게 표현하기 위해 객관적인 자료를 자주 인용한다.	C
14	나는 상황에 적절하지 못한 말이나 행동을 자주 하고 딴전을 피우는 편이다.	D
15	나는 다른 사람이 내게 부탁을 할 때 내가 원하지 않으면 거절한다.	E

번호	내용	구분
16	나는 사람들의 얼굴 표정, 감정, 말투에 신경을 많이 쓴다.	A
17	나는 타인의 결점이나 잘못을 잘 찾아내어 비판한다.	B
18	나는 실수하지 않으려고 애를 쓰는 편이다.	C
19	나는 곤란하거나 난처할 때는 농담이나 유머로 그 상황을 바꾸려는 편이다.	D
20	나는 나 자신에 대해 편안하게 느낀다.	E
21	나는 타인을 배려하고 잘 돌봐주는 편이다.	A
22	나는 명령적이고 지시적인 말투를 자주 사용하기 때문에 상대가 공격받는 느낌을 받을 때가 있다.	B
23	나는 불편한 상황을 그대로 넘기지 못하고 시시비비를 따지는 편이다.	C
24	나는 불편한 상황에서는 안절부절못하거나 가만히 있지를 못한다.	D
25	나는 모험하는 것을 두려워하지 않는다.	E
26	나는 다른 사람들이 나를 싫어할까 두려워서 위축되거나 불안을 느낄 때가 많다.	A
27	나는 사소한 일에도 잘 흥분하거나 화를 낸다.	B
28	나는 현명하고 침착하지만 냉정하다는 말을 자주 듣는다.	C
29	나는 한 주제에 집중하기보다는 화제를 자주 바꾼다.	D
30	나는 다양한 경험에 개방적이다.	E
31	나는 타인의 요청을 거절하지 못하는 편이다.	A
32	나는 자주 근육이 긴장되고 목이 뻣뻣하며 혈압이 오르는 것을 느끼곤 한다.	B
33	나는 나의 감정을 표현하는 것이 힘들고 혼자인 느낌이 들 때가 많다.	C
34	나는 분위기가 침체되거나 지루해지면 분위기를 바꾸려한다.	D
35	나는 나만의 독특한 개성을 존중한다.	E
36	나는 나 자신이 가치가 없는 것 같아 우울하게 느껴질 때가 많다.	A
37	나는 타인으로부터 비판적이거나 융통성이 없다는 말을 자주 듣기도 한다.	B
38	나는 목소리가 단조롭고 무표정하며 경직된 자세를 취하는 편이다.	C
39	나는 불안하면 호흡이 고르지 못하고 머리가 어지러운 경험을 하기도 한다.	D
40	나는 누가 나의 의견에 반대해도 감정이 상하지 않는다.	E

A형 • 회유형( ), B형 • 비난형( ), C형 • 초이성형( ), D형 • 산만형( ), E형 • 일치형( )

● 느낀 점이나 개선할 사항을 기록하고 발표해 본다. :

학습평가 1

1. 다음은 의사소통에 대한 설명이다. (A)와 (B)에 들어갈 적절한 용어를 적어보자.
   의사소통이란 두 사람 또는 그 이상의 사람들 사이에서 일어나는 (A) ___와 (B) ___가 이루어진다는 뜻이다. 어떤 개인 또는 집단에 대해서 정보, 감정, 사고, 의견 등을 전달하고 그것들을 받아들이는 과정이라고 할 수 있다.
   (A) ______________________
   (B) ______________________

2. 다음은 학교나 직장생활에서 의사소통에 대한 설명이다. 이와 관련하여 맞으면 O, 틀리면 X를 표시해 보자.
   1) 의사소통은 내가 상대방에게 메시지를 전달하는 과정이다. (　　)
   2) 의사소통은 정보 전달 이상은 아니다. (　　)
   3) 의사소통에서 상대방이 어떻게 받아들일 것인가에 대한 고려가 바탕이 되어야 한다. (　)

2) 기본학습 2

대부분의 사람들은 의사소통을 아주 어려운 것이며 고도의 능력이 있어야 하는 것처럼 생각한다. 그렇지만 의사소통능력은 상대방의 말을 잘 들어주고, 내가 상대방의 말을 잘 듣고 있다는 표현을 하고, 상대방이 원하는 바를 잘 이해하여 업무활동이나 일상생활에서 필요한 부분(문서, 공문, 메일, 대화 등)에 충분히 반영하는 것이다. 다음 사례 2를 통해 문서이해, 문서작성, 경청, 그리고 의사표현능력 등에 대해서 알아본다.

사례 2

김대리 : 회사생활 3년차인 김대리는 평소 회사 내에서 소식통으로 통한다. 그는 동료들과 대화나 메일, 각종 문서 등으로 의견을 나눠 동료가 맡고 있는 업무와 동료들의 소소한 일까지 두루 알고 있으며, 평소에 보고서나 사업계획서 등 문서작성에도 동료에게 많은 도움을 주고 있다.

인간적인 상사에게 충성을 맹세한다.

정팀장 : 여러 부서를 오가면서 다양한 업무를 경험해보며 팀장 자리에 오른 정팀장은 실무직원들의 마음속을 훤히 꿰뚫고 있다. 직원들이 순간을 모면하기 위해 대충 처리한 일들, 상사에게 오픈하여 상의하지 못하고 혼자서 끙끙 앓고 있는 문제들을 누구보다 잘 알고 있다.

그런 정팀장이 팀의 실적이 계속 바닥을 치면서 정팀장 본인도 윗선에서 욕을 먹으며 쪼이고 있고, 개선될 기미도 보이지 않고 있다. 이에 아침 회의 시간에 돌아가며 팀원 한 명 한 명을 나무랐다. 팀원들의 얼굴은 굳어졌고 정팀장 자신도 얼굴에서 웃음기가 없었다. 그렇게 하루 업무가 시작되었고 팀원들의 마음은 하루 종일 무거웠다.

이렇게 하루 업무가 끝날 무렵, 정팀장에게서 팀원들에게 단체문자가 왔다. '오늘 하루 최선을 다했으면 실적은 중요하지 않습니다. 밝은 얼굴로 업무를 마무리 합시다.' 정팀장이 내 옆에서 슬그머니 말을 건다. '아침에 그렇게 말해 놓고 하루 종일 마음 아파서 죽을 뻔했다. 누구보다 너희들 마음을 내가 잘 아는데, 내가 왜 그렇게 말해버렸는지 하루 종일 후회하고 있었다.' 상사가 먼저 인간적인 고충을 털어놓을 때 부하 직원들은 그의 입장을 이해하고 충성을 맹세한다(NCS학습모듈, 2015).

활동 2

김대리는 평소 동료들과 활발한 의사소통을 나눈 결과 동료의 소소한 일까지 알고 챙기는 것을 인식하게 하는 것이다. 또한 정팀장은 팀원들이 열심히 일했지만 실적이 저조한 부서에서 이와 관련해 어떻게 의사소통하는지를 보여주는 사례이다. 그는 대화, 문자 등 다양한 방법으로 팀원들과 의사소통을 하여 원만한 동료관계를 유지하고 있다. 이와 같은 사례에서 알 수 있듯이 자신이 알고 있는 의사소통능력의 종류는 어떤 것들이 있는지 작성해 보고 발표해 보도록 한다.

- 학교나 직장생활에서 의사소통 방법에는 어떤 것들이 있을까?

____

____

____

- 다음 글에서 제시된 의사소통 방법을 알아보자.

  이군은 여름방학 기간 동안 학비를 보태기 위해 편의점에서 아르바이트 일을 시작한다. 아직은 일을 시작한지 얼마 되지 않아 무슨 일을 먼저 해야 할지 정리가 되지 않는다. 오늘 들어온 제품들이 전일 주문한 주문서대로 정확하게 들어왔는지 확인해야 하는데, 손님들이 한꺼번에 들어오는 바람에 해야 할 일이 꼬여버려 사장님한테 야단을 맞는다. 또한 야간에 일하는 동료 아르바이트생 박군에게 인수인계할 내용을 메모지에 적어 컴퓨터 옆에 붙여놓았는데 아마도 바빠서 보지 못했나 보다. 전화로 야간에 해야 할 서류 정리를 했냐고 물어보니 엉뚱한 말을 한다.

- 위 내용에서 의사소통 방법에는 무엇이 있을까?

____

____

____

활동 2 내용

사례 2나 활동 2에서 제시되는 의사소통 방법에는 크게 문서적인 측면과 언어적인 측면으로 구분할 수 있다. 문서적인 측면에서 요구되는 의사소통능력으로는 기안문, 보고서, 공문서 등을 작성할 수 있는 문서작성능력과 이미 작성된 문서를 이해할 수 있는 문서이해능력이다. 또한 문서를 작성하거나 이해할 때 질의하거나 회의를 통해서 작성하는 경우가 많으므로 상대방의 말을 경청하거나 자신의 의사를 정확하게 표현하는 언어적인 의사소통능력도 동반된다.
문서적인 의사소통능력은 작성된 글이나 표, 그림 등의 내용을 이해하고 요점을 판단하며, 이를 바탕으로 목적과 상황에 적합하도록 아이디어나 정보를 전달할 수 있는 문서를 작성하는 능력으로 문서이해능력과 문서작성능력이 있다. 이러한 문서적인 의사소통은 언어적인 의사소통에 비해 권위감이 있고, 정확성을 기하기 쉬우며, 전달성이 높고, 그리고 보존성도 높다.
언어적인 의사소통능력은 상대방의 이야기를 듣고, 의미를 파악하며, 이에 적절히 반응하고, 이에 대한 자신의 의사를 목적과 상황에 맞게 설득력을 가지고 표현하기 위한 능력으로 경청능력과 의사표현능력이 있다. 이러한 언어적인 의사소통은 여타의 의사소통보다는 정확성을 기하기 힘든 경우가 있는 결점이 있기는 하지만 대화를 통해 상대방의 반응이나 감정을 살필 수 있고, 그때그때 상대방에게 설득시킬 수 있으므로 유동성이 있다.

학습평가 2

1. 의사소통능력을 문서적인 것과 언어적인 것으로 구분하여 볼 때 어떤 것이 있는지 기술한다.
   1) 문서적인 의사소통능력에는 (A) ____________________와
   (B) ____________________가 있다.
   2) 언어적인 의사소통능력에는 (C) ____________________와
   (D) ____________________가 있다.

2. 왼쪽에 있는 것과 오른쪽에 있는 것을 서로 관련된 것끼리 연결하여 보자.

1) 문서적 의사소통능력 ·	· 감정적인 정보전달
	· 상황과 목적에 적합한 문서작성
2) 언어적 의사소통능력 ·	· 상대방의 이야기를 듣고 의미파악

3) 기본학습 3

학교나 직장생활을 하기 위해서는 적절한 의사소통이 필수적이다. 만약 이를 무시한다면 일은 제자리걸음이 계속될 것이며 결국 학업이나 업무를 제대로 하지 못하게 될 것이다. 다음 사례 3을 통해 의사소통을 방해하는 요인 및 언어적 반응은 무엇인지 알아본다.

사례 3

도대체 뭐가 불만인데?

전자회사 홍보팀에 근무하는 유팀장은 깐깐하고 꼼꼼한 성격 탓에 같은 팀 동료들이 스트레스를 많이 받는다. 그렇지만 대체로 그에게서 힘들게 일을 배운 직원들은 업무적으로 안정적인 궤도에 빨리 오른다. 하지만 직원들의 스트레스가 쌓여가고 있지만 유팀장과 의견교환이 되지 않고 불만이 팀 외부로 새어 나가는 일도 많으며 그로 인해 급기야 사표를 제출하는 직원들도 많다.

회사 입장에서는 유독 유팀장 밑에 근무하면서 사표를 제출하는 직원들의 숫자가 많으니 유팀장의 리더십과 의사소통능력에 대해서 의문을 가졌고, 작년에 유팀장 밑에서 근무하던 팀원들 중 3명이 무더기로 사표를 제출하자 팀은 계속 휘청거리다가 결국 팀장이 교체되었다. 유팀장은 타부서로 좌천되었다가 다시 부서 내의 핵심파트 팀장으로 복귀되었다(NCS학습모듈, 2015).

활동 3

제시된 사례 3은 의사소통능력의 저해로 팀장과 부하직원 간에 문제가 생기고 결국 직장에서 팀장 자신의 의사소통능력의 부재로 실력까지 의심받은 사례이다. 학습자는 자신이 속한 조직이나 일상생활에서 다양한 측면으로 생각해보고, 자신의 대인관계 의사소통 스타일을 체크리스트를 통해 알아본다. 업무능력은 탁월하지만 타인과의 의사소통능력이 부족한 S팀장은 항상 같은 부서 동료들과 어려움을 겪고 있다. 이는 자신의 의사소통능력 스타일을 잘 알지 못하기 때문이다. 제시된 키슬러의 대인관계 의사소통 양식지에 체크하여 자신의 의사소통 스타일을 알아보고 발표하도록 한다.

과정 : 각 유형별 문항에 체크(√)한 응답한 점수를 8개 유형별로 합산하여 기록한다. 그리고 그림에 자신의 점수를 마크(x)하여 팔각형으로 선을 연결한다.

문항		1	2	3	4	문항		1	2	3	4
1	자신감이 있다					21	온순하다				
2	꾀가 많다					22	단순하다				
3	강인하다					23	관대하다				
4	쾌활하지 않다					24	열성적이다				
5	마음이 약하다					25	지배적이다				
6	다툼을 피한다					26	치밀하다				
7	인정이 많다					27	무뚝뚝하다				
8	명랑하다					28	고립되어 있다				
9	추진력이 있다					29	조심성이 많다				
10	자기자랑을 잘한다					30	겸손하다				
11	냉철하다					31	부드럽다				
12	붙임성이 없다					32	사교적이다				
13	수줍음이 있다					33	자기주장이 강하다				
14	고분고분하다					34	계산적이다				

문항		1	2	3	4	문항		1	2	3	4
15	다정다감하다					35	따뜻함이 부족하다				
16	붙임성이 있다					36	재치가 부족하다				
17	고집이 세다					37	추진력이 부족하다				
18	자존심이 강하다					38	솔직하다				
19	독하다					39	친절하다				
20	비사교적이다					40	활달하다				

1 : 전혀 그렇지 않다, 2 : 약간 그렇다, 3 : 상당히 그렇다, 4 : 매우 그렇다

- 지배형(1, 9, 17, 25, 33)
- 냉담형(3, 11, 19, 27, 35)
- 복종형(5, 13, 21, 29, 37)
- 친화형(7, 15, 23, 31, 39)
- 실리형(2, 10, 18, 26, 34)
- 고립형(4, 12, 20, 28, 36)
- 순박형(6, 14, 22, 30, 38)
- 사교형(8, 16, 24, 32, 40)

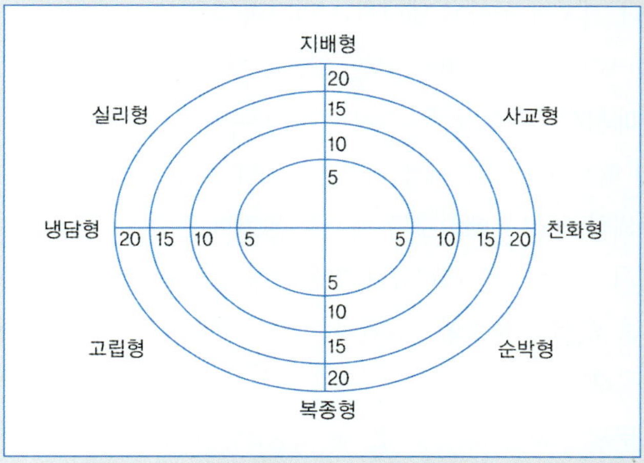

해석 : 팔각형 모양이 중심으로부터 특정 방향으로 기울어진 형태일수록 그 방향의 대인관계 의사소통 양식이 강하다고 해석된다.

① 지배형 : 자신감이 있고 지도력이 있으나 논쟁적이고 독단이 강하여 대인 갈등을 겪을 수 있으므로 타인의 의견을 경청하고 수용하는 자세가 필요함. ② 실리형 : 이해관계에 예민하고 성취지향적으로 경쟁적이며 자기중심적으로 타인의 입장을 배려하고 관심을 갖는 자세가 필요함. ③ 냉담형 : 이성적인 의지력이 강하고 타인의 감정에 무관심하고 피상적인 대인관계를 유지하므로 타인의 감정상태에 관심을 가지고 긍정적 감정을 표현하는 것이 필요. ④ 고립형 : 혼자 있는 것을 선호하고 사회적 상황을 회피하며 지나치게 자신의 감정을 억제하므로 대인관계의 중요성을 인식하고 타인에 대한 비현실적인 두려움의 근원을 성찰해 볼 필요가 있음. ⑤ 복종형 : 수동적이고 의존적이며 자신감이 없으므로 적극적인 자기표현과 주장이 필요함. ⑥ 순박형 : 단순하고 솔직하며 자기주관이 부족하므로 자기주장을 하는 노력이 필요함. ⑦ 친화형 : 따뜻하고 인정이 많으며 자기희생적이나 타인의 요구를 거절하지 못하므로 타인과의 정서적 거리를 유지하는 노력이 필요함. ⑧ 사교형 : 외향적이고 인정하는 욕구가 강하며 타인에 대한 관심이 많아서 간섭하는 경향이 있고 흥분을 잘하므로 심리적으로 안정하고 지나친 인정욕구에 대한 성찰이 필요함.

활동 3 내용

대인관계에서나 학교 및 직장생활에서 효과적인 의사소통은 필수요인이다. 그렇지만 우리는 의사소통의 중요성을 알고 있지만 자신도 알지 못하는 사이에 원만한 의사소통을 저해하는 행동을 하기도 한다. 의사소통을 방해하는 요인 및 언어적 반응이 어떤 것들이 있는지 알아본다. 예를 들어, 일방적으로 말하고, 일방적으로 듣는 무책임한 마음,'전달했는데''아는 줄 알았는데'라고 착각하는 마음, 그리고 말하지 않아도 안다고 생각하는 마음 등은 의사소통을 저해하는 요인이라고 할 수 있다.

(1) 의사소통을 방해하는 요인 및 언어적 반응

의사소통은 송신자와 수신자가 쌍방의 상호작용을 하면서 공감과 신뢰를 갖고 의사소통을 해야 하나 그렇지 못하고 메시지나 환경적 요인에 의해 방해받을 수 있다. 의사소통과정에서 의사소통에 방해가 되는 요인은 다음과 같다.

① **이중적인 메시지** : 상반된 두 가지의 메시지가 동시에 전달되는 경우
② **애매모호한 메시지** : 수용자에게 의미가 없거나 추정 가능한 여러 가지 메시지 경우
③ **선택적 주의와 해석** : 메시지의 왜곡과 의미의 혼란을 가져올 수 있는 경우
④ **과잉 메시지** : 수신자가 해석하고 반응할 수 있는 양을 넘어선 경우
⑤ **의식적 또는 순서의 부조화** : 습관적 행동양식에서 벗어난 메시지를 전달하거나 순서를 왜곡하는 경우
⑥ **호환성의 부재** : 송신자가 보내는 눈 맞춤, 말씨, 듣기 등이 수신자에 전달되지 않거나 이해할 수 없어 상호 교환이 안 되는 경우

또한 의사소통을 방해하는 언어적 반응은 다음과 같다(Scheafor et al., 1997: 최경화 외, 2010: 길귀숙 외, 2011).

① **도덕적 반응** : '당신은 너무 어려 할 수 없지 않습니까?'와 같은 도덕적이며 규범적인 반응은 상대방이 자기방어를 강화시킬 수 있다.
② **성급한 조언과 해결책 지시** : '지금 남편과 헤어지고 새로운 남자를 만나 결혼하는 것이 좋겠어요.'처럼 성급한 조언과 지시는 상대방이 송신자를 권위적으로 인식할 수 있다.
③ **논리적 설득 · 지적 · 논쟁** : '이 문제해결에는 당신도 책임이 있다는 것을 명심하세요.', '당신의 알코올 중독에 대해 생각해 봅시다.' 등과 같이 이성적으로 판단

하는 대응은 상대방으로부터 자기방어의 강화와 논쟁을 유발시킬 수 있다.

④ **비판과 비난적 반응** : '음주운전을 한 것은 잘못된 행동이지요.'처럼 비판적 태도는 상대방의 저항과 공격을 유발시킬 수도 있다.

⑤ **극적인 해석과 라벨** : 해석기술은 중요하지만 상대방의 인식수준을 넘어서거나 타이밍이 맞지 않은 해석은 상대방의 저항을 유발시킬 수 있으므로 주의해야 한다. 또한 '당신은 수동적 공격성 성격장애군요.'처럼 전문적인 용어를 사용한 라벨(Label)은 상대방을 당황시키거나 자신을 병적이라고 받아들이게 된다.

⑥ **겉치레적인 확신, 동정, 위로** : '모든 것이 잘 될 겁니다.', '정말 안됐군요.'와 같은 반응은 적절하게 사용한다면 의사소통과정에 긍정적이지만 그렇지 못하면 오히려 상대방에게 절망, 자포자기, 무기력하게 될 수도 있다.

⑦ **지나친 풍자와 유머** : '우리가 같은 문제로 또 만났군요.'와 같이 빈정거리는 듯한 반응을 상대방에게 적개심을 갖게 한다. 상대방의 긴장을 풀기 위해 약간의 유머는 필요하나 너무 지나치면 부정적인 관계가 형성될 수도 있다.

⑧ **위협, 경고, 역공격적 반응** : '그렇게 하는 것이 좋을 겁니다. 그렇지 않으면 평생 후회할 겁니다.'와 같은 반응은 상대방에게 저항, 공격, 적개심 등을 유발시킬 수 있다.

⑨ **부적절한 질문유형** : '예'나 '아니요'로 답하는 폐쇄형 질문을 자주하거나 여러 가지 질문을 한꺼번에 많이 하는 중첩형 질문, 일정한 답을 유도하는 유도질문 등은 의사소통에 부정적인 요인이 될 수 있으므로 피하는 것이 좋다.

⑩ **시기적으로 부적절하거나 과도한 끼어들기** : 메시지의 내용을 명확히 하기 위해 적절하게 개입하는 것은 필요하나 적절하지 못한 시점에 끼어들거나 과도하게 끼어들면 상대방이 자신의 문제를 표출하는 데 방해가 될 수도 있다.

⑪ **사교적 대화** : 날씨, 뉴스, 그리고 취미 등 주제내용이 가볍고 분산된 사교적 대화는 삼가 하는 것이 좋다. 그러나 처음 접하는 단계에서 송신자나 상대방은 긴장을 완화하거나 개방을 유도할 때에는 때에 따라 사용할 수도 있다.

⑫ **송신자의 지배적인 명령적 태도** : 송신자의 지배적이고 명령적인 언어적 반응은 상대방과의 대화와 관계형성에 부정적이고 사건에 대한 도출에 부작용이 있을 수 있다.

⑬ **송신자의 소극적 반응** : 송신자는 제한된 시간을 최대한 활용하여 적극적 반영을

통해서 의사소통을 해야 하는데, 소극적 반응 및 태도는 상대방의 신뢰감을 떨어트릴 수도 있다.

⑭ **송신자의 부적절한 자기노출** : 송신자가 지나치게 자신에 대해서만 이야기하면 상대방을 위한 의사소통이 될 수 없다. 또한 상대방에게 신뢰감을 얻지 못하게 되어 의사소통이 실패할 수도 있다.

⑮ **반복되거나 어려운 문구의 남용** : 상대방으로부터 '그건 내가 방금 한 말이잖아요.'라는 반응이 나올 정도로 상대방의 말을 단순히 반복하는 것은 송신자에 대한 신뢰감이 추락될 수도 있다. 또한 상대방이 이해할 수 없는 어려운 문구나 필요하지 않은 문구는 되도록 사용하지 않도록 하고 정확하고 간결한 문장을 사용하는 것이 좋다.

⑯ **과거나 미래에 집착** : 의사소통과정에서 송신자나 상대방(수신자)은 서로의 과거나 미래 상황에 집착하지 않고 현재 상황의 문제나 행동 등에 초점을 맞추어 진행하는 것이 바람직하다.

학습평가 3

1. 우리는 의사소통의 중요성을 알고 있지만 종종 효과적인 의사소통을 저해하는 행동을 하기도 한다. 효과적인 의사소통을 저해하는 요인을 작성해 보고 발표하도록 한다.
   -
   -
   -
   -

4) 심화학습 1

자신의 의사소통능력을 개발하는 것은 쉬운 일이 아니다. 대부분의 사람들이 의사소통능력을 개발하려 계획하고 노력하지만, 실제 그것이 잘 지켜지지 않는 일이 대부분이다. 이는 의사소통능력개발 계획을 세우는 데 있어서 자신에게 필요한 능력이 무엇인지 스스로에 대한 정확한 관찰과 계획에 대한 끈기가 없기 때문이다. 다음 사례 4를 통해서 의사소통능력을 개발하기 위해 어떤 노력이 필요한지 알아본다. 또한 기초적, 언어적, 비언어적, 그리고 효과적인 의사소통 기술 등에 대해서도 알아본다.

사례 4

전자회사에서 생활을 하고 있는 홍씨는 동료들로부터 남의 이야기를 흘려듣는다거나 바로 잊어버린다는 이야기를 자주 들었으며 어떤 일을 하던 간에 늦거나 잘못하는 경우가 많았다. 그래서 홍씨는 다른 사람의 이야기를 들을 때나 책이나 문서를 읽을 때 중요한 부분을 메모하는 습관을 들였다. 처음에는 귀찮고 힘들었지만 지금은 습관이 되어 번거롭지 않으며 이러한 메모들이 중요한 자료로 쓰일 때가 상당히 많다.

기록은 기억을 지배한다.

홍씨는 메모를 하다 보니 자신만의 방법을 터득하게 되었는데, 글자로만 메모를 하는 것이 아니라 기호와 자신만의 암호로 정해 더욱 간단하고 신속하게 메모를 할 수 있었다. 또한 시간이 지난 뒤에도 알아보기 쉽도록 중요한 사항은 한눈에 볼 수 있도록 메모하였다. 그리고 메모한 내용과 관련 자료를 주제별로 분리하고 문서 보관함에 넣어 자신만의 데이터베이스를 만들기에 이르렀다.

이후 갑작스럽게 보고서를 작성하는 일이 생겼는데 모아둔 메모와 자료를 바탕으로 쉽게 처리할 수 있었고, 기존의 메모에 새로운 자료를 더해서 더욱 풍부한 자료가 되었다(NCS학습모듈, 2015).

활동 4

홍씨는 자신의 의사소통능력을 메모하는 습관을 통해 더욱 개발하려 노력했다. 그렇다면 자신에게 맞는 의사소통능력을 개발하기 위한 방법에는 어떤 것들이 있는지 생각하여 정리하도록 한다. 또한 제시된 의사소통능력 개발 팁(Tip)과 비교하여 자신에게 어떤 노력이 더 필요한지 작성해 보고 발표해 보도록 한다.

• 나의 의사소통능력을 개발하기 위한 방법에는 어떤 것들이 있을까?

____

____

____

의사소통능력 개발 팁(Tip)	나는 어떤 노력을 더 해야 할까?
1. 사후검토와 피드백 주고받기 – 직접 말로 물어보거나 얼굴표정이나 기타 표시 등으로 정확한 반응을 살핀다. 2. 언어의 단순화 – 명랑하고 쉽게 이해 가능한 단어를 선택하여 이해를 돕는다. 3. 적극적인 경청 – 감정을 이입하여 능동적으로 집중하여 경청한다. 4. 감정의 억제 – 감정적으로 메시지를 외곡하지 않도록 침착하게 대화한다.	

활동 4 내용

의사소통능력을 개발하기 위해서는 자신이 긍정적으로 의사소통을 하지 못하는 저해요인을 알고, 이를 제거하는 훈련이 필요하다. 그러기 위해서는 무엇보다도 자신 스스로 의사소통의 중요한 주체임을 인지하고, 그리고 자신의 문제점을 객관적으로 분석할 수 있어야 한다. 또한 상대방을 이해하려는 노력과 조직의 구성원으로서 조직분위기를 개선하도록 노력하는 것이 중요하다.

- **사후검토와 피드백 주고받기** : 피드백(Feedback)은 상대방에게 그의 행동에 대한 결과가 어떠한지에 대해서 정보를 제공해 주는 것이다. 의사소통의 왜곡에서 오는 오해와 부정확성을 줄이기 위해 말하는 사람 또는 전달자는 사후검토와 피드백을 이용하여 메시지의 내용이 실제로 어떻게 해석되고 있는가를 조사할 수 있다. 직접 얼굴을 마주보고 하는 의사소통에서 이러한 사후검토나 피드백은 직접 말로 물어볼 수도 있고 얼굴표정 등으로 정확한 반응을 얻을 수 있기 때문에 용이하다. 또한 피드백은 상대방이 원하는 경우 대인관계에 있어서 그의 행동을 개선할 수 있는 기회를 제공할 수 있다. 그렇지만 부정적이고 비판적인 피드백만을 계속적으로 주는 경우에는 오히려 역효과가 나타날 수 있으므로 피드백을 줄 때 상대방의 긍정적인 면과 부정적인 면을 균형 있게 전달하도록 주의해야 한다.
- **언어의 단순화** : 의사소통에서 메시지를 구성할 때 사용되는 언어는 받아들이는 사람을 고려하여 어휘 선택을 명확히 하여 이해될 수 있도록 해야 한다. 전문용어는 그 언어를 사용하는 집단 구성원들 사이에 사용될 때에는 촉진시키지만 조직 밖의 사람들이 용어를 이해하지 못할 때에는 의외의 문제가 될 수도 있다.
- **적극적인 경청** : 다른 사람과 대화(의사소통)를 할 때 서로 마주보고 대화를 해도 상대방이 말하고자 하는 내용에 귀를 기울이지 않는다면 대화는 지속되지 않을 것이다. 경청은 단순히 상대방의 이야기만 들어주는 것이 아니라 상대방의 마음까지도 공감하며 듣는 것이다. 그렇지만 경청은 지적인 노력을 요구하고 전적으로 주의집중이 필요하기 때문에 쉽지 않다. 따라서 상대방의 입장에서 생각하고 노력하면서 서로 공감할 수 있는 적극적인 경청 노력이 필요하다.
- **감정의 억제** : 인간은 감정적인 존재이므로 언제나 이성적인 방법으로만 의사소통을 할 수 없다. 자신의 상황에 따라 어떤 문제에 대해 감정적으로 좋지 못한 상황에 있을 때 듣거나, 메시지를 왜곡하기 쉽고, 반대로 자신이 전달하고자 하는 의사표현을 명확하고 정확하게 하지 못하는 경우가 많다. 이러한 상황에 있을 때 가장 좋은 방법은 침착하게 평정심을 찾으려고 노력하면서 어느 정도 감정이 가라앉을 때 대화를 하는 것이 좋다. 그렇지만 조직 내에서 의사소통을 무한정 연기할 수는 없기 때문에 먼저 자신의 분위기와 조직의 분위기를 개선하려는 적극적인 자세가 필요하다.

(1) 기초적 의사소통 기술

인간관계의 일상에서 의사소통은 사람과 사람들 사이에서 관계를 형성하고 문제나 사건을 해결하는 과정에서 중요하다. 따라서 사람들은 사회생활을 하면서 일상생활을 영위하기 위해서는 적절한 의사소통 기술이 필요한데, 의사소통을 하기 위해 관심 기울이기, 태도, 공감, 경청, 긍정적 사고와 능동적 자세, 그리고 주장하기 등과 같은 의사소통 기술을 습득해야 한다. 이러한 의사소통 기술에 따른 사회생활에서 의사소통의 내용은 ① 서로에서 필요한 정보수집, ② 사고, 감정, 욕구 충족, 문제해결, ③ 감정과 사고의 표현, ④ 행동체계, ⑤ 정보제공, 충고, 격려, 방향제시 등이 있을 수 있다.

또한 의사소통에서 중요한 요소는 서로 주고받는 메시지인데, 메시지의 내용은 ① 언어적・비언어적으로 일치된 메시지, ② 수신자(듣는 사람)에게 단순하고 이해가 가능한 메시지, ③ 수신자가 메시지를 보내는 송신자(말하는 사람)의 의미를 이해할 수 있는 메시지, ④ 동시에 받아들이는 여러 가지 메시지 등이 있을 수 있다. 의사소통은 메시지를 보내는 송신자의 신뢰성 및 정직성에 영향을 받는다. 수신자는 송신자를 얼마나 신뢰하느냐에 따라 메시지의 수용 정도가 달라질 수 있다.

쉐이포(Scheafor et al.) 등은 효과적인 의사소통을 위해 다음과 같이 6가지의 태도를 내면화하여야 한다고 했다(Scheafor et al., 1997; 이영호, 2008).

① 모든 사람은 개개인의 특성이 모두 다르므로 특성에 따라 사건을 인식하고, 경험하고, 그리고 상호교환 한다는 상황을 인식해야 한다. 따라서 어느 정도 오해가 있을 수 있음을 예상하고 이러한 문제를 최소화하려는 자세가 필요하다.
② 다른 사람이 이해하기 쉽도록 자신의 생각을 가다듬어 효율적으로 표현하고자 하는 의지가 필요하다.
③ 다른 사람이 말하고자 하는 말을 있는 그대로 받아들일 수 있도록 자신의 방어를 줄이고자 하는 의지가 필요하다.
④ 자신에게 말하고 있는 상대방의 말을 주의 깊게 들으려는 의지가 필요하다.
⑤ 자신의 생각, 느낌, 행동에 대해 책임지고자 하는 의지가 필요하다.
⑥ 상대방을 이해하고 이해시키기 위해 충분한 시간을 가지려는 의지가 필요하다.

위에서 언급한 내용 외에 의사소통은 메시지의 내용을 전달하려는 송신자와 받아들이려는 수신자의 자세도 중요하다. 송신자는 자신의 메시지가 쉽게 전달되고 오해받지 않는 방법으로 전달되도록 노력해야 하며, 수신자는 송신자가 의도한 대로 정확하게 메시지를 수신하고 왜곡하지 않도록 노력해야 한다. 듣는 입장인 수신자는 메시지를 수신할 때 다음과 같은 사항을 기억해야 한다.

① 메시지를 전달하려는 송신자의 마음을 편안하게 이야기할 수 있도록 해야 한다. 예를 들어 상대방이 말할 때 말을 끊지 말고 기다려준다.
② 주의를 집중하여 듣고 싶어 하는 말이나 행동을 보여준다.
③ 잘 못 들었을 경우, 왜곡하지 않고 정확하게 이해될 수 있도록 정중히 질문을 한다.

④ 대화중에 어떠한 말을 하더라도 감정을 자제하고 논쟁이나 비판을 하지 말아야 한다.

또한 말을 하는 송신자는 메시지를 송신할 때 다음과 같은 사항을 기억해야 한다.

① 명확하고 단순한 언어를 사용하면서 너무 빠르지 않게 말한다.
② 상대방과 눈 맞춤 및 자연스러운 몸동작과 자세를 유지하면서 언어적 · 비언어적 표현을 일치시킨다.
③ 전달하고자 하는 내용을 어떻게 전달할 것인지를 미리 생각해 본다.
④ 상대방이 전달내용을 잘 이해했는지 질문이나 피드백을 주어 확인해 본다.

(2) 언어적 의사소통 기술

일상이나 직장생활에서 언어적 의사소통 기술은 상대방을 이해하며 욕구를 파악하고 문제를 해결하기 위한 과정에서 핵심적이다. 따라서 송신자와 수신자 간의 의사소통 증진을 위한 언어적 기법은 다음과 같다(Kirst & Hull, 1993; 최경화 외, 2010).

① **상대방에 대한 지지적 언어반응** : 상대방이 말을 할 때는 긍정적인 언어반응으로 '아, 그랬군요., 알겠어요., 음음., 예' 등의 반응적 언어를 사용함으로써 상대방으로 하여금 송신자가 자신에게 관심을 갖고 경청하고 있음을 인식하게 한다.
② **상대방 언어의 재구성** : 상대방의 말을 다른 언어로 재구성하는 방법으로 예를 들어, '아버지가 미워 가출하고 싶었어요.'라고 말하면 '아버지가 미워 가출까지 하고 싶었었군요.'라고 말할 수 있다. 이러한 방법은 상대방의 의도를 정확히 파악하기 위해, 상대방에게 자신의 말을 다시 한 번 생각해 볼 여유를 주기 위해, 상대방의 말을 제대로 이해하고 있는지를 알아보기 위해, 그리고 상대방의 말을 경청하고 있다는 것을 보여주기 위한 목적으로 사용한다.
③ **상대방 감정에 대한 반영** : 반영은 상대방의 말과 행동에서 표현된 감정과 생각 및 태도 등을 송신자(말하는 사람)가 참신한 언어로 부연해 주는 것이다. 상대방이 자신의 감정을 자제하지 못하거나 표현력 부족 등으로 자신의 감정을 표현하려다가 중단하는 경우, 송신자는 상대방의 감정을 읽어서 언어로 표현해 줌으로써 상대방과 감정이입 대화를 가능하게 할 수 있는 방법이다. 예를 들어, 부부싸움으로 흥분한 상태에서 말을 잊지 못하는 대화에서, '부부싸움으로 매우 상심해 있군요.', 경제적 활동을 하지 못하는 경우의 대화에서, '실직하여 가족들을 볼 수

없다고 생각했군요.' 등으로 상대방의 감정을 표현해주는 것이다.

④ **상대방 인식의 명료화** : 명료화는 상대방의 말 속에 내포되어 있는 것을 송신자나 대화하는 상대방에게 의사를 명확하게 전달하는 것이다. 명료화는 상대방이 말하는 내용을 확실히 이해하기 위해 사용되는 기술이다. 이 명료화 기법은 상대방에게 자신이 말한 내용을 좀 더 분명하게 인식시키고 송신자 자신의 이해를 분명하게 하기 위한 기법이다. 예를 들어, 수신자가 송신자에게 '나 이혼했어요. 모든 것이 암담해요. 어떻게 하면 좋죠?'라고 말을 했다면 송신자는 '이혼으로 인해 자녀양육 문제나 위자료 문제 등을 어떻게 해결해야 될지 모르겠다는 말씀인가요?'라고 반응하면서 내용을 명확히 해주는 것이다.

⑤ **상대방 말의 해석** : 해석은 상대방이 대화 중 미처 생각하지 못하고 있는 내용에 송신자가 의미와 관련성을 부여해서 언급하는 것이다. 이러한 기법은 상대방이 새로운 방향에서 문제를 바라볼 수 있도록 행동이나 생각, 감정 등에 새로운 의미와 원인을 설명하고, 말 속에 숨은 메시지에 초점을 둔다. 이러한 해석은 궁극적으로 다른 사람을 비난하기보다는 자신의 행동에 대해서 스스로 책임질 수 있도록 하고 자기 통제를 촉진하는 것이다. 예를 들어, 어떤 여성이 가정과 직장생활 모두에게 실패했다고 느낄 때, 실패의 원인은 환경(부모나 형제, 남편이나 직장상사 등) 탓으로 돌리기보다 본인 스스로가 어떤 역할을 하였는가를 깨닫도록 돕는 것이다.

⑥ **상대방의 간접적 표현에 대한 직접적 언어화** : 사회적 약자로 인식되는 사람들은 심리적으로나 정신적으로 위축되어 있다. 또한 변화에 대한 두려움으로 자기 자신에 대한 의사표현을 정확히 하지 못하고 은유와 비유를 사용하여 간접적으로 표현하는 경우가 있을 수 있다. 이럴 때 송신자는 자신의 판단과 추측으로 간접적으로 반응하여 상대방이 의미하는 것을 직접적으로 언어화하는 기술이 필요한 경우가 있다.

⑦ **상대방에게 조언 및 정보제공** : 상대방에게 조언 및 정보제공은 사회생활에서 많이 있을 수 있다. 조언은 받는 사람 입장을 고려해야 하며 그 효과도 생각해 보아야 한다. 조언은 꼭 필요한 경우가 아니거나 상대방이 원하는 경우가 아니면 하지 않는 것이 좋다. 아무리 좋은 조언을 하더라도 상대방이 긍정적인 반응을 하지 않으면 오히려 역효과가 있을 수 있기 때문이다. 조언을 할 경우 신중히 생

각하며 예를 들어, "제 경우에는 이렇게 했는데, 그런 방식이 어떠한지 생각해 보기 바랍니다." 등으로 표현하면 상대방에게 많은 결정권을 부여하게 한다.

정보를 제공할 때에도 상대방의 수준에 맞게 제공되어야 한다. 상대방이 잘못 이해할 것 같으면 상대방과 연관된 사람에게 같은 정보를 제공하여 정확히 전달될 수 있도록 해야 한다. 또한 상대방이 구체적인 사항에 대해 직접적으로 물어 볼 경우는 정확한 설명이나 정보를 제공하여 상대방이 선택할 수 있도록 지원하는 것이 좋다.

⑧ **상대방의 장점 강조** : 일반적으로 대부분의 사람들은 일상생활을 하면서 많은 문제를 지니고 있기 때문에 자신의 삶에 대해서 비관적이고 의기소침해 있는 경우가 많다. 이러한 경우 상대방 스스로가 자신의 능력과 잠재력을 믿지 않는 한 개입의 효과를 기대하기 어렵다. 따라서 상대방의 장점을 찾아내어 강조해 주는 것은 자신에 대한 자존감과 가치를 회복시킬 수 있고 일상생활에 긍정적으로 도움이 될 수 있다.

⑨ **요약하기** : 요약은 지금까지 상대방과 말한 내용과 그 속에 담겨 전해진 감정들을 전체적으로 묶어 정리하는 것이다. 요약을 통해 대화하는 동안 진전된 사항을 파악할 수 있고 중요 내용이나 요점을 다시 한 번 생각할 수 있는 기회를 가질 수 있다. 예를 들어, '지금까지 우리가 대화한 내용을 간단히 정리해 보겠습니다.' 라고 말하면서 중요한 내용을 간단히 정리할 수 있다.

(3) 비언어적 의사소통 기술

사람이 의사소통을 할 때 인지적 측면이 있는 언어적 의사소통은 1/3을 차지하고 비언어적 표현은 2/3를 차지하고 있다(Brill, 1997; 엄명용 외, 2009). 특히, 비언어적인 의사소통은 상대방과 언어적 표현이 제한되어 있을 때 매우 중요한 의사소통의 수단이 된다. 이러한 비언어적인 의사소통은 인지적인 차원보다 주로 감정적인 차원에서 더 많이 표현된다. 비언어적 의사소통에서 눈 맞춤, 목소리의 어조, 얼굴 표정, 손과 팔 등의 몸동작, 그리고 신체적 자세 등이 포함된다. 비언어적인 의사소통 능력의 구체적인 기법은 다음과 같다(Kirst & Hull, 1993; 이영호, 2008; 최경화 외, 2010).

① **눈 맞춤** : 눈 맞춤은 의사소통에서 중요한 수단으로 의사소통에 참여 여부를 알리는 표시를 나타내고 공감을 내포하게 되는 표시이기도 하다. 눈을 맞추지 않고

대화를 할 경우, 진실성이나 흥미가 없는 것으로 해석될 수도 있고 상대방을 무시한다고 생각될 수 있다. 따라서 송신자는 상대방과 의사소통할 때 적절한 눈맞춤으로 서로 공감하면서 흥미나 신뢰성 있는 대화를 할 수 있도록 노력해야 한다.

② **목소리의 어조** : 목소리의 어조(Torn of voice)는 감정을 나타낸다. 크고 힘이 있는 어조는 공격성, 통제력, 강함 등을 나타내고, 약하고 잘 들리지 않는 어조는 움츠림, 두려움, 위축감, 약함 등을 나타낸다. 또한 높게 들떠 있는 억양의 목소리는 감정이 고조되어 있거나 흥분된 상태를 나타내고, 낮게 가라앉아 있는 목소리는 자신감이 없거나 우울한 느낌을 나타낸다. 사람마다 타고난 목소리는 바꿀 수 없지만 말의 속도, 간격, 크기 등을 바꿈으로써 긍정적인 효과를 얻을 수 있다. 따라서 송신자는 자신의 어조를 적당한 크기, 적당한 억양, 그리고 편안한 음정과 따뜻한 음색을 통해 자연스러운 목소리로 대화할 수 있도록 노력해서 상대방이 편안한 마음으로 들을 수 있도록 해야 한다.

③ **얼굴 표정** : 대화를 나누기 전이나 대화를 나누면서 나타나는 얼굴표정은 상대방의 감정을 읽을 수 있다. 찌푸린 얼굴 표정은 상대방과 대화하고 싶은 생각이 없거나 지루해 하고 있는 상태이다. 따라서 송신자는 상대방과 의사소통할 때 가능한 환한 미소를 짓는 표정으로 대화할 수 있도록 노력해야 한다.

④ **손과 팔 등의 몸동작** : 말을 통해 메시지를 전달하려는 내용에 따라 손과 팔 등의 몸동작이 달라진다. 듣기 싫을 때는 무의식적으로 손이 귀를 막는 경우가 있고, 손으로 머리를 받치는 동작으로 대화의 지루함을 표현하고, 그리고 다리를 꼬거나 팔장을 끼면서 방어적인 태도로 어떤 상황을 피하려고 한다. 따라서 송신자는 상대방과 의사소통할 때 상대방의 몸동작을 살피면서 긍정적이고 신뢰성 있는 대화가 될 수 있도록 노력해야 한다.

⑤ **신체적 자세** : 대화 도중 신체적 자세는 상황에 따라 여러 가지의 의도를 나타내고 있다. 일반적으로 송신자와 수신자(상대방)가 대화를 할 경우, 신체적 자세는 어깨가 상대방의 어깨와 90° 각도로 L자 모형으로 마주보고 앉는 것이 좋은데, 이러한 자세는 서로 간에 개방성과 안정감을 준다. 또한 상대방 쪽으로 자세를 약간 기울이는 것은 그 사람의 말에 대해서 관심을 갖고 듣고 있으며 함께하고 있다는 것을 나타낸다.

(4) 효과적 의사소통 기술

의사소통을 효과적으로 하기 위해서는 의사소통의 구성요소인 송신자(말하는 사람), 상대방(듣는 사람), 메시지, 상황 등을 고려해서 서로 공감을 갖고 대화해야 한다. 효과적인 의사소통을 하기 위한 기술은 관찰기술, 경청기술, 그리고 기타 기술 등이 있을 수 있다.

- **관찰기술** : 관찰기술은 상대방이 말을 하기 전이나 말을 하고 있는 중에 말이나 행동을 주의 깊게 관찰하여 그의 감정이나 대화를 이해하려고 하는 능력이다. 상대방이 앉아 있는 모습, 얼굴 표정, 목소리 색조의 변화, 손으로 탁자를 치는 행동 등의 비언어적 표현에 민감하게 대처해야 한다. 이렇게 함으로써 상대방의 대화에 대한 타당성을 공감할 수 있고 피드백을 주기가 용이하다. 상대방의 비언어적 행동을 관찰하는 수단은 다음과 같다.

  ① **냄새** : 술을 마셨는가? 담배를 피우는가? 위생상태는 적절한가? 대소변은 잘 가리는가?

  ② **소리** : 말의 톤과 명확성, 속도, 크기, 호흡, 울음 및 웃음소리 등

  ③ **보기** : 상대방의 자세, 몸짓, 얼굴 표정, 차림새 등 외모를 관찰

  ④ **거리** : 상대방이 송신자와 떨어져 있고 싶은가? 가까이 있고 싶어 하는가?

위와 같이 상대방을 관찰할 때 첫인상에서 나타나는 선입견을 갖지 않는 것이 중요하다. 상대방의 문화적・개인적 특성 때문에 특이한 행동이 나타날 수 있으므로 송신자(말을 하는 사람)는 자신의 관점만으로 판단하는 것은 좋지 않다(이윤로, 2009).

- **경청기술** : 다른 사람과 관계를 잘 맺고 의사소통을 잘 하는 사람은 상대방의 말에 귀를 기울일 줄 아는 사람이다. 상대방의 말을 경청하는 것은 상대방에 대한 경의표시인데, 이러한 경의표현에 대해 상대방은 호의적으로 반응을 보인다. 따라서 경청기술은 상대방과 의사소통하면서 상대방이 무엇을 말하는지, 어떠한 목적이 있는지 등을 듣는 기술이다.

  이러한 경청기술은 상대방의 말만 듣는 것이 아니라 그가 지금 무엇을 표현하고

있는지, 그의 감정과 사고는 어떤 것인지를 이해하고 파악하면서 듣는 것이다. 또한 상대방의 비언어적인 표현을 잘 관찰하고, 그가 자유로이 표현할 수 있도록 격려하고, 그리고 양자 간의 대화내용을 기억하는 모든 것을 포함한다. 경청에 대해 자세한 것은 제7장 의사소통능력 III에서 알아본다.

• 기타 기술 : 언어적·비언어적 의사소통 기술과 기초적 의사소통 기술 외에 송신자가 효과적인 의사소통을 위해 도움이 되는 기타 기술들은 다음과 같다(이영호, 2008).

① 메시지를 구상하는 기술 : 송신자가 상대방과 의사소통을 할 때 메시지의 내용을 구체화하기 위해 구상하는 기술이다. 예를 들어, 어느 정도의 시간을 활용해서 메시지를 전달할까?, 전달하고자 하는 메시지의 핵심은 무엇인가? 등을 구상하는 것이다.

② 자신을 소개하는 기술 : 처음으로 의사소통할 때 첫 단계는 송신자 자신을 소개하는 것이다. 자신이 누구이고 원하는 메시지나 정보에 대해서 간략히 언급할 필요가 있다. 예를 들어, 처음 만나는 경우 '안녕하세요. 저는 ○○○ 근무하는 ○○○입니다. 만나게 되어 반갑습니다.'와 같이 표현한다.

③ 비언어적 의사소통을 파악하는 기술 : 상대방이 메시지를 동의하고 있지 않거나 혼란스러워 하거나 그리고 건성으로 대하고 있음을 비언어적 의사소통을 통해 나타날 때 송신자는 이를 놓치지 않고 파악하려는 시도가 필요하다.

④ 송신한 메시지를 확인하는 기술 : 상대방이 송신자의 메시지를 정확히 이해해서 받아들였는지 확인하는 능력으로, 여러 가지 질문과 탐색으로 확인할 수 있다.

⑤ 수신된 메시지를 확인하는 기술 : 상대방(듣는 사람)이 송신자(말하는 사람)에게 메시지를 전달받았을 경우 수신된 메시지 내용이 상대방이 의도한 대로 이해했는지를 확인하는 기술로, 여러 가지 질문과 탐색으로 확인할 수 있다. 예를 들어, '저는 당신이 말한 것을 완전히 이해했는지 확인하고 싶어요. 내가 당신에게서 들은 내용을 반복해 볼게요. 내가 오해하고 있는 부분이 있으면 교정해 주세요.'와 같이 반응할 수 있다.

⑥ 질문에 응답하는 기술 : 송신자와 수신자의 질문에 대해서 부합되는 내용을 분명하게 응답해야 한다. 그러나 종종 질문을 제대로 듣지 못하거나 다른 생각으로 질문 내용을 놓치는 경우가 있다. 이러한 경우 예를 들어, '제가 잘 듣지 못

했습니다. 미안하지만 다시 한번 말씀해 주시겠어요.'와 같이 대응할 수 있다.

⑦ **단어의 의미를 확인하는 기술** : 사람들은 단어나 말을 자신이 이해하고 있는 수준에서 또는 서로 다른 방법으로 사용하기 때문에 의사소통의 문제가 발생할 수도 있는데, 단어의 의미를 같은 의미로 생각하고 있는지 질문을 통해서 확인하는 기술이다. 예를 들어, 센터장: '우리 센터 예산의 20%를 아동학대 프로그램(마음속으로는 예방의 무게가 있음)에 투입할 필요가 있다고 생각하는데 위원님들의 생각은 어떤지요?', 위원: '글쎄요. 프로그램 의미에 따라 동의할 수도 있고 그렇지 않을 수도 있습니다. 어떤 프로그램인지요? 예방 프로그램입니까? 아니면 치료 프로그램입니까?'

위와 같은 의사소통 기술 외에 건강한 인간관계 형성을 위해서 상대방을 배려하는 마음을 가지고 의사소통에 활용하면 도움이 될 것이다(길귀숙 외, 2011; 유수현 외, 2009).

① **관심 기울이기** : 상대방이 이야기를 할 때 몸짓, 얼굴표정, 시선, 혹은 간단한 말이나 동작으로 상대방의 얘기에 관심을 갖고 있음을 나타낸다.

② **경청하기** : 상대방의 이야기를 잘 듣고 그 말의 뜻을 정확하게 파악한다.

③ **반영하기** : 상대방이 전달하고자 하는 의사의 본뜻을 스스로 볼 수 있게 반사, 혹은 반영해준다.

④ **명료화하기** : 어떤 문제에 대해 갖고 있는 혼돈된 느낌을 분명하게 가려내서 이해할 수 있게 도와준다.

⑤ **요약하기** : 요약의 기술을 이용하여 의사소통과정의 진행을 돕는다.

⑥ **해석하기** : 상대방의 행동이나 징후에 대하여 간접적으로 해석해 준다.

⑦ **질문하기** : 적절할 때 적절한 질문으로 상대방의 느낌을 유도 내지 지난 경험을 상기시킨다.

⑧ **연결 짓기** : 한 사람의 말과 행동을 다른 사람의 관심에 관련지어 줌으로써 인간관계를 맺는 사람들 간의 상호작용을 증진시킨다.

⑨ **맞닥뜨리기** : 상대방이 부적절한 행동을 할 때에 이를 솔직하게 지적해 줌으로써 고쳐 나가게 한다.

⑩ **마음으로 지지해 주기** : 상대방이 위기에 직면해 있거나, 미지의 행동을 모험적으로 감행하려 할 때, 바람직하지 못한 행동을 고치려고 노력할 때 이를 지지해 준다.

⑪ **행동을 제한하기** : 상대방의 바람직하지 못한 행동을 제한한다.

⑫ **촉진하기** : 다양한 방법을 동원하여 의사소통과정을 촉진해 나간다.

⑬ **피드백 주고받기** : 바람직한 방법으로 피드백을 주고받을 수 있도록, 즉 타인의 행동에 대한 자신의 생각을 상호 간에 솔직히 이야기해 줌으로써 행동에 변화가 오도록 도와준다.

⑭ **자기 노출하기** : 상대방이 유사성과 친근감을 느낄 수 있도록 우리 자신에 관한 정보를 적절히 노출시킨다.

⑮ **강화해 주기** : 상대방의 말과 행동에 적극적인 피드백을 주어 그 특정 행동을 강화·조정해 나간다.

⑯ **저항의 처리** : 의사소통과정에서 나타내는 상대방의 제반 저항행동을 적절히 처리한다.

⑰ **전이의 취급** : 상대방으로 하여금 그 자신의 과거가 현재의 행동에 어떤 영향을 미치고 있는가를 이해할 수 있도록 도와주고, 과거의 경험 때문에 타당치 않은 행동을 보일 경우, 이를 잘 극복할 수 있도록 도와준다.

⑱ **역전이 현상의 취급** : 우리 자신이 상대방에 대해 느끼는 의식적, 무의식적 감정을 솔직히 상대방에게 이야기함으로써 자신의 감정 때문에 의사소통과 과정을 그르치는 일이 없도록 한다.

⑲ **적시성에 유의하기** : 의사소통을 할 때는 적절한 시기에 적절한 능력을 사용할 수 있는 시간 감각이 있어야 한다.

학습평가 4

1. 의사소통능력 개발과 관련된 설명 중 맞으면 O, 틀리면 X를 표시하라.
   1) 전문용어는 그 언어를 사용하는 집단 구성원들 사이에 사용될 때에나 조직 밖에서 사용할 때나 똑같이 이해를 촉진시킨다. (　　)
   2) 상대방의 이야기를 들어주는 것과 경청의 의미는 같다. (　　)
   3) 피드백은 상대방이 원하는 경우 대인관계에 있어서 그의 행동을 개선할 수 있는 기회를 제공해 줄 수 있다. (　　)

2. 자신의 의사소통능력을 개발하기 위해 방법을 작성하고 발표한다.

5) 보충학습 1

자신의 의견을 상대방이 깊이 새기도록 만드는 것은 쉬운 일이 아니다. 대부분의 사람들은 상대방과의 의사소통과정에서 자신의 의견을 인상적으로 깊이 받아들이도록 기대하지만 그렇지 않은 경우가 많다. 이러한 경우는 의사소통과정에서 사용하는 언어의 활용이 제한적이기 때문이다. 다음 사례 5를 통해서 의사소통과정에서 사용되는 언어를 어떻게 사용할 것인지에 대해 알아본다. 또한 나 전달법과 너 전달법에 대해서도 알아보고, 성별의 차이로 나나탈 수 있는 남・여 의사소통의 이해와 기술에 대해서도 알아본다.

사례 5

직장생활에서 의사소통은 상대방에게 깊은 인상을 남길 수 있도록 해야 한다. 부하직원들은 오과장에게 앵무새라는 별명을 지어주었다. 왜냐하면 오과장은 언제나 부하들에게 특별한 칭찬은 하지 않고 '그럼 기대하겠네.'라는 말만 되풀이하기 때문이다.

과장님은 맨날 똑같은 말만 해.

매주 월요일 주간업무 보고시간에 참석하는 영업팀의 팀원들은 오과장이 입을 열자마자 서로 눈치를 보면서 한숨만 쉰다. 오과장은 매번 회의에서 똑같은 말만 반복하기로 유명해 회사에서 오과장만 모르는 그의 별명은 '앵무새'이다. 그는 그에게 익숙한 말들만 고집스레 반복하여 사용하기를 좋아하는 상사이다. 매출향상을 위한 업무전략 회의에서도 오과장은 별다른 전략적 제안 없이 부하직원들에게 '그럼 기대하겠네.'라는 말을 하고 직원들 사기증진을 위한 회의나 기타 회의에서도 역시나 별다른 전략적 제안 없이 무조건 부하지원들에게 '그럼 기대하겠네.'라는 말만 반복한다.

상황이 이렇게 되자, 오과장과 함께하는 회의는 그가 말을 하기 시작하면 부하직원들은 하품을 하거나, 지루한 표정을 짓는 경우가 많아졌다. 오과장도 좀처럼 잡히지 않는 회의분위기를 의식한 듯 어떻게든 회의를 진행하려 해 보지만 자신이 왜 그러는지 이유를 몰라 답답하기만 하다(NCS학습모듈, 2015).

활동 5

위 사례 5에서 알 수 있듯이 오과장은 다른 사람과의 의사소통에서 매번 같은 말을 반복하여 깊은 인상을 주지 못하고 있다. 학습자는 의사소통과정에서 상대방에게 깊은 인상을 주고, 상대방이 감탄하도록 의사표현을 하기 위해서는 다양한 표현을 사용해야 한다. 다음과 같이 제시된 말과 비슷한 의미를 가진 표현을 작성해 보고 발표해 보도록 한다.

부하에게 '열심히 하고 있군.'
1. 2. 3. 4. 5.

고객에게 '사용하기 쉽습니다.'
1. 2. 3. 4. 5.

활동 5 내용

상대방에게 자신과의 의사소통이 인상적인 경험으로 남도록 하기 위해서는 상대방이 '역시 최고야'와 같은 감탄사가 나오도록 만들어야 한다. 오랫동안 익숙한 사람들과 같은 환경 속에서 생활하다 보면 시야가 좁아진다. 이는 의사소통에서도 마찬가지다. 오랫동안 알고 지낸 사람들은 그들만의 언어로 다양한 표현을 하지 않아도 서로 이해하기 때문에 언어의 활용량이 자연히 줄어들며, 이는 의사표현의 한계를 가져온다. 그렇지만 직장생활을 하다보면 언제나 같은 사람들만 만나는 것이 아니라 새로운 사람도 들어오고, 새로운 고객을 만나는 일이 많기 때문에 인상적인 의사소통을 위해서 스스로 많은 노력을 해야 한다.

- **인상적인 의사소통** : 인상적인 의사소통은 의사소통과정에서 상대방에게 같은 내용을 전달한다고 해도 이야기를 새롭게 부각시켜 인상을 주는 의사소통이다. 즉, 내가 전달하고자 하는 내용이 상대방에게 의사소통과정을 통해 '과연'하며 감탄하게 만드는 것이라고 할 수 있다. 따라서 인상적으로 나의 의견이나 내용을 전달하기 위해서는 상대방의 마음을 끌어당길 수 있는 나-전달법 등의 표현법을 많이 익혀 이를 활용해야 할 것이다. 인상적인 의사소통을 위해서는 언제나 주위의 언어 정보에 민감하게 반응하고, 자신이 활용할 수 있도록 노력하며, 자신이 자주 사용하는 표현을 찾아내 다른 표현으로 바꿔보는 노력이 필요하고, 그리고 언제나 '다른 표현은 없을까?'하고 생각하여 새로운 표현을 할 수 있도록 노력해야 한다.

(1) 나 전달법과 너 전달법

나 전달법(I-message)은 효과적인 의사소통을 하기 위한 메시지 구조의 한 유형으로, '나'라고 하는 메시지를 전달하는 방법이다. 이 메시지의 구조는 분명하고 직접적인 메시지를 보낼 수 있도록 하고 메시지를 받는 상대방이 방어적인 반응을 하지 않도록 하는 방법이다. 따라서 갈등이나 논쟁이 고조되는 상황에서 실망이나 분노, 좌절 등의 감정을 적절히 표현할 수 있어 부부간의 갈등, 고부간의 갈등, 자녀와의 갈등, 직장상 사와의 갈등 등에 유익한 대화법이다.

'나'라는 메시지는 신뢰관계가 중요한 인간관계에서 가장 효과적인 의사소통이다. 다른 사람의 행동이 용납될 수 없거나 강한 불쾌감을 불러일으킬 때 또는 욕구가 좌절되거나 방해를 받을 때, 다른 사람에게 위안이나 유익한 정보를 전달하는 것이 중요하다. 따라서 나 전달법은 비난하거나 책임을 묻는 대신에 상대방의 행동을 변화시키려고 '나'라는 메시지를 정확하게 전달하는 것이다. 나 전달법은 ① 특정 행동에 대해서 분명히 표현하고, ② 감정의 원인에 대해서 표현하고, ③ 다른 사람에게 미치는 영향에 대해서 표현을 한다(이영호, 2008; 길귀숙 외, 2011). 나 전달법을 사용한 예시는 표 5-11 에 나타냈다.

표 5-11 나 전달법을 사용한 예시

(자활참여 주민이 작업장에 가기 위해 모이기로 한 시간보다 50분이나 늦게 왔을 때)
전달자 :"이동수씨, 동수씨가 우리와 약속한 시간보다 이렇게 늦게 오니(행동 표현), 저는 속상하고 당황스럽네요(감정의 원인 표현). 왜냐하면 저를 비롯한 다른 사람들이 아침시간을 그냥 허비하는 것이 속상하고 저희들의 오전 스케줄을 어렵게 만들어 버렸어요(다른 사람에게 미치는 영향 표현)."

출처: 이영호(2008), 사회복지실천기술론, 공동체

너 전달법(You-message)은 의사소통을 가로막는 전달법으로 사이를 멀어지게 만드는 대화법이다. 예를 들어, '너 이거 하지 말라고 그랬지!', '너는 네 방을 네가 알아서 치워라!', '너는 나를 정말 화나게 만들고 있어' 등의 표현이다. 대화법에 따른 예시는 표 5-12 에 나타냈다.

표 5-12 대화법에 따른 예시

대화법	예시	상대방이 느끼는 의미	나쁜 말을 한 주체
올바른 나 전달법	"네가 그렇게 하니 내 마음이 아퍼."	이 행동을 하면 안 되는구나.	없음
서로 멀어지게 만드는 너 전달법	"너 이거 하지 말라고 그랬지!"	내가 실수가 많다고 이야기하고 있구나.	상대방
소극적인 전달법	"나도 이런 거 문제지만 너도 이거 문제야."	미안해 할 필요가 있는건가? 결국 내 탓이라는 거잖아.	나, 상대방
부정적인 나 전달법	"나 지금 화나서 너랑 이야기하고 싶지 않아."	우리 사이는 끝이라는 건가?	상대방

표 5-12 에서처럼 어떤 부탁을 할 때나 하기 힘든 말을 할 때 올바른 나 전달법으로 이야기하면 상대방이 내 말에 집중하게 되고 공감하게 되나, 그렇지 않고 다른 대화법을 사용하면 상대방은 자신이 공격받고 있다고 생각된다. 따라서 송신자(말을 하는 사람)는 수신자(듣는 사람)와 의사소통을 할 때 올바른 나 전달법을 사용하여 의사소통의 효율성을 극대화해야 할 것이다.

(2) 남 · 여 의사소통의 이해

인간을 분류하는 가장 기본적인 범주는 성별이고, 사회는 성별에 따라 남성과 여성에게 적합하다고 생각되는 특성을 규정하고 있다. 따라서 성역할(Gender role)은 사회에서 남성과 여성에게 각각 기대되는 행동양식을 의미한다. 남성과 여성을 포함한 많은 사람들은 상대방이 자신이 전하고자 하는 말뜻과 감정을 그대로 이해하고 행동해 주기를 바란다. 하지만 그러한 사람을 만나는 것은 흔한 일이 아니다. 특히 남 · 여의 관계는 복잡하고 미묘해서 서로를 이해하는 데 어려움이 많이 따른다. 여자들은 '남자는 여자의 생각이나 마음을 전혀 읽지 못하는 단순한 동물'이라고 말하고, 남자들은 '여자란 존재는 영원히 알 수 없는 베일에 싸여 있는 사람' 같다고 말한다. 이렇듯 남 · 여의 의사소통은 근본적으로 다른 점을 이해하지 못하고 서로의 주장만 내세우며 이해해 주기를 바란다. 가장 높은 이혼율을 가지고 있는 미국 부부들의 가장 큰 이혼사유가 의사소통으로 나타났다. 사랑에 빠진 수많은 남 · 여 커플들도 문제가 발생하면 대화로써 문제를 풀어 가기가 힘들다고 한다.

현대사회는 모든 조직체나 직장들이 남·여 혼성으로 되면서 직장에서도 남·여의 다른 의사소통에 대해 서로 비평하면서 남자는 남자들의 의사소통법이 정상이라고 우기고 여자는 여자의 방법이 옳다고 믿는다. 과거에는 남·여의 역할이 분명하였다. 여성은 곱게 자라서 훌륭한 남편을 만나 가정을 구성하고 집안 살림을 도맡아 하는 것이 주된 임무였고, 집 밖의 세상은 전적으로 남성에 의해 돌아갔다.

인간관계에서 지배권에 있는 사람은 자기의 영역을 침해당하기 싫어해서 피지배권에 위치해 있는 사람이 그 영역에 들어오게 되면 지배권의 방법으로 적응하고 따라오기를 강요한다. 의사표현이나 일처리 방법이 지배적인 집단이 사용되어 왔던 방법과 차이가 나면 개개인의 다른 점을 고려하기보다는 상대를 낮게 평가하면서 장애아 취급을 하곤 한다. 하지만 여성 근로자나 전문가들이 사회적인 위치로 부상하면서 남자들도 여자들을 이해하고 능력을 인정하는 사람들이 차츰 늘고 있다.

효과적인 인간관계를 성취하기 위해 가장 중요한 것은 자기 자신에 대해서 잘 알아가는 것이고, 그 다음 단계는 상대방에 대해 제대로 이해하고 알아 가는 것이다. 남자와 여자는 근본적으로 서로 다른 점을 이해하고 한걸음씩 새롭게 접근하는 것이 좋을 것이다.

① **남·여의 서로 다른 점** : 남·여의 관계에서 일이 틀어지거나 서로를 이해하지 못하면서 생기는 답답함이나 화가 치밀어 오르는 것은 근본적으로 남자와 여자가 다르다는 점을 잊고 '나의 스타일'로만 이해해 주고 알아주기를 바라기 때문이다. 이러한 '나의 스타일'이 정상이라는 규칙을 설정해 놓고 반복되는 실망과 상처로 서로 간에 얼음의 두께는 더 깊어져 녹일 수도 또는 깰 수도 없는 지경까지 가는 경우도 많다. 처음부터 서로의 다른 점을 알아 그 자체를 받아들이고 존중하는 태도로 항해를 시작했다면 힘든 시간들을 훨씬 수월하고 평화롭게 만들 수 있다. 하지만 대개의 경우는 양쪽의 이해 부족으로 시작하면서 '나의 식'으로 이해하고 변화해 주기를 강요하고 가능성이 희박한 일이 이루어지길 희망하면서 나아간다. 먼저 남자와 여자의 뇌구조의 차이점과 다른 점들을 살펴보면서 남·여의 차이점을 알아본다.

Ⓐ 남·여의 뇌구조 : 남성과 여성의 생각하는 방식, 말하는 것, 문제해결, 행동 등이 생물학적 차이 또는 문화의 차이라고 논란이 오랫동안 지속되고 있다.

하지만 과학자들은 남성과 여성의 차이는 근본적으로 두뇌의 차이에서 시작한다고 주장한다. 미국 존스홉킨스 의과대학 가드프리 펄슨 박사팀은 전문학술지 『대뇌피질(Cerebral Cortex)』 최근호에서 남자와 여자의 뇌를 정밀하게 비교·분석한 결과 대뇌피질의 IPL(Inferior Patietal Lobule)이라는 부분에 차이가 있는 것으로 나타났다고 밝혔다. 연구팀은 자기공명영상장치(MRI)를 이용해 남·여 11명의 뇌를 정밀 촬영한 뒤 이를 3차원화해 IPL부위의 부피와 좌우 IPL의 구조 등에 차이가 있는지 조사하였다. 여기서 대뇌피질의 IPL 부위란 시계가 없이도 시간을 측정하거나 움직이는 물체의 속도 판단, 수학문제를 푸는 능력, 사물을 3차원으로 시각화하는 능력 등 과학적 사고와 관계된 부분을 의미한다. 연구팀에 의하면, 왼쪽 IPL(과학적 사고와 관계가 있음)은 건축가, 과학자, 수학자 등에 남자가 여자보다 월등히 크다는 것을 보여 주고 있고, 오른쪽 IPL(감성적 사고와 언어능력에 관계가 있음)에는 여성이 크게 나타난다고 하였다. 또한 알버트 아이슈타인, 물리학자, 수학자들은 왼쪽 IPL 크기가 큰 것으로 나타났다고 하였다. 연구팀은 남자의 뇌가 여자보다 대체로 IPL 부피가 약 6% 정도 더 크다고 주장하였다(연합뉴스, 1999. 12).

'여성은 태어나는 게 아니라 만들어진다'는 주장으로 유명한 여성 인류학자이면서 성별 차이의 전문가인 헬렌 피셔는 여성들은 양쪽 뇌를 연결시키는 고속도로와 같은 기관(뇌관)이 남성들에 비해 크기 때문에 양쪽 뇌 사이의 교통이 보다 원활하므로, 여성들은 모든 정보들을 환경적인 동시성으로 관찰하고 분석한다고 설명한다. 이것은 또한 여성들은 한 번에 여러 가지 일을 할 수 있는 반면, 남자들은 한 번에 한 가지의 일밖에 집중할 수 없는 한계가 나타난다고 주장한다. 사람들의 행동은 성장과정의 환경과 상황에 따라 크게 영향을 받으면서 외적인 행동 변화가 오기도 하지만 본질적인 차이 또한 등한시할 수 없다. 본질을 이해하기 위해서는 출생 후 남아나 여아의 관찰을 통해 알아본 성별의 차이를 짚어 보면 다음과 같다.

남아와 여아들은 학습 분야에서 완전히 다른 모습을 보이고 있다. 초등학교나 중학교까지는 대개 여아들이 과학이나 수학 교과목을 포함한 거의 모든 부분에서 우수함을 보이다가 고등학교에 입학하면서 차이점이 두드러지게 나타난다. 이 현상에 대해 일부 전문가들은 초등학교의 수학은 수학이라기보다

언어문제에 가까우며 사춘기가 지나면서 남자 아이들은 테스토스테론이 또 한 번 끓어오르기 때문에 공간, 수학, 기계 등의 분야의 이해능력이 빠르게 발달하기 때문이라고 주장한다. 반면 여자 아이들에게는 에스트로겐이 신체에 왕성해지면서 언어능력과 기억력이 발달한다는 것이다. 실제로 여성들의 언어능력은 에스트로겐 수치가 극에 달하는 월경기간 동안 빠르게 상승하게 된다고 주장한다.

이와 같은 생리적인 차이는 남성과 여성을 특정한 직업으로 끌어들이면서 직업차별이 균등한 선진국에서도 여전히 건축가 중 85%, 정비 분야의 90%가 남성들이다. 한편 언어 교정사 중 94% 그리고 간호사, 프리스쿨과 유치원 교사 중 99%가 여성이다. 직업이나 학습 차이 외에도 자가 면역 시스템도 남자가 여자보다 강하게 나타났고, 매력적인 사진을 보여준 후 나타나는 반응 또한 남자가 민감하게 반응하는 것으로 나타났다. 또한 좌우 뇌의 교통이 원활한 만큼 여성들은 감정적인 문제에 민감해서 우울증 환자 중 3분의 2가 여성들이라고 한다.

그러나 두뇌 차이를 지나치게 강조함으로써 잠재되어 있는 개인의 기회나 재능을 불공평하게 제한할 수 있는 위험 또한 내포하기도 한다. 따라서 어느 쪽이 더 우수하고 열세한가에 초점을 맞추기보다는 서로의 다른 점을 인정하고 약한 점은 보완하는 것이 현명할 것이다. 심한 경쟁시대에 살고 있는 현대인들에게 놓인 과제는 남성이 여성보다 우월하거나 여성이 남성보다 우월함을 비교하기보다는 남·여의 다른 점을 인정하면서 인간관계를 맺는 것이 좋을 것이다.

Ⓑ 남·여의 관심차이 : 감정을 우선하느냐 업무를 우선하느냐, 성취냐 관계냐 등 관심의 차이에 따라 남·여의 차이가 있다.

- 업무 중심 대 감정 중심 : 남자는 목적을 달성하고 성취했을 때 자신의 존재감을 재확인한다. 사람들을 골고루 챙기며 감정을 살피고 이해하는 데는 부족하다. 문제가 발생하면 혼자 해결해야 한다고 믿는 성향이다. 남자의 목표는 사회적으로 성공하고 고성능 차 등을 소유하는 것이 관심사이다. 반면 여자는 사랑하는 사람에게 많은 사랑을 받으며 사람들과 많은 대화와 서로 챙

겨 주면서 좋은 관계를 형성할 때 자기 존재성을 확인하며 만족한다. 여자는 로맨틱한 장소에서 멋진 저녁과 함께 충분한 대화를 통해 서로의 사랑과 소중함을 확인하지만, 남자는 자신의 능력으로 이루어진 여자의 행복함에 만족한다.

- 성취 지향적 대 관계 지향적 차이 : 남자는 목표 지향적이고 신뢰받기를 원하지만, 여자는 관계 지향적이며 관심을 원한다. 이러한 사실을 알고 서로 배려해야 한다고 주장하고 있다. 남자는 자신의 힘과 능력을 발휘해 이루고자 하는 목표를 성취했을 때 자신의 삶의 존재감을 확인한다. 여성들은 주위 사람들과 관계형성을 성공적으로 만들어 감으로써 자신의 자리 매김을 확인한다. 하지만 환경적인 영향으로 인해 전문적인 사회생활을 주도하는 여성들의 견해 차이는 있겠지만 근본적으로 남성보다 여성이 관계형성과 유지에 뛰어난다.
- 남 · 여의 동기 부여 차이 : 남자는 누군가로부터 자신이 필요하고 소중한 사람이라고 느낄 때 힘이 생기고 여자는 자신의 도움과 보살핌이 절대적이라고 느낄 때 힘이 생긴다. 예를 들어, 남편은 처음 골프를 치는 부인에게 수백만 원의 브랜드 골프채를 사 주고 능력 있는 나를 만나서 이러한 호강을 누릴 수 있다고 자부한다. 부인은 '내 팔자에 당신 같이 능력 있는 남편을 만나지 않았다면 이런 호강은 꿈도 못 꾼다.' 면서 '역시 당신은 최고의 남편이고 난 당신 없으면 할 수 있는 것이 없어' 하자 남편 쪽에서 으쓱하면서 '다음은 외제차'라고 하는 드라마 장면이다.
- 남 · 여의 스트레스 해소 차이 : 남자는 일이 잘 안 풀리고 스트레스가 올라가면 자신만의 동굴로 숨어 버린다. 말이 없어지고 친구들과 술자리 횟수가 늘고 컴퓨터나 텔레비전에 많은 시간을 소요한다. 남자들의 본능은 문제가 생기면 자기 동굴로 피해 생각한 후 문제를 스스로 해결해야 하는 능력 있고 강한 사람이어야 한다고 여긴다. 반면에 여자는 문제가 생기고 스트레스가 높아지면 계속 말하면서 (불평과 불만이 섞인) 내면에서 일어나는 감정 청소를 밖으로 내보내야 한다. 이야기를 하면서 문제의 실마리도 찾고 기분도 나아지는 것을 알아차린다. 여자가 하루에 쓰는 단어는 남자보다 몇 십 배나 높다는 주장도 쌓여진 감정이나 기분을 말로 표현하기 때문이다. 여자는 문제해결

의 열쇠보다 그냥 말을 뱉어내는 그 자체가 스트레스 레벨을 내려준다. 이렇듯이 남성과 여성은 근본적으로 삶을 보는 시각과 성취해 가는 기본적인 틀이 다르다. 서로 너무나도 다른 면 때문에 매력을 느껴 교제가 시작되고 한 가족을 이루었으면서도 후에는 너무도 다른 면 때문에 고통받고 발버둥을 친다. 남자와 여자가 근본적으로 다르다고 받아들이고 그 부분을 서로 존중하고 나약한 부분은 서로 보충해 가면 아름다운 결과를 만들 수 있다. 어느 한쪽도 완벽할 수 없기 때문에 판이하게 다른 문화를 가진 남자와 여자가 조화로운 관계를 형성하기 위해서 상대의 다른 점을 지적하며 '나의 식'만 운운하고 경쟁하는 데 그치지 말고 이젠 받아들이고 더 나은 삶의 해결책을 실행해야 한다. 더 이상 여자들은 남자들의 지배 하에 있는 존재가 아니고 같이 동행해야 할 동반자이다. 여자 또한 남자의 지배 하에 비위 맞추기, 사랑을 받는 여성, 무조건적인 희생 등을 벗어나 가장 바람직한 방법이 무엇인지를 만들어 가야 한다.

ⓒ 남 · 여의 언어 차이 : 남자와 여자가 만나 사랑을 하거나 직장생활을 통해 의견 차이나 불화의 상황을 경험하면서 발달한다. 남 · 여의 성별 차이를 이해하지 못한 채 상대가 자신을 이해하지 못한다고 힘들어하고 처음엔 사소하게 시작되었던 문제가 감정과 이슈가 서로 엉켜서 결국은 풀어 갈 수 없는 문제로 막을 내리기도 한다. 남자와 여자가 똑같은 언어를 사용하지만 해석하고 받아들이는 의미는 서로 다르다.

- 남자는 정보나 사실 전달에 중점, 여자는 감정을 전달하는 데 중점 : 예를 들면, 항상 명랑하던 부인이 어느 날 기분이 좋지 않은 모습을 보게 된다. 남편은 무슨 일이 있느냐며 자꾸 묻는다. 정보를 얻기 위해서다. 하지만 부인은 아무 일도 아니라면서 계속 저기압의 기분을 유지한다. 남편의 계속 되는 질문에 부인은 화를 내면서 꼭 내가 내 입으로 말을 해야 하냐면서 자신의 기분을 알아주지 못하는 서운함에 온갖 감정을 퍼붓는다. 사실은 어제가 결혼한 지 1년이 되는 날이어서 부인은 분위기 좋은 데서 로맨틱한 이벤트를 기대하고 있었는데, 남편은 별 대수롭게 여기지 않고 지나갔다. 부인은 남편에 대한 실망과 속상한 기분을 눈치껏 알아서 해결해

달라는 것인데, 이에 비해 남편은 왜 말하지 않았냐고 하면서 그런 사소한 것 가지고 화를 낸다고 말을 하지 않은 부인의 책임으로 돌린다.

• 남자는 논리적 · 이성적, 여자는 이야기하는 식 : 남자는 앞뒤 잘라내고 단답형을 선호하지만 여자는 더 많은 살을 붙여서 맛깔스럽게 이야기를 만들어 가는 것을 선호한다. 남자에게는 핵심이 확실하지 않은 이야기식의 대화는 참기 힘들다. 반대로 논리와 이성적인 대화는 맛깔스럽지 않다고 여자는 남자의 대화법에 흥미를 잃는다. 여자의 몇 시간씩 계속되는 수다나 대화를 남자는 신기하게 생각한다. 임무 중심적인 남자의 대화는 일과 관계없는 사소한 대화는 쓸데없는 일로 간주해 버린다.

• 사실 대 직감 : 여자는 사실보다는 자신에게 나타나는 직감에 중점을 둔다. 예를 들어, 옆집 아주머니가 '당신 남편이 다른 젊은 여자하고 정답게 같이 걸어가는 것을 봤다'고 전한다. 이 말을 전해들은 부인은 사실을 확인하기도 전에 남편이 퇴근하자 즉시 '그 여자가 누구냐면서 사실대로 고하라' 하면서 요즈음 당신의 행동이 수상했다는 등 직감을 들이댄다. 남편은 같은 회사 직원이라며 설명하지만 여자의 불안한 직관이 더 정확하다고 하면서 남편을 힘들게 한다. 물론 과거의 경험에 의해 부부의 신용이 어디에 있는지에 따라 다르다. 남자는 본인이 직접 목격을 해야 사실로 인정하는 경우가 대부분이지만 여자는 사실보다 직감을 중요시 여기는 경향이 있다.

• 말과 침묵 : 여자는 문제가 있으면 입 밖으로 온갖 감정까지 실어서 주절주절 이야기한다. 반면에 남자는 문제가 발생해서 해결될 때까지는 침묵을 지키며 말이 적어진다. 말하는 방법이 여자는 문제보다 거기에 부가하는 감정적인 요소와 직감까지 추가해서 말을 늘려가고 상대도 동감하며 거들어 주기를 좋아한다. 같이 공감하며 말을 주고받고 한다는 자체가 바로 친근감과 관계를 형성하는 데 중요한 역할을 한다고 믿기 때문이다. 반면에 남자는 자신과 상관이 없고 문제의 해결책이 없는 경우는 입을 닫아 버린다. 그래서 여자는 남자가 말을 하지 않고 문제가 있으면 자신과 문제를 나누고 친근감을 형성해야 하는데 남자가 침묵으로 대하게 되면 신뢰와 친밀함을 동시에 잃는 것 같아 힘들어한다. 여자가 입을 굳게 닫는 경우는 화가 많이

났거나 혹은 상대에게 감당하지 못할 정도의 심한 실망이나 충격을 받았을 때가 대부분이다.

- 감정 대 문제해결 : 나이가 들면서 주름이 늘어가는 부인이 '여보, 얼굴 주름이 너무 많아 나도 이제 이대로 늙어 가나 봐. 옆집 누구누구도 모두 성형수술을 했다.'며 자신의 나이 드는 모습을 이야기한다. 남편 반응은 '그냥 생긴 대로 살아.'라고 잘라 말한다. 여자가 듣고 싶은 말은 감정이 있는 따뜻한 말 '그래, 자식 키우고 집안 살림하느라 힘들지?', '미안하다 내가 능력이 없어서 다른 남편들같이 마누라를 보살피지 못했네.' 등의 이야기식의 대화이다. 같이 대화를 하면서 감정을 풀며 위로를 듣고 싶은 아내의 마음을 모르는 남편은 자신이 능력 없는 남자라고 질책받는 것으로 생각하기 때문에 더 이상의 대화할 필요를 찾지 못하고 대화를 무시하고 피하는 방법을 택한다.

(3) 남 · 여의 의사소통 기술

남 · 여관계의 의사소통은 같은 언어를 사용해도 뜻을 이해하는 데에는 차이가 크게 난다. 이렇게 서로 다른 대화법을 이해하지 못한 채 생긴 오해는 대화가 중단되면서 두꺼운 얼음벽을 형성해 간다. 모든 문제의 발생 근원이 작은 것으로 시작해서 문제가 미해결된 상태로 참고 무시하면서 지나치게 되면 눌렸던 압박감이 폭발하거나 계속 참으면 병을 초래하기도 한다. 두 사람 사이에서 생긴 문제는 양쪽의 노력과 변화가 요구된다. 말로 시작된 문제는 다시 말로 풀어 가야 한다. 남 · 여의 다른 의사소통 방식을 익힌 후 올바른 대화법을 꾸준한 연습을 통해 시도한다면 개선될 수 있다. 지금까지 사용해 왔던 의사소통법을 과감히 던져 버리고 이젠 새로운 남 · 여의 의사소통법을 습관화해야 한다. 어느 한쪽의 결함으로 비롯된 문제가 아니기 때문에 양쪽의 정확한 이해와 노력이 요구된다.

① **먼저 남자는 여자의 말을 듣도록 연습한다.** : 여자는 입만 열면 불평불만의 연속이라는 선입견을 버리고 여자는 말을 통해 문제와 스트레스를 해결한다고 이해해 준다. 한 10분 정도 이야기하도록 잘 들어 준다. 중간에 말을 끊거나 답을 주고 싶어도 그냥 여자의 풀리지 않는 답답한 입장에 동조만 한다. 예를 들어, 여자가 같이

일하는 직장 동료의 게으름과 왜 자신만 과중한 임무를 분담받는지 화가 난다고 감정 섞인 대화를 시작한다. 남자의 가장 바람직한 반응은 '직장을 그만두고 다른 데 찾아봐라.'가 아니고 '정말 그런 직원들 보면 나도 참을 수 없어' '그런 사람과 매일같이 일한다는 것은 정말 힘들겠다.' 등이다. 사실 남자에게 여자의 이야기 방식을 잘 들어주는 것이 대단히 힘들다. 하지만 10분의 경청 투자는 돈으로 환산할 수 없는 굉장한 가치를 갖고 있다. 여자가 이러한 말을 하고 싶은 상대는 친밀하고 믿음직스러운 사람이기 때문이다. 말하는 도중 중단을 당하거나 무시를 당한다는 느낌을 받게 되면 상처로 받아들이고 상대에 대한 믿음도 떨어진다. 아주 가끔 매끄럽게 여자와의 대화를 이끌어 가는 남자를 보면 존경스럽다.

② **여자가 대화를 할 때 개인적으로 받아들이지 않는다.** : 여자가 불평불만을 뱉어낼 때 상대방 남자와 전혀 관계가 없는 경우가 허다하다. 자신이 무능력해서 또는 자신이 어떻게 해 줄 수가 없는 일이라고 문제해결 쪽에 초점을 맞추지 말고 '아, 다른 사람한테 화가 났구나' 하면서 너그럽게 동조하며 들어 준다. 남자가 누구에게 문제를 이야기할 때는 두 가지 이유가 있다고 한다. 발생된 문제를 누군가의 탓으로 돌리고 싶거나 충고가 필요할 때라고 한다. 그래서 여자가 문제를 이야기하면 '나의 탓이거나 충고를 원한다'고 생각하기 때문에 답이 없어 답답해지고 남자의 탓이라고 느끼게 되어 도망가는 방법으로 무시하거나 입을 닫아 버린다. 하지만 대부분의 여자들은 이야기를 꺼냄으로써 기분이 벌써 좋아지니 잘만 들어 주면 된다.

③ **사랑하는 사람을 보살피고 필요한 것을 제공하는 여자의 본성을 이해한다.** : 여자는 음식을 나눌 때도 사랑하는 사람을 먼저 챙기고 자신의 필요와 욕구는 뒤로 미룬다. 아이에게는 브랜드나 명품을 제공하고 자신의 필요함은 최소화한다. 타인을 만족시키면서 자신의 존재를 확인한다. 중요한 것은 답례로 '감사함'이 돌아왔는지 자신의 희생만 강요당했는지의 경우에 따라 여자의 감정이 좌우된다. 진정한 감사함을 느끼면 여자는 계속 힘들더라도 하던 일을 진행한다. 어쩌다 '감사함'을 보상받지 못하는 상황을 느끼게 되면 하던 일을 중단하거나 몹시 화를 낸다. '죽어라고 해도 누가 하나 알아주는 사람이 없어.' 감정이 상한 소리를 종종 접한다. 남자 쪽이나 받는 쪽에서 '누가 하라고 했어?', '밥 먹고 당신이 할 일이 뭐야? 그럼 나가서 돈벌어와 내가 집안일 할게.' 등 대신 매사 감사함으로 전

환시킨다. '당신의 음식 솜씨는 정말 대한민국에서 최고야.', '퇴근해서 집에 오는 발걸음이 가볍다.', '항상 아이를 잘 보살펴 줘서 감사하다.' 등으로 표현을 대신하면 여자의 본능을 더 아름답게 키울 수 있다.

④ 여자 또한 남자의 세계를 이해한다. : 밖에서나 상대방에게 화가 난 세부적인 일을 당장 말하고 싶어도 상황이 적합한지 파악해야 한다. 꼭 해야 한다면 '당신 잘못이 아니야'라고 시작하고 어디서 무엇 때문에 화가 발생했는지 서두로 시작한다. 남자는 여자에게 불평을 듣게 되면 무조건 자기의 무능력과 무책임으로 느끼기 때문이다.

⑤ 남자가 자신의 세계로 피하고 싶을 때 그의 세계를 받아들인다. : '왜 그렇게 술만 마시고 늦게 오느냐', '텔레비전하고 살지 왜 나하고 사느냐', '컴퓨터가 나보다 더 좋냐' 등의 말보다 '하루 종일 회사에서 힘들었는데 자기 공간과 휴식이 필요하겠지'라고 남자의 세계를 받아들인다. 문제가 뭐냐고 집요하게 다그치는 대신 '자신이 즐길 수 있는 일을 하면서 말하고 싶을 때 들어 줄게.'라고 말하는 것이 효과적이다. 남자는 문제가 생기면 입을 닫고 혼자 해결하려는 근성을 알아주고 존중해 준다. 또한 남자는 누구의 충고와 강의를 고마워하지 않는다. 답을 묻기 전에는 자기의 식으로 충고하지 않는다.

⑥ 여자가 잘못해도 남자가 무조건 자신의 편에 서주기를 요구하지 않는다. : 여자는 감정에 너무 치우치는 경향이 있다는 것을 알아차리고 남자의 무조건적인 지지를 지향해서는 안 된다. 동화책 속의 백마 탄 왕자의 구출이 뿌리 깊게 자리 잡은 여성은 가끔 위기나 어떤 상황에서든 남자의 옳고 그름을 떠나 자신을 지지하기를 지향한다. 남자의 이성적인 판단을 존중해 주고 자신의 실수를 바로 볼 수 있는 기회로 전환한다. 여성 자신으로 인해 발생된 문제는 자신이 해결해 나가는 용기와 판단이 필요하다.

⑦ 자신의 정체성을 찾는다. : 남자에게 사랑받고 주는 일은 참으로 중요하다. 그러나 자신의 정체성을 남자에게만 의존하고 찾기보다는 자신 속에서 재능과 존재도 찾아 자신의 정체성을 형성하는 것 또한 중요하다. 여자는 남자의 그늘 속에서만 존재하는 것이 아니라 자신도 스스로 할 수 있다는 독립심을 사용해야 할 때는 주저하지 말아야 한다. 서로 상호 간의 존중과 믿음이 바탕이 되어야 건강한 관계가 지속될 수 있다.

위와 같은 방법들은 개인마다 또는 상황마다 효과적으로 나타날 수도 있고 무용지물이 될 수도 있지만, 중요한 것은 서로가 문제점이 있는 것을 아는 것이다. 문제점을 그대로 방치하기보다는 개선점을 찾고자 한다면 적절한 의사소통 능력은 도움이 될 것이다. 사람들은 실수와 실패에 넉넉하지 못한 것이 현실이다. 특히 남·여관계나 부부관계의 특징은 많은 감정이 이미 개입되었기 때문에 사소한 문제도 감정이 다치게 되면 마음의 문을 닫게 된다는 것이다. 풀리지 않은 이슈나 문제는 얼음이란 벽을 형성하면서 대화가 차츰 사라지고 갈수록 얼음의 벽이 더 두터워지며 타인의 관계처럼 형성되어 간다. 대부분의 경우, 문제의 발단은 양쪽 두 사람에게 책임이 있다. 상대방에게 손가락을 돌리거나 자신의 잘못된 판단과 언행으로 악한 상황을 만드는 것보다 먼저 다가가는 성숙한 자세로 문제를 풀어 가며 긍정적인 남·여관계, 부부관계, 그리고 인간관계를 만들어야 할 것이다.

학습평가 5

1. 인상적인 의사소통능력 개발과 관련된 설명 중 맞으면 O, 틀리면 X를 표시하라.
   1) 자신의 의견을 인상적으로 전달하기 위해서는 자신의 의견도 장식하는 것이 필요하다. (　　)
   2) 내가 전달하고자 하는 내용이 상대방에게 의사소통과정을 통하여 '과연'하며 감탄사를 만드는 것이 필요하다. (　　)
   3) 고객을 만나는 직업인이라도 매일 다른 사람을 만나기 때문에 항상 새로운 표현을 사용하여 인상적인 의사소통을 한다. (　　)
   4) 인상적인 의사소통능력을 개발하기 위해서는 자주 사용하는 표현도 잘 섞어서 쓰면 괜찮다. (　　)

제 6 장

의사소통능력 II

6.1 NCS 의사소통능력의 하위 문서이해능력 지도

6.2 NCS 의사소통능력의 하위 문서작성능력 지도

제6장

의사소통능력 II

의사소통은 둘 또는 그 이상의 사람들 사이에서 사실, 생각, 의견 또는 감정의 교환을 통하여 공통적 이해를 이룩하고 상대방 측의 의식이나 태도 또는 행동에 변화를 일으키는 행동이다(엄명용 외, 2009). 이러한 의미에서 직업기초능력에 따른 의사소통능력은 학업이나 업무를 수행함에 있어 글과 말을 읽고 들음으로써 다른 사람이 뜻한 바를 파악하고, 자기가 뜻한 바를 글과 말을 통해 정확하게 쓰거나 말을 하는 능력이다(NCS 학습모듈, 2015). 이 장에서는 NCS 의사소통능력의 하위능력(문서이해, 문서작성, 경청, 의사표현, 기초외국어) 중 문서이해능력과 문서작성능력에 대해서 알아본다.

6.1 NCS 의사소통능력의 하위 문서이해능력 지도

1) 기본학습 1

학교나 직장생활에서 요구되는 문서이해능력은 복잡하고 다양한 문서를 읽고, 그 내용을 이해하여 요점을 파악하는 능력이다. 이러한 능력은 학생이나 직장인에게 요구되는 중요한 사항으로 다음 사례 1을 통해 문서이해능력의 개념에 대해서 알아본다.

사례 1

전자회사에서 직장생활을 하는 김씨는 얼마 전에 출장 때문에 자리를 비운 사이 팀별발표에 대한 업무지시를 받았다. 김씨는 같은 조 동료가 적어둔 역할분담 내용과 가감기간 등을 잘못 이해해 제 시간에 업무과제 발표준비를 마치지 못한 적이 있었다.

문서이해능력 OECD국에서 꼴지

한국 사람들이 버스나 지하철 편으로 초행길을 갈 때면 고등교육을 받은 사람도 노선도를 한참 동안 쳐다봐야 겨우 이해가 간다. 또한 의약품 설명서를 읽고도 부작용이 무엇인지, 얼마나 투약해야 하는지 모르는 경우도 많이 있다. 이러한 원인은 한국교육개발원 경제협력기구(OECD) 사무국 조사에서 알 수 있다.

사무국은 1994년부터 실시해온 한국 성인의 문서해독능력 측정도구를 국민들에게 적용한 결과 일상문서 해독능력이 최하위권으로 조사됐다. 즉, 봉급명세서, 영수증, 구직원서, 열차시간표, 지도, 약품설명서 등 일상생활에서 문서를 보고 이해하는 능력이 OECD국 중에서 크게 떨어진다는 것이다. 우리 국민들의 교육열은 높아도 개개인이 글을 이해하고 활용하는 능력을 키우는 데 소홀히 했기 때문이다. 이는 책 읽기 독서량과도 관련된다고 할 수 있는데, 성인들의 독서량이 감소하기 때문이라고 할 수 있다. 풍부한 독서는 상식을 키워줄 뿐만 아니라 분석력과 판단력을 높이는 데 도움을 준다. 문서해독능력이 어려운 배경에는 난해하고 요령을 파악하지 못하는 것도 한몫하고 있다. 올바른 글 읽기나 글쓰기 교육과 훈련을 받지 못했기 때문이다(NCS학습모듈, 2015).

활동 1

위 사례 1에서 알 수 있듯이 대부분의 사람들은 우리나라의 경우 교육열이 높기 때문에 문맹률이 낮은 것으로 알고 있지만, 실제로는 책 읽기 기피, 빨리빨리 사고 등 여러 가지 이유로 문서이해능력이 떨어진다. 이러한 이유에서 학습자의 경험을 돌아볼 때 자신에게 주어진 문서를 제대로 이해하지 못한 경험을 생각해 보고 작성한 다음 발표하도록 한다. 또한 왜 이해하지 못했었는지 원인을 찾아 작성하고 발표하도록 한다.

번호	주어진 문서를 제대로 이해하지 못한 나의 사례	원인이 무엇일까?
1		
2		
3		
4		
5		

활동 1 내용

학교나 직장생활에서 문서는 리포트(과제), 자기소개서, 제안서, 보고서, 기획서, 편지, 이메일, 팩스, 메모, 공지사항 등 문자로 구성된 것을 의미한다. 사람들은 일상생활이나 학교생활에서 물론 다양한 직업현장에서 다양한 문서를 자주 접하게 된다. 그리고 이러한 문서를 통하여 상대방에게 효율적으로 의사를 전달함으로써 상대방에게 설득하고자 한다. 따라서 학습자는 다양하게 주어지는 문서를 보다 적확하게 읽고, 이해하여 전달하고자 하는 내용을 명확하게 인식하여야 한다.

문서이해능력 : 일상생활, 학교생활, 다양한 직업현장에서 자신의 업무와 관련된 인쇄물이나 기호화된 정보 등 필요한 문서를 확인하여 문서를 읽고, 내용을 이해하고 요점을 파악하는 능력이다. 또한 문서에서 주어진 문장이나 정보를 읽고 이해하여 자신에게 필요한 행동이 무엇인지 추론할 수 있어야 하며, 도표, 수, 기호 등도 이해하고 표현할 수 있는 능력을 의미한다. 그러므로 학습자는 직장생활을 하기 위해서는 이러한 문서이해능력이 필요하다고 할 수 있다.

학습평가 1

1. 다음은 문서이해능력에 대한 설명이다. (A), (B), (C)에 들어갈 적절한 용어를 적어보자.

문서이해능력은 다양한 직업현장에서 자신의 업무와 관련된 인쇄물이나 기호화된 정보 등 필요한 문서를 확인하여 문서를 읽고, (A) ___하고 (B) ___하는 능력이다. 주어진 문장이나 정보를 읽고 이해하여 자신에게 필요한 (C) ___할 수 있어야 하며, 도표, 수, 기호 등도 이해하고 표현할 수 있어야 한다.

(A) ______________________

(B) ______________________

(C) ______________________

2. 문서를 통하여 학습자는 무엇을 하고자 하는지 작성해 본다.

____

____

____

2) 기본학습 2

현대사회에는 수많은 직업이 있고, 그에 따라 잘 이해해야 하는 문서의 종류도 다양하다. 다양한 문서를 빨리 이해하고 능숙하게 업무를 처리하느냐가 업무의 성과에 상당한 영향을 미친다. 또한 문서이해가 빠른 사람은 그렇지 못한 사람에 비해 업무처리속도가 높은 것은 사실이다. 문서의 종류와 그에 따른 문서이해방법을 다음 사례 2를 통해서 알아본다.

사례 2

'문서를 작성하는 데 자신감이 생겼어요.'

현재 정군은 법행정 전공으로 여름방학 기간 중 두 달 동안 법무사에서 아르바이트를 하게 되었다. 계약서 등 서류의 내용이 맞는지 확인하고 수정하는 일을 맡게 되었는데, 오타가 하나라도 있거나 사실과 다른 내용이 있을 경우 큰 문제가 발생할 수 있기 때문에 신경을 곤두세우며 여러 번 검토한다. 상사에게 꼼꼼하다는 칭찬도 듣고 이로 인해 업무를 의뢰한 고객에게도 도움이 되는 일을 하고 있다고 생각하니 뿌듯하다.

정군은 이 아르바이트 경험 덕분에 리포트나 이력서, 자기소개서를 쓰면서 문맥이나 흐름이 자연스럽게 연결되는지 또는 오타나 틀린 문장이 없는지도 검토하게 되는 좋은 습관이 길러진 것 같아 어떤 문서를 작성하던지 자신감이 생기게 되었다(NCS학습모듈, 2015).

활동 2

위 정군의 사례에서 알 수 있듯이 직업생활에 있어서 우리는 각자 자신의 분야에 더욱 필요하고 자주 사용하는 문서가 있으며, 그러한 문서일수록 철저한 이해가 필요하다. 생활하면서 학습자가 필요한 문서가 무엇인지 작성해 보고 발표해 보도록 한다.

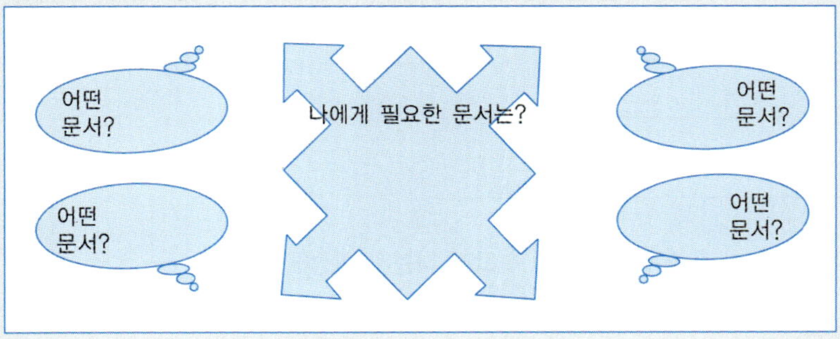

활동 2 내용

학교나 직장생활에서 수많은 문서를 접하게 되는데 문서의 종류가 다양하고 각 문서에 따라 용도가 다른 문서의 종류에 대해서 알아본다.

1) **공문서** : 중앙정부나 지방정부 행정기관에서 대내·외적 공무를 집행하기 위해 작성하는 문서를 의미하며, 행정기관이 일반회사나 단체로 또는 단체로부터 접수하는 문서 및 일반회사에서 행정기관을 상대로 사업을 진행하려고 할 때 작성하는 문서 등이 포함된다. 이러한 문서는 엄격한 규격과 양식에 따라 정당한 권리를 가진 사람이 작성해야 하며 최종 결재권자의 결재가 있어야 문서로서

의 기능을 한다.

2) **기획서** : 아이디어를 내고 기획해 하나의 프로젝트를 문서형태로 만들어 상대방에게 기획의 내용을 전달하여 기획을 시행하도록 설득하는 문서이다.
3) **기안서** : 회사의 업무에 대한 협조를 구하거나 의견을 전달할 때 작성하며 일반적으로 사내 공문서라고 한다.
4) **보고서** : 특정한 일에 관한 현황이나 그 진행상황 또는 연구·검토결과 등을 보고하고자 할 때 작성하는 문서이다. 이러한 보고서는 영업상황을 문장 형식으로 보고하는 영업보고서, 진행됐던 사업의 수입과 지출결과를 보고하는 결산보고서, 매일 업무를 보고하는 일일보고서, 한 주간에 진행된 업무를 보고하는 주간업무보고서, 출장을 다녀와서 결과를 보고하는 출장보고서, 그리고 회의 결과를 정리해 보고하는 회의보고서 등이 있다.
5) **설명서** : 일반적으로 상품의 특성이나 사물의 성질과 가치, 작동방법이나 과정 등을 소비자에게 설명하는 것을 목적으로 작성한 문서이다. 이러한 설명서는 소비자에게 상품의 특징을 잘 전달해 상품을 구입하도록 유도하는 상품설명서, 제품의 특징과 활용 및 사용법 등에 대해 설명하는 제품설명서 등이 있다.
6) **보도자료** : 정부나 지방정부의 행정기관, 기업체, 각종 단체 등이 언론을 상대로 자신들의 정보가 기사로 보도되도록 하기 위해 보내는 문서이다.
7) **자기소개서** : 개인의 가정환경과 성장과정, 입사동기, 근무자세 등을 구체적으로 기술하여 자신을 소개하는 문서이다.
8) **비즈니스 레터**(E-mail) : 상업상의 이유로 고객이나 단체에 편지를 쓰는 것, 직장업무나 개인 간의 연락, 직접방문하기 어려운 고객관리 등을 위해 사용되는 비공식적 문서이다. 그러나 전달방식에 있어서는 제안서나 보고서 등 공식적인 문서를 전달하는 데도 사용한다.
9) **비즈니스 메모** : 업무상 필요한 중요한 일이나 앞으로 체크해야 할 일이 있을 때 필요한 내용을 메모형식으로 작성하여 전달하는 문서이다. 이러한 메모에는 전화의 전달사항 등을 간단히 작성하여 전달하는 전화 메모, 회의에 참석하지 못한 상사나 동료에게 전달사항이나 회의 내용 등에 대해 간략하게 적어 전달하는 회의 메모, 그리고 업무나 상대의 업무 추진 상황을 메모로 적는 업무 메모 등이 있다.

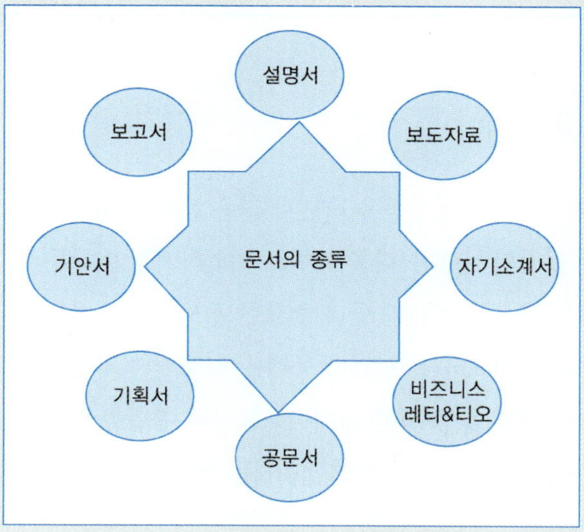

학습평가 2

1. 학교나 직장생활을 하면서 다양한 문서를 접하게 된다. 다음의 문서 종류 중 빈칸에 알맞은 문서의 종류를 기술한다.

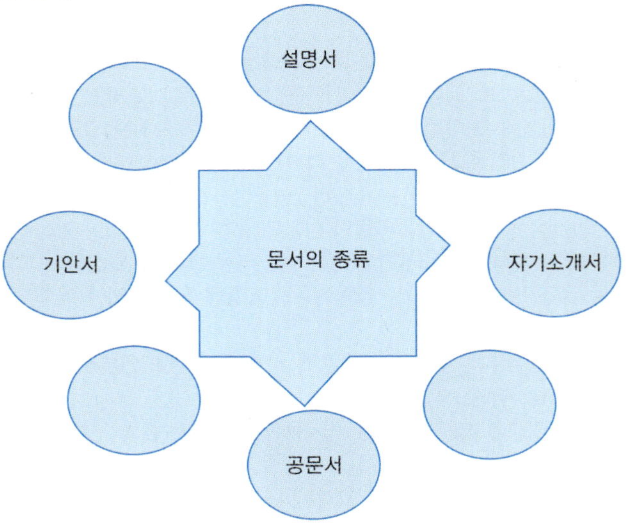

2. 다음 문서의 종류와 각 문서에 대한 설명이 맞는 것을 찾아 왼쪽에 있는 것과 오른쪽에 있는 것을 서로 연결하여 보자.

1) 결산보고서 •	• 각종 조직 및 단체 등이 언론을 상대로 자신들의 정보가 기사로 보도되도록 하기 위해 보내는 자료
2) 보도자료 •	• 회사의 업무에 대한 협조를 구하거나 의견을 전달할 때 작성하는 문서
3) 기획서 •	• 상대방에게 기획의 내용을 전달하여 기획을 시행하도록 설득하는 문서
4) 기안서 •	• 진행됐던 사업의 수입과 지출결과를 보고하는 문서

3) 기본학습 3

학교나 직장생활 등 다양한 활동을 하면서 많은 문서를 읽고 이해해야 한다. 그렇지만 주어지는 모든 문서의 내용을 다 이해하고 기억하기는 어려운 일이다. 따라서 우리는 각각의 문서에서 중요한 내용만 골라 필요한 정보를 획득하고, 다양한 정보를 수집하여 종합하는 능력이 필요하다. 이러한 능력은 쉽게 얻어지는 것이 아니라 다양한 문서를 읽고 정리하는 연습을 통하여 문서이해능력과 종합능력을 학습해야 한다. 다음 사례 3을 통해 문서를 이해하고 요약 및 정리하는 방법에는 어떤 것이 있는지 알아본다.

사례 3

그럼... 내용을 종합해 볼 때~~~

무역회사에서 직장생활을 하고 있는 박씨는 하루에도 수십 건씩 상사와 고객으로부터 주문서와 보고서, 지시문 등 여러 가지 문서를 받는다. 매일 벅차리만큼 늘어나는 주문서와 상사의 지시문, 보고서에 묻혀가는 신세가 되었다.

그러던 박씨는 문서를 종류별로 체계적으로 정리하기로 결심하고 고객의 주문서 중 핵심내용만 정리하여 요구사항별로 그룹화하고, 상사의 지시문 중 중요한 내용만 간추려 메모하기 시작하였다. 그리고 정리한 내용은 필요한 동료에게 메일로 보내주기도 하고, 자신의 보고서를 작성할 때에도 참고하기 시작했다. 그랬더니 점차 업무의 양이 많아지고 고객의 주문서와 작성해야 할 보고서, 주어지는 공문과 메일 등이 늘어가도 당황하지 않고 오히려 예전보다 빠른 속도로 문서의 내용을 이해하고 분류할 수 있게 되었으며, 보다 신속하게 업무를 처리할 수 있게 되었다(NCS학습모듈, 2015).

활동 3

제시된 사례 3에서 알 수 있듯이 문서내용의 요약과 정리는 업무의 효율성과 명확성을 가져온다. 문서내용의 이해와 요약은 직장생활에서 뿐만 아니라 학교나 일상생활에서도 중요하다. 그렇지만 이러한 능력을 기르는 일은 그리 쉽지 않다. 다음에 주어진 왼쪽의 글을 정독하여 읽고 꼭 알아야 할 내용을 찾아 요약하여 정리해 본다.

6남매를 엘리트로 키운 전해성 여사		중요한 내용 요약
"저는 '행동이 말보다 낫다'라는 표현을 참 좋아합니다. 잔소리할 시간에 사소한 실천 하나라도 먼저 행동하는 것이지요." 전여사 부부는 처음부터 집안에 책상 18개를 구해놓고 아이들이 보든 말든 거기서 책을 읽었다. 전여사는 공부습관을 들이는 데는 '규칙적 학습'이 최고라는 평범한 경험담을 강조했다. 엄마는 아이들의 나이와 성향에 맞춰 공부시간과 양을 함께 정했다. 계획에 무리가 없도록 했고 아이들은 자신이 정한 양을 해낼 수 있었다. 또 하나, 가족은 무슨 일이 있어도 아침 식사를 같이 했다. 매주 금요일 밤은 '가족의 밤'으로 TV를 함께 보며 의견을 나누었고, 토요일 아침 식사 후에도 반드시 가족회의를 열었다.	➡	

활동 3 내용

주어진 문서를 빠르고 정확하게 이해하기 위해서는 문서를 이해하는 구체적인 절차를 알고, 다양한 문서를 접하면서 문서이해의 구체적인 절차에 따라 문서이해능력을 키우기 위한 연습이 필요하다. 문서이해의 구체적인 과정은 다음과 같다.
① 문서의 목적을 이해하기 ⇒ ② 문서가 작성되게 된 배경과 주제를 파악하기 ⇒ ③ 문서에 기록된 정보를 밝혀내고 문서가 제시하고 있는 현안문제를 파악하기 ⇒ ④ 문서를 통해 상대방의 욕구와 의도 및 내게 요구되는 행동에 관한 내용을 분석하기 ⇒ ⑤ 문서에서 이해한 목적 달성을 위해 취해야 할 행동을 생각하고 결정하기 ⇒ ⑥ 상대방의 의도를 도표나 그림 등으로 메모하여 요약·정리하기 순이다.
이와 같은 절차로 주어진 문서를 이해했다 하여도 그 내용을 모두 기억하는 것은 불가능하다. 그러므로 각 문서에서 꼭 알아야 하는 중요한 내용만을 골라 필요한 정보를 획득하고, 수집하여 종합하는 능력이 필요하다. 이러한 능력은 쉽게 얻어지는 것이 아니므로 일생생활이나 업무에 필요한 다양한 종류의 문서를 읽고, 구체적인 절차에 따라 이해하고, 그리고 정리하는 습관을 들여 요약하는 문서이해능력과 내용종합능력을 키워나가도록 노력해야 한다.

학습평가 3

1. 다음 설명이 무엇에 대한 설명인지 (A)와 (B)에 각각 들어갈 적절한 용어를 적어보고 발표하도록 한다.
   주어진 모든 문서를 이해했다 하더라도 그 내용을 모두 기억하는 것은 불가능하다. 따라서 각 문서에서 꼭 알아야 하는 중요한 내용만을 골라 (A) ___또한 절실하다. 하지만 이러한 능력 또한 쉽게 얻어지는 것이 아니기에 다양한 종류의 문서를 읽고, 구체적인 절차에 따라 이해하고, 그리고 (B) ___들여 문서이해능력과 내용종합능력을 키워나가도록 노력해야 한다.
   (A) ______________________
   (B) ______________________

2. 문서이해의 구체적인 절차를 상기시켜 작성해 본다.
   ①
   ②
   ③
   ④
   ⑤
   ⑥

(1) 메모의 기술

기록은 기억보다 강하다. 메모하는 습관을 길러 업무에 활용하는 것이 무엇보다도 중요하다. 메모의 기술 7가지를 살펴보면 다음과 같다(NCS학습모듈, 2015).

① 언제 어디서든 메모하라. : 머릿속에 떠오른 생각은 그 자리에서 바로 기록하는 것이 메모의 법칙이다.

② 주의 사람들을 관찰하라. : 독자적인 방법을 고안할 능력이 있다면 자신만의 방법을 터득하면 되지만 그럴 능력이 없다면 우선 눈에 보이는 것부터 시작하는 것이 상책이다. 즉, 일을 잘하는 사람의 방법을 보고 배우는 것이다.

③ 기호와 암호를 사용하라. : 메모할 때 반드시 글자만 쓰란 법은 없다. 자신이 보고 무슨 내용인지 알 수 있으면 된다. 중요한 것은 자신만의 메모 흐름을 만드는 것이다.

④ 중요한 사항은 한눈에 띄게 하라. : 메모하는 방법에는 정답이 없다. 시간이 지난 후 다시 검토했을 때 중요한 부분이 한눈에 들어오는 것이 좋은 메모이다.

⑤ 메모하는 시간을 따로 마련하라. : 하루에 한 번이라도 수첩과 펜을 드는 습관이 생기면 특별히 노력하지 않아도 자연스럽게 메모하게 된다.

⑥ 메모를 데이터베이스로 구축하라. : 메모는 어떤 형태로든 남겨두면 훗날 효력을 발휘한다.

⑦ 메모를 재활용하라. : 상황은 주기적으로 발생한다. 이러한 경우 효과가 극대화될 것이다.

6.2 NCS 의사소통능력의 하위 문서작성능력 지도

1) 기본학습 1

문서작성능력은 학교나 직장생활에서 요구되는 업무의 목적과 상황에 적합한 아이디어나 정보를 전달할 수 있도록 문서로 작성할 수 있는 능력이다. 이러한 능력으로 작성된 문서는 학업동료나 같은 직장에서 근무하는 사람들 간의 의사소통수단이 될 수도 있고, 자신의 업무능력을 평가받을 수 있는 잣대가 될 수 있다. 이처럼 학교나 직장생활에서 문서와 문서작성능력은 상당히 중요하다. 또한 아무리 성실하게 업무를 수행하더라도 상황과 목적에 맞게 문서를 작성하지 못하면 자신의 능력을 제대로 평가받을 수 없다. 다음 사례 1을 통해 직장생활에 필요한 문서작성의 개념 및 구성요소에 대해서 알아본다.

사례 4

지금 낙서를 가져온 겁니까?

김씨는 어려운 취업난을 뚫고 드디어 무역회사에 입사하게 되었다. 기대에 부푼 직장생활은 즐거웠다. 입사하고 처음으로 회의에 들어간 김씨는 회의시간 동안 앞으로의 업무방향과 중요사항 등 많은 사항들을 듣고 자신에게 필요한 업무가 무엇인지 느끼게 되었으며 그때마다 간단히 메모를 해 두었다.

회의가 끝나고 얼마 후, 팀장님이 김씨를 불러 지난 회의와 관련한 회의록을 가져와 보라고 지시했다. 어떻게 해야 할지 모르는 데다가 평소에 글쓰기에 자신이 없었던 김씨는 쩔쩔매며 고민하다가 회의 때 기록해두었던 메모를 떠올리고 메모를 새롭게 구성하여 팀장께 보여드렸다. 회의록을 기대했던 팀장은 김씨의 메모를 보고는 한숨을 쉬며 이렇게 이야기했다.

'회의에서 다뤄졌던 중요한 내용은 모두 다 있어 충실하기는 하지만 지금 낙서를 가져온 겁니까? 회의록을 다시 작성해 오세요'(NCS학습모듈, 2015).

활동 4

위 사례 1에서 김씨는 회의록에 기입해야 할 내용은 모두 담았지만 팀장으로부터 다시 작성해오라는 명령을 받았고 회의록 작성에 무엇이 문제인지 잘 모르고 있다. 아래 내용에 대해서 일반적으로 무엇이 문제인지 생각하여 작성해 보고 발표하도록 한다.

제목 : 이별의 노랫말을 담은 발라드 곡을 만들자.
댄스나 록, 힙합이 아닌 느린 템포의 발라드가 유행하고 솔로 가수보다는 그룹이나 듀엣으로 구성된 가수로 가사는 진행형의 사랑보다는 이별의 아픔을 주로 다루고 있다. 이 유행은 앞으로 1년은 지속될 것으로 보인다. ...〈중략〉 따라서 향후 우리 팀 역시 그룹 또는 듀엣가수를 결성해 느린 템포의 발라드 곡에 가슴에 스며드는 이별을 표현한 가사를 담은 음악을 만들어야 할 것으로 판단된다. 음반제작 기획팀 ○○○

무엇이 잘못 되었을까?

위의 글을 읽고 잘못된 점을 찾아냈으면 그 점에 주의하여 다시 작성해 보자.

활동 4 내용

학생이나 직장인에게 글을 쓰는 행위는 자신의 생각을 보다 구체적이고 논리적으로 정리하여 표현하는 것이다. 이러한 문서작성은 직장생활의 업무와 관련된 것이 대부분이므로 자신의 생각을 논리정연하게 표현해야 한다.

1) 문서작성의 개념 : 문서는 제안서 · 보고서 · 기획서 · 편지 · 메모 · 공지사항 등이 문자로 구성된 것이다. 사람들은 일상생활이나 직장생활에서 다양한 문서를 사용하지만 직업에서의 문서작성은 업무와 관련된 일로 개인의 의사표현이나 의사소통을 위한 과정이다. 따라서 문서를 작성할 때 왜 작성하여야 하며, 문서를 통해 무엇을 전달하려 하는지 명확히 한 후에 작성해야 한다. 또한 작성하는 개인의 사고력과 표현력이 총동원 되어야 하며 대상과 목적, 시기가 포함되어야 하며, 기획서나 제안서 등의 경우에는 기대효과 등이 포함되어야 한다.

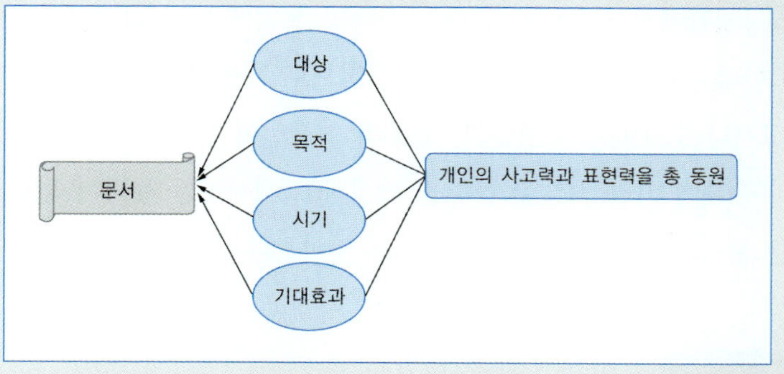

2) 문서작성의 구성요소 : 직장인이 작성하는 문서는 상대를 설득하거나 조직의 의견을 전달하는 기능으로 공적인 문서이다. 그러므로 너무 길거나 중구난방 식으로 나열해서는 안 된다. 일관적이며 통일성을 갖추고 전체 흐름이 일목요연한지, 객관적인 근거가 정확한지, 핵심사항이 정확한지 등을 확인해야 한다. 일반적으로 문서작성을 위한 구성요소는 ① 품위 있고 짜임새 있는 골격, ② 객관적이고 논리적이며 체계적인 내용, ③ 이해하기 쉬운 구조, ④ 명료하고 설득력 있는 구체적인 문장, ⑤ 세련되고 인상적이며 효과적인 배치 등이다.

학습평가 4

1. 문서작성 시 문서에는 무엇이 포함되는지 빈칸을 채워보자.

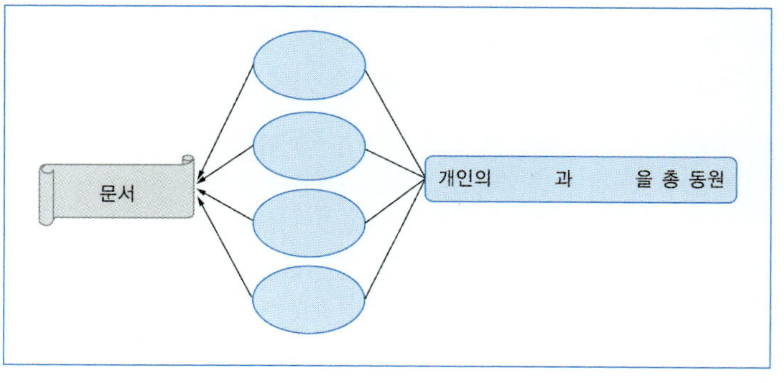

2. 문서작성의 구성요소가 무엇인지 작성해 본다.

2) 기본학습 2

학교나 직장생활에서 사용되는 문서는 상황과 목적에 따라 다양하게 적절한 구조로 이루어져야 한다. 예를 들어, 이메일은 일반적으로 개인적인 의사소통수단이지만, 회사 업무 보고서나 고객에게 보낼 때는 업무의 연장선이 된다. 이렇듯이 상황과 목적에 맞는 문서의 종류에 따라 적절한 문서를 작성하고 제시하는 능력이 필요하다. 상황과 종류에 따른 문서작성법을 사례 2를 통해서 알아본다.

사례 5

아니... 공과 사도 구분하지 못합니까?

컨설팅 회사에 근무하는 박씨는 주요 고객으로부터 사업제안서를 요청받았다. 고객은 박씨가 근무하는 회사와 오랫동안 협력해오던 사람이었다. 박씨는 심혈을 기울인 끝에 사업제안서를 완성해 개인적인 안부와 함께 제안서 초안을 이메일로 보냈다.

한편 그 고객의 비서는 여러 군데 컨설팅 회사에 맡긴 사업제안서를 모두 취합해 간부회의 때 돌려볼 수 있도록 제안서를 출력했다. 그러나 박씨가 보낸 이메일 내용이 간부회의의 분위기를 흩뜨렸다. 이메일에는 이전의 접대 자리가 만족스러웠는지를 묻는 극히 개인적인 내용이 들어 있었던 것이다.

며칠 후, 박씨는 그 고객으로부터 제안서 탈락과 동시에 컨설팅 업무계약취소 통보를 받았다. R씨는 밀접한 인간관계를 믿고 이메일을 보냈다가 공과 사를 구분하지 못한다는 고객의 불만과 함께 업무계약 추진취소라는 날벼락을 맞게 된 것이다(NCS학습모듈, 2015).

활동 5

위 박씨의 사례는 우리가 직업생활을 하면서 많은 문서를 작성하지만 각각의 상황에 맞는 문서작성의 필요성을 인식하게 해준 불미스러운 사례이다. 따라서 자신의 업무와 관련하여 문서작성이 필요한 상황을 생각해 보고 목적과 상황에 맞는 문서는 무엇이 있을지 작성해 보고 발표해 보도록 한다.

• 내가 하는 일은 어떤 일인가?

• 내가 문서를 작성해야 하는 상황은?

• 그 상황에 필요한 문서는 어떤 것인가?

활동 5 내용

학교나 직장에서의 업무는 대부분 문서를 통해 이루어지고 있다. 즉, 상황에 따라 내용이 결정되고, 내용에 따라 문서의 성격이 달라지며 그에 따라 구성도 변한다. 따라서 자신의 생각이나 업무를 진행할 때 문서를 작성해야 하는 상황에 따른 문서작성법과 문서종류에 따른 작성법 등에 대해서 알아본다.

1) 상황에 따른 문서작성법

① 요청이나 확인을 부탁하는 경우 : 업무를 추진하다 보면 부서 내에서가 아니라 다른 부서 차원으로, 더 나아가 외부기관이나 단체에 확인이나 요청을 요구하는 경우도 있을 수 있다. 이러한 경우 공문서 형식으로 문서를 작성해야 하며, 공문서는 공식적인 문서로 일정한 양식과 격식을 갖추어 작성해야 한다.

② 정보제공을 위한 경우 : 직장생활에서 업무추진을 위해 적시에 유용한 정보를 제공할 수 있어야 한다. 또한 행사를 개최하거나 제품을 개발했을 경우에도 홍보물이나 보도자료, 설명서, 안내서 등의 필요한 정보를 제공해야 한다. 이러한 경우 시각적 자료를 활용하는 것이 효과적이며, 무엇보다 신속하고 정확하게 제공해야 한다.

③ 명령이나 지시가 필요한 경우 : 업무를 추진하다 보면 관련 부서나 외부기관, 단체 등에 명령이나 지시를 내려야 하는 경우가 있다. 이러한 경우 업무 지시서를 작성하게 되는데, 작성할 때 상황에 적합하고 명확한 내용을 작성할 수 있어야 한다.

④ 제안이나 기획을 할 경우 : 제안서나 기획서의 목적은 업무를 어떻게 혁신적으로 개선할지, 어떤 방향으로 추진할지에 대한 의견을 제시하는 것이다. 이러한 목적에 맞게 목적을 달성하기 위해서는 관련된 내용을 깊이 있게 담을 수 있는 작성자의 객관적이고 종합적인 판단과 예견적인 지식이 요구된다.

⑤ 약속이나 추천을 위한 경우 : 약속은 고객이나 소비자에게 제품의 이용에 관한 정보를 제공하고자 할 때, 추천은 개인이 다른 회사에 지원하거나 이직을 고려할 때 일반적으로 상사가 작성해 주는 문서이다.

2) 종류에 따른 문서작성법

① 공문서 : 공문서는 회사외부로 전달되는 문서이므로 누가, 언제, 어디서, 무엇을, 어떻게, 왜 등의 6하 원칙으로 정확하게 드러나도록 작성해야 한다. 예를 들어, 복잡한 내용은 항목별로 구분(-다음-, -아래-)하여 작성하고, 날짜는 연도와 월일을 언급하고, 마지막엔 '-끝-'자로 마무리한다.

② 설명서 : 설명서는 상품이나 제품에 대해 설명하는 글이므로 정확하고 간결하게 작성한다. 또한 전문용어는 소비자들이 이해하기 어려우므로 가급적 쉽게 표현하고, 복잡한 내용은 도표화한다. 그리고 명령문보다 평서형으로 동일한 문장보다는 다양하게 표현하는 것이 좋다.

③ 기획서 : 무엇을 위한 기획서인지 핵심 메시지가 정확히 도출되었는지를 확인하고, 상대방이 요구하는 것이 무엇인지를 고려해서 작성한다. 또한 분량이 많을 경우 목차에 신경 쓰고, 핵심내용을 전달하기 위해서는 표나 그래프를 활용하고, 핵심내용이 제대로 도출되었는지 재차 확인하고, 깨끗하고 산뜻한 느낌을 줄 수 있도록 작성한다.

④ 보고서 : 일반적으로 업무 진행과정에 작성하는 경우이므로 무엇을 도출하고자 하는지, 핵심내용은 들어가 있는지 구체적으로 작성한다. 이러한 문서는 업무상 상사에게 제출하는 문서이므로 궁금한 점에 대해 질문을 예상하고 산뜻하고 간결하게 작성한다.

학습평가 5

1. 다음 문서의 종류와 관련된 작성법을 서로 연결하여 보자.

1) 기획서 •	• 궁금한 점에 대해 질문받을 것을 대비한다.
	• 내용이 복잡한 경우 -다음-, -아래-와 같은 항목을 만들어 구분한다.
2) 설명서 •	• 업무상 진행과정에서 작성하므로 핵심내용을 구체적으로 제시한다.
3) 공문서 •	• 마지막엔 -끝-자로 마무리한다.
	• 상대방에게 어필해 상대가 채택하게끔 설득력 있게 작성한다.
4) 보고서 •	• 명령문보다 평서형으로 동일한 문장보다는 다양하게 표현한다.

2. 문서를 작성하는 상황과 관련한 설명에서 (A), (B)에 각각 들어갈 적절한 용어를 적어보자.

> 일을 하다 보면 업무에 대한 제안을 하거나 기획을 해야 할 때가 많다. 어떤 업무를 어떻게 혁신적으로 개선할지, 어떤 방향으로 추진할지에 대한 의견을 제시할 수 있는데, 회사의 중요한 행사나 업무를 추진할 때 대부분 (A) ___와 (B) ___를 작성한다. 제안이나 기획을 위한 글에는 상당히 깊이 있는 내용을 담아내야 하므로 객관적이고 종합적인 판단과 예견적인 지식이 필요하다.

(A) ______________________

(B) ______________________

3) 기본학습 3

학교나 직장생활에서 하루에도 많은 문서를 작성하고 다른 사람이 작성한 문서를 보게 된다. 같은 내용의 문서라도 작성한 사람에 따라 어떤 문서는 모두 공감하기 쉽고, 알아보기 쉬운 반면, 어떤 문서는 필요한 내용은 담겨 있으나, 두서없이 쓰여 있어 요점을 파악하기 어려운 경우가 있다. 다음 사례 3을 통해 문서작성의 원칙과 작성 시 주의사항에 대해서 알아본다.

사례 6

신데렐라 이야기

광고회사에 근무하는 박씨는 간결한 글쓰기의 달인으로 통한다. 그가 글을 잘 쓰는 이유는 목적에 맞는 글을 원칙에 맞게 잘 쓸 뿐만 아니라 두서 있게 쓰기 때문이다. 이러한 박씨가 최근 어이없는 기획안을 보게 되었다. 그 기획안은 신입사원이 작성한 기획안이었는데, 신입사원이 속한 팀장이 광고기획안을 한번 만들어보라고 지시한 것이다. 평소 글쓰기에 자신이 없었던 신입사원은 어렵게 작성하여 팀장에게 보여드렸지만 여러 번 퇴짜를 맞았다. 팀장은 신입사원에게 이렇게 두서없는 기획안은 처음이라며 박씨에게 연락하여 신입사원이 기획서 작성에 어려움을 겪고 있으니 도와주라고 부탁한다.

박씨는 신입사원과 그가 작성한 기획서를 보게 되었는데, 이 기획서는 박씨가 보기에 형편이 없는 내용이었다. '두서가 없다는 말이 나올 만하네요. 본론이 없어요. 본론이...' 그러더니 박씨는 뜬금없이 신데렐라 노래를 부르기 시작했다. '신데렐라는 어려서 부모님을 잃고요. 계모와 언니들에게 구박을 받았더래요... 제가 이 노래를 왜 부른 것 같아요?' 신입사원은 자신을 노리고 있다고 생각했지만 박씨의 다음 말에 자신이 무슨 실수를 했는지 곧바로 깨달았다. '만약에 이 노래를 이렇게 부르면 어떻게 될까요? 신데렐라는 언니들에게 구박을 받고요. 어려서 엄마 아빠를 모두 다 잃었더래요... 당신의 글이 지금 이래요. 구성이 뒤죽박죽이라고요'(NCS학습모듈, 2015).

활동 6

위 사례 3은 문석작성의 원칙이 얼마나 중요한지 알 수 있는 사례이다. 학교나 직장생활 중에 작성해야 하는 문서가 다양하고 각 문서의 내용이 다르지만 문서작성의 원칙은 같다. 다음에 제시된 한 장짜리 기획서를 보고 무엇을 주의해야 하는지 생각해보고 간단한 신제품 기획서를 작성해 본다.

신간 도서 기획서
제목 : 콜라와 체리가 만나서 무슨 일이 벌어졌을까? 1. 개요 세계의 최고 기업을 통해 어린이 경제교육관련 학습도서 출간 기획 2. 현재 상태 어린이 학습도서류의 지속적인 성장 추세가 이어지고 있다. 그러나 어린이들이 흥미롭게 접근할 수 있는 경제서적은 드문 상태이다. 3. 목표 세계 최초 기업들의 역사와 경영사례들을 통해 어린이에게 경제적 마인드를 심어주고 미래의 꿈과 비전을 길러주는 어린이 경제교육 학습도서로 학부모와 어린이들의 관심을 끌어 베스트셀러가 되게 한다. 4. 구성 1) 3권의 시리즈물 2) 사실성, 드라마성, 코믹성, 지식 제공의 기본 원칙을 지킴 3) 각 권 총 7개의 장으로 100여 쪽 4) 에니메이션적이고 옛날 이야기적인 구성으로 흥미롭게 이야기를 끌어감 5. 제작 기간 6개월 6. 기대효과 어렵고 딱딱하기만 했던 경제에 관한 이야기가 어린이들에게 옛날이야기와 애니메이션의 형식으로 쉽게 전달할 수 있으므로 '아동경제실용'부분의 새로운 시장을 개척하며 성공할 수 있을 것으로 기대된다. 2015년 12월 18일 기획팀 대리 ○○○

〈기획서를 만들어보자〉

기획서
제목 : 1. 개요   2. 현재 상태   3. 목표   4. 구성 1) 2) 3) 5. 제작 기간   6. 기대효과   년 월 일 작성자 :

활동 6 내용

학교나 직장에서 문서작성은 일반 글에 비해 형식적인 면을 상당히 중요시한다. 또한 공식적인 문서인 만큼 일정한 형식 안에서 일목요연하게 전개해야 하기 때문에 정확하게 작성해야 한다. 문서작성의 원칙은 다음과 같다(NCS학습모듈, 2015).

① 문장을 짧고 간결하게 작성하도록 한다. : 문서의 의미 전달에 문제가 없다면 끊을 수 있는 부분은 가능한 끊어서 문장을 짧게 만들고, 문장표현은 기교를 피하고 실질적인 내용을 담을 수 있도록 한다.
② 상대방이 이해하기 쉽게 쓴다. : 우회적인 표현이나 현혹적인 문구는 되도록 쓰지 않도록 한다.
③ 한자의 사용을 자제해야 한다. : 꼭 사용할 경우 상용한자의 범위 내에서 사용하는 것이 상대방의 문서이해에 도움이 될 것이다.
④ 간결체로 작성한다. : 적절하게 행과 단락을 나누어 문서가 난잡하게 보이지 않도록 문서를 작성하는 것이 의미 전달이 빠르다.
⑤ 긍정문으로 작성한다. : 부정문이나 의문문의 형식은 되도록 피한다.
⑥ 간단히 표제를 붙인다. : 문서의 내용을 일목요연하게 파악할 수 있도록 간단한 표제를 붙이는 것이 내용을 이해하는 데 도움을 준다.
⑦ 문서의 주요한 내용을 먼저 쓰도록 한다. : 직장생활에서 문서작성의 핵심은 결론을 먼저 쓰도록 하는 것이다. 회사마다 정형화된 문서의 기본 틀이 있다. 문서작성은 공적으로 자신을 표현하고, 대외적으로는 회사를 대표하는 것이기 때문에 실수가 있어서는 안 된다. 정형화된 기본 틀을 갖춰 문서를 작성할 경우 주의사항은 다음과 같다.
Ⓐ 문서는 육하원칙에 의해서 작성해야 한다. Ⓑ 문서는 그 작성시기가 중요하다. Ⓒ 문서는 한 사안을 한 장의 용지에 작성해야 한다. Ⓓ 문서작성 후 반드시 다시 한 번 내용을 검토해야 한다. Ⓔ 문서의 첨부 자료는 반드시 필요한 자료 외에는 첨부하지 않도록 한다. Ⓕ 문서내용 중 금액, 수량, 일자 등의 기재에 정확성을 기해야 한다. Ⓖ 문장표현은 작성자의 성의가 담기도록 경어나 단어사용에 신경을 써야 한다.

효과적인 문서작성 팁

- 내용이해 : 전달하고자 하는 내용과 그 핵심을 완벽히 파악해야 함
- 목표설정 : 전달하고자 하는 목표를 정확히 설정해야 함
- 구성 : 효과적인 구성과 형식이 무엇인지 생각해야 함
- 자료수집 : 목표를 뒷받침해 줄 자료를 수집해야 함
- 핵심전달 : 단락별 핵심을 하위목차로 요약해야 함
- 대상파악 : 대상에 대한 이해와 분석을 철저히 해야 함
- 보충설명 : 질문을 예상하고 그에 대한 구체적인 답변을 준비해야 함

학습평가 6

1. 다음은 문서작성 시 주의해야 할 사항을 설명한 것이다. 잘못된 것은?
   ① 문서의 작성시기는 중요하지 않다.
   ② 문서의 첨부자료는 반드시 필요한 자료 외에는 첨부하지 않도록 한다.
   ③ 문서작성 후 반드시 다시 한 번 내용을 검토해야 한다.
   ④ 문서내용 중 금액, 수령, 일자 등의 기재에 정확성을 기하여야 한다.

2. 다음 문서작성의 원칙에 관한 설명 중 맞으면 O, 틀리면 X를 표시하여 보자.
   1) 문장은 짧지 않아도 된다. (　　)
   2) 문장은 부정문 형식으로 작성해도 괜찮다. (　　)
   3) 문서의 주요한 내용을 먼저 쓰도록 한다. (　　)

3. 다음 설명에 해당하는 문서작성 원칙은? (　　　)
   문장 표현 시에 되도록 간결체로 쓰는 것이 의미전달에서 가장 이해가 빠르다. 적절하게 행과 단락을 나누어 문서가 난잡하게 보이지 않도록 하여야 하며, 그 내용에 따라 알맞게 행과 단락을 바꾸도록 한다.

4) 심화학습 1

학교나 직장에서의 문서작성은 업무와 관련된 일로 조직의 비전을 실현시키는 생존을 위한 것이라고 할 수 있다. 문장의 길이가 길고 중구난방으로 나열한 글은 요점을 파악하기 어렵다. 따라서 문서의 내용이 효과적으로 전달될 수 있어야 잘 작성된 문서라고 할 수 있다. 다음 사례 4를 통해서 효과적인 문서작성에는 어떤 것이 있는지 알아본다.

사례 7

그러니까 결론이 무엇인가?

직장인 박씨는 매주 열리는 기획회의에서 처음으로 발표할 기회를 얻었다. 박씨는 자신이 할 수 있는 문장실력을 총 동원해 다섯 장의 기획안을 작성했다. 기획회의 때 완성된 기획안을 당당하게 읽기 시작한 박씨, 그러나 기획안의 절반도 읽지 못했는데, 팀장이 일침을 가했다. '지금 그걸 다 읽겠다는 건가? 그러니까 결론이 무엇인가?' 결국 박씨는 기획안을 끝까지 발표하지 못하고 얼렁뚱땅 답변하며 발표를 마무리 지었다.

반면 입사동기인 김씨는 한 장의 기획안을 준비해 와서는 기획안을 보지 않은 채 술술 발표를 한다. 발표가 끝난 후 팀장은 김씨에게 기획안을 심층시켜 프리젠테이션을 준비해 보라고 지시했다.

박씨는 수준 높은 문장력과 나름대로 참신한 아이디어를 준비하여 기획서를 작성했지만 회의에 참석한 대부분의 사람들이 이해하지 못했으나, 김씨는 비록 한 장짜리 기획서를 준비했더라도 참석자를 이해시켰다. 팀장은 박씨에게 이렇게 말했다. '기획력은 좋았네. 하지만 자네의 기획이 무엇인지 알려면 3년은 걸릴 듯 싶네...'(NCS학습모듈, 2015).

활동 7

위 사례 4에서 알 수 있듯이 박씨와 김씨의 차이는 문서내용의 효과적인 전달의 중요성을 말해주고 있다. 문서를 작성하다 보면 같은 내용을 알기 쉽게 작성한 문서를 보는 경우도 있고, 같은 내용을 볼수록 어렵다고 느끼는 경우가 있다. 다음의 예 A, B를 보고 어느 쪽이 알아보기 쉬운지 생각해 보고 왜 그런지 작성해 보고 발표해 보도록 한다.

A. 당사의 클레임 현황

올해 당사의 클레임은 178건으로 집계되었습니다. 그 중 제품 불량이 46건, 부품 결함이 22건, 배송문제가 21건, 인적 대응문제가 62건, 사용불편이 16건입니다.

B. 당사의 클레임 현황

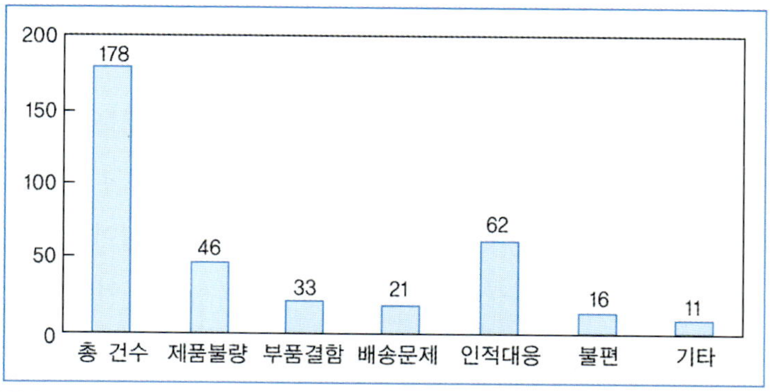

이해하기 쉬운 문서는?

• A와 B 중에 어떤 문서가 더 이해하기 쉬운가? 왜 그런지 생각해 본다.

활동 7 내용

학교나 직장생활에서 많은 비중을 차지하는 부분이 문서를 보고, 문서를 작성하는 일이다. 매일 수많은 문서를 보고, 작성하지만 문서를 보면 무엇을 의도하고 있는지 파악하기 어려운 문서가 종종 있다. 물론 말하고자 하는 내용이 어려운 경우도 있지만, 표현의 방법이 잘못된 경우도 있을 수 있다. 길이가 길고 중구난방으로 나열한 글은 요점을 파악하기 어렵다. 따라서 문서의 내용이 효과적으로 전달할 수 있는 방법에 대해서 알아본다.

- **문서표현의 시각화** : 문서를 구성하는 방법은 크게 개념이나 주제 등을 나타내는 문장표현, 통계적 수치 등을 한눈에 알아볼 수 있는 차트 표현, 수치를 표로 나타내는 데이터 표현, 전달하고자 하는 내용을 그림이나 사진 등으로 나타내는 이미지 표현 등으로 구분할 수 있다. 하지만 이러한 표현방법들은 모두 문서를 효과적으로 표현하기 위한 방법이므로, 문서표현을 시각적으로 하기 위해 그래프나 표, 그림 등을 사용하여 간결하고 명확하게 작성하여 효과를 극대화해야 한다.

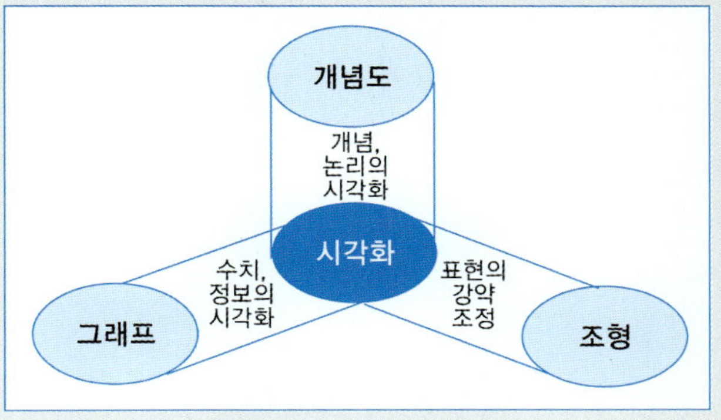

- **문서를 시각화하는 4가지 포인트** : 시각자료는 ① 보기 쉬워야 하고, ② 이해하기 쉬워야 하고, ③ 다채롭게 표현되어야 하고, ④ 숫자는 그래프로 표시한다.

학습평가 7

1. 다음은 문서표현의 시각화를 구성하는 요소이다. 검은색 부분과 ( )에 알맞은 내용을 작성해 본다.

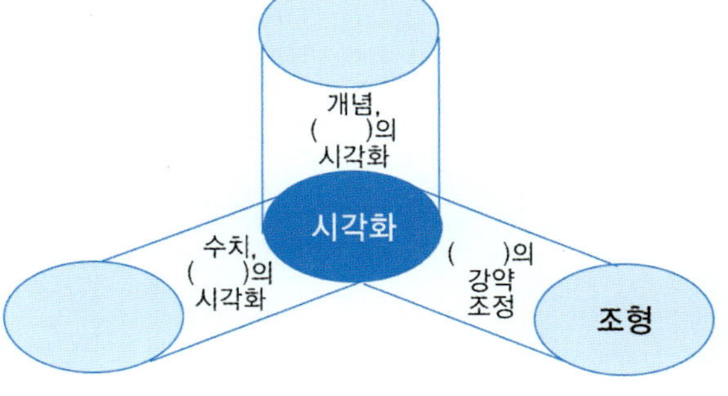

2. 문서를 시각화하는 4가지 포인트가 무엇인지 작성해 본다.
   ①
   ②
   ③
   ④

제 7 장

의사소통능력 III

7.1 NCS 의사소통능력의 하위 경청능력 지도

제7장

의사소통능력 Ⅲ

의사소통은 둘 또는 그 이상의 사람들 사이에서 사실, 생각, 의견 또는 감정의 교환을 통하여 공통적 이해를 이룩하고 상대방 측의 의식이나 태도 또는 행동에 변화를 일으키는 행동이다(엄명용 외, 2009). 이러한 의미에서 직업기초능력에 따른 의사소통능력은 학업이나 업무를 수행함에 있어 글과 말을 읽고 들음으로써 다른 사람이 뜻한 바를 파악하고, 자기가 뜻한 바를 글과 말을 통해 정확하게 쓰거나 말을 하는 능력이다(NCS 학습모듈, 2015). 이 장에서는 NCS 의사소통능력의 하위능력(문서이해, 문서작성, 경청, 의사표현, 기초외국어) 중 경청능력에 대해서 알아본다.

7.1 NCS 의사소통능력의 하위 경청능력 지도

1) 기본학습 1

경청능력은 상대방의 말을 주의 깊게 들으며, 공감할 수 있는 능력이다. 긍정적이고 효과적인 의사소통을 하기 위해서는 경청이 필수이다. '말을 배우는 데는 2년이 걸리지만 침묵을 배우는 데는 60년이 걸린다.'라는 이건희 회장의 말이 있다. 이는 '경청이 백 마디 말보다 강하다'는 것을 의미하는 것으로 경청의 중요성을 강조한 것이다. 그렇지만 사람들은 의사소통을 하는 데 있어서 자신의 의견을 잘 전달하는 데 급급하여 제대로 된 의사소통을 하지 못하는 경우가 종종 있다. 다음 사례 1을 통해 경청의 의미와 중요성에 대해서 알아본다.

사례 1

그룹의 임원이 되려면...

삼성, 현대차, SK, 롯데 등 그룹의 인사 관련 임원을 취재하면서 공통적으로 질문한 것이 있다. 공통적인 대답은 바로 '경청하고, 또 경청하라'였다.

SK그룹도 경청의 중요성에 대해 일찍부터 인식하고 임원들이 이를 실행하도록 하고 있다. SK그룹은 파격전인 인사를 통해 이를 실천한다. SK그룹이 여러 가지 새로운 사업을 벌이고 있을 때, 필요한 인력을 선입관 없이 적기에 공급하자면서 경청하는 임원이 인사부서에 있어야 한다고 하였다.

삼성그룹은 지난해 '부하들의 마음을 관리하는 법'이란 사례집을 만들어서 부서에 배부했다. 사례집에 따르면 훌륭한 상사는 부하직원의 생일이나 입사 기념일 등에 메시지를 보내는 등 1대 1 관리에 능하다고 하였다. 심지어 어떤 상사는 외국 출장길에도 생일을 맞은 후배에게 메시지를 보내 감동의 물결을 일으켰다는 것, 또 부하들을 면담할 때 이들로부터 들은 장래희망이나 지금 고민하고 있는 것을 꼼꼼히 적어 생각날 때마다 어떻게 되고 있는지 물어 보기도 하였다(NCS학습모듈, 2015).

활동 1

위 사례 1에서 볼 수 있듯이 경청능력은 작장생활에서 중요하다. 자신의 경청 정도가 어느 정도인지 점검해 보고, 의사소통에 실패한 사례를 생각해 보고 반성해 보자. 그리고 이를 바탕으로 올바른 경청을 위하여 자신에게 필요한 능력은 어떤지 생각해 보고 개선할 점은 무엇인지 발표하도록 한다.

문항	내용	1	2	3	4
1	나는 화자를 방해하지 않고 자신의 생각을 표현하도록 한다.				
2	나는 상대방이 말하는 모든 것을 듣기를 원한다.				
3	나는 중요한 사실을 기억하는 능력을 가지고 있다.				
4	나는 화자의 말을 들으려고 노력한다.				
5	나는 메시지의 가장 중요한 세부 사항을 기록한다.				
6	나는 비록 따분하기는 하지만 화자의 말을 듣는다.				
7	나는 듣고 있을 때는 주위의 산만한 분위기를 무시한다.				
8	나는 화자의 말을 진심으로 듣고 있음을 표현한다.				
9	나는 다른 사람의 말에 동의하지 않더라도 들어준다.				
10	나는 화자의 다음 말을 예측하면서 공상을 피한다.				

1 : 전혀 그렇지 않다, 2 : 가끔 그렇다, 3 : 거의 그렇다, 4 : 항상 그렇다

※ 30~40 : 상대방의 말을 효과적으로 듣는 사람, 20~29 : 좋은 청위자이기는 하지만 앞으로 더 개선할 점이 있는 사람, 10~19 : 개선이 필요한 사람, 이러한 사람의 경우 경청기술을 개발하기 위한 기법을 적극적으로 학습해야 할 것이다.

활동 1 내용

학교나 직장생활에서 동료나 선배·상사와 관계를 잘 맺고 의사소통을 잘하는 사람은 상대방의 말에 귀를 기울일 줄 아는 사람이다.

- **경청의 의미** : 남이 하는 이야기를 건성으로 듣거나 적당히 들으면 아니 듣는 것과 같다. 우리는 직장이나 일상생활에서 정보를 듣고, 아이디어를 듣고, 지식과 상식을 듣고, 뉴스를 듣고, 남의 일화를 들음으로써 삶의 앞날을 슬기롭게 헤쳐 나갈 수 있다. 무엇보다도 직장생활을 하면서 맡은 바 업무를 착실히 수행하려면 우선 현장의 소리를 성실하게 듣고 대책을 강구하는 것이 순리이다. 많은 곳에서 듣게 되는 경청능력은 단지 상대방의 말만 주의 깊게 듣는 것뿐만 아니라 그가 지금 무엇을 표현하고 있는지, 그의 감정과 사고는 어떤 것인지를 이해하고 파악하면서 듣는 능력이다. 이렇게 마음을 열고 경청하면 신뢰를 쌓을 수 있어 상대방은 안도감을 느끼고, 무의식적인 믿음을 갖게 된다.
  우리가 경청하면서 말을 할 경우, 자신도 모르게 더 집중하게 되는데, 이러한 심리적 효과로 인해 말과 메시지뿐만 아니라 감정까지 효과적으로 상대방에게 전달된다. 듣는 사람이 경청하는 만큼 상대방도 경청할 수밖에 없다는 것을 알아야 한다. 자기 말을 경청해주는 사람을 싫어하는 사람은 세상에 존재하지 않는다.
- **경청의 중요성** : 성공한 많은 사람들은 경청의 중요성을 강조하고 있다. 스티븐 코비의 『성공하는 사람의 7가지 습관』과 『성공하는 사람의 8번째 습관』이란 책에는 '성공하는 사람과 그렇지 못한 사람의 대화 습관에는 뚜렷한 차이가 있다. 그 차이점이 무엇인지 단 하나만 꼽으라고 한다면, 나는 주저 없이 '경청하는 습관'이라고 말한다.'
  의사소통은 내가(말을 하는 사람) 상대방(말을 듣는 사람)에게 메시지를 전달하는 과정이 아니라 상대방과 공감하며 상호작용을 통해 메시지를 다루는 과정이다. 따라서 성공적인 의사소통을 위해서는 메시지를 상대방이 이해하기 쉽게 표현하는 것도 중요하지만, 상대방이 어떻게 받아들일 것인가에 대한 고려가 중요시되어야 한다. 따라서 경청을 함으로써 상대방을 한 개인으로 있는 그대로를 존중하게 되고, 상대방을 솔직하고 성실한 마음으로 대하게 되고, 상대방의 입장에 공감하며 편견이나 선입견 없이 이해하게 된다.

(1) 경청의 의미와 중요성

경청은 '듣다, 관찰하다, 초점을 맞추다, 집중하다, 주의하다, 귀를 기울여서 듣는다' 등의 의미가 모두 포함되어 있다. 즉, 단순히 상대방의 이야기를 들어 주는 것이 아니라 그에게 관심을 가지고 말을 들어 주는 것이고, 그가 무엇을 표현하고 있는지, 그의 감정과 사고는 어떤 것인지를 이해하고 파악하여 마음까지도 공감하며 듣는 것이다. 사람들이 의사소통에서 문제가 발생하는 데에는 여러 가지 이유가 있을 수 있지만, 대개 대화에 참여하는 사람들이 상대방의 이야기를 그저 듣기만 하기 때문에 문제가 발생한다. 따라서 경청을 잘한다는 것은 단순히 잘 듣는(Hearing) 것만이 아니라 말하는 사람의 생각을 듣는 사람이 잘 이해하고 있다는 것이다. 사람들이 읽기를 할 때 읽는 내용을 이해하기 위해서 필요한 만큼 몇 번이고 반복해서 읽지만 듣기를 할 때는 들은 내용을 이해하기 위해 다시 들을 수 없다. 그러므로 좋은 경청자가 되기를 원한다면 말하는 사람에게 집중하여 경청할 수 있는 자기 트레이닝이 필요하다.

말을 잘 하기 위해서는 먼저 다른 사람의 말을 잘 듣는 것이 중요하다. '사람을 움직이는 가장 강력한 무기는 입이 아니라 귀다.', '사람의 입은 하나이고 귀는 둘이다.'라는 말이 있다. 이는 말을 적게 하고 귀는 많이 들으라는 의미로 경청의 중요성을 강조한 것이다. 따라서 대화과정에서 중요한 기본 자세는 상대방의 문제에 대해서 자신의 생각이나 기분에 따라 반응하기에 앞서 상대방의 생각이나 기분에 초점을 두어 경청하려는 노력이 중요하다고 할 수 있다. 또한 상대방이 말하고자 하는 내용은 물론 그 내면에 깔린 동기나 생각에 귀를 기울여 듣고, 이해한 바를 상대방에게 피드백 하려는 노력이 중요하다(이해선 외, 2015).

학습평가 1

1. 다음은 경청에 대한 설명이다. 잘못된 설명은?
   ① 경청이란 다른 사람의 말을 주의 깊게 들으며 공감하는 능력이다. 또한 대화의 과정에서 서로 신뢰를 쌓을 수 있는 최고의 방법이다.
   ② 우리가 경청하면 상대는 본능적으로 안도감을 느끼고, 경청하는 우리에게 무의식적인 믿음을 갖게 된다.
   ③ 자기 말을 경청해 주는 사람을 좋아하기도 하고 싫어하기도 한다.
   ④ 경청을 하면 상대방은 매우 편안해져서 말과 메시지, 감정은 아주 효과적으로 전달된다.

2. 다음은 경청의 중요성에 대한 설명이다. (A), (B), (C)에 들어갈 적당한 말을 적어보라.
   경청을 함으로써 상대방을 한 개인으로 있는 그대로를 (A)하게 되고, 상대방을 솔직하고 (B) 마음으로 대하게 되고, 상대방의 입장에 (C)하며 편견이나 선입견 없이 이해하게 된다.
   (A) ____________________
   (B) ____________________
   (C) ____________________

2) 기본학습 2

태양광회사에 다니는 직장인 김씨는 3년차로 업무에 대해 상사에게 많은 지시를 받지만 항상 지시사항이 무엇인지 혼란스럽다. 그는 상대방이 이야기할 때 대충 듣고 일을 처리하는 경향이 있다. 직장인들은 종종 자신의 의견을 전달하는 데만 급급하여 상대방의 의견을 제대로 듣지 않거나 자신의 일만 하는 등 제대로 경청하는 법을 알지 못하는 경우가 있다. 다음 사례 2를 통해 올바른 경청을 방해하는 나쁜 습관과 공감적 경청에 대해서 알아본다.

사례 2

사오정의 면접상황

사업에 실패한 후 다시 백수가 된 사오정은 생존을 위해서 미스터 손과 함께 면접시험을 보러 갔다.

면접관 : "자네는 우리나라 축구 선수 중에서 누가 가장 뛰어나다고 생각하는가?"

미스터 손 : "네, 예전에는 차범근이었는데, 지금은 박지성입니다."

면접관 : "이순신 장군은 어느 시대 사람인가?"

미스터 손 : "조선 시대입니다."

면접관 : "자네는 이 세상에 유에프오(UFO)가 있다고 생각하는가?"

미스터 손 : "많은 사람들은 그렇다고 하는데, 저는 확실한 근거가 없어서 단정적으로 말할 수 없습니다."친절하게도 미스터 손은 면접을 마치고 나온 후 자기가 대답한 것을 적어서 사오정에게 주었고, 사오정은 그것을 달달 외웠다.

면접관 : "자네 이름이 뭔가?"

사오정 : "네, 예전에 차범근이었는데, 지금은 박지성입니다."

면접관 : "음, 자네는 언제 태어났나?"

사오정 : "조선 시대입니다."

면접관 : "으음~~ 자네는 자신이 바보라고 생각하지 않나?"

사오정 : "남들은 그렇다고 하는데, 저는 확실한 근거가 없어서 단정적으로 말할 수 없습니다"(NCS학습모듈, 2015).

활동 2

위 사례 2에서 알 수 있듯이 상대방의 이야기를 주의 깊게 듣는 경청의 중요성을 보여주고 있다. 자신이 경청하는 습관을 체크해 보고, 구체적인 상황을 작성해 본다. 또한 올바른 경청을 하기 위해서 어떠한 노력을 하고 있는지 작성해 보고 발표해 보도록 한다.

나는 어려운 이야기를 흘려듣는 경향이 있다.

나는 반쯤 듣고 지레 짐작하는 경향이 있다.

나는 이야기하는 사람의 외모에 한눈파는 경향이 있다.

나는 잡음에 신경 쓰는 경향이 있다.

올바른 경청을 위해 노력해야 할 사항 및 방법

활동 2 내용

사오정이 면접에서 실패하게 된 상황은 다양한 요인이 있을 수 있지만 대부분의 경우 다음과 같은 요인으로 경청에 소홀해질 수 있다. 대화중에 다음과 같은 요인이 있는 경우 습관을 고치기 위해서는 어떻게 해야 하는지 알아보고 고치려고 노력해야 한다(NCS학습모듈, 2015).

① 어려운 이야기를 흘려듣는 경향이 있는 경우 : 이러한 습관을 고치려면 계획을 세워 정기적으로 어려운 이야기를 듣고 훈련하는 방법 외에는 다른 치료법은 없다. 방송, 토론회, 패널 토의, 강의·강연 등과 같은 어려움을 동반하는 이야기를 듣는 것이 효과적이다.

② 반쯤 듣고 지레 짐작하는 경향이 있는 경우 : 이러한 버릇을 고치려면 계획적으로 여러 가지 이야기를 듣는 것이 가장 좋다. '모든 일에 재미없는 것은 없다. 재미를 느끼지 못하는 사람이 있을 뿐이다.'라는 생각을 갖고 재미가 없어도 무엇인가 참고 하면 된다는 생각을 가지고 노력하는 것이 중요하다.

③ 이야기하는 사람의 외모에 한눈을 파는 경향이 경우 : 용모나 자태가 이야기 내용과 밀접한 관계가 있다. 그렇지만 용모나 자태를 가지고 이야기를 듣지 않겠다는 생각을 버리고 이야기가 용모나 자태보다 중요하는 것을 인식한다.

④ 잡음에 신경 쓰는 경향이 있는 경우 : 소음 처리가 어렵고 화자(말을 하는 사람)에게 사정을 말할 수 없다면 청자(듣는 사람)는 스스로 잡음을 물리친 채 모든 신경을 이야기에 집중할 수밖에 없다. 모든 정신을 집중하여 이야기를 들으려고 노력해야 한다.

(1) 올바른 경청을 방해하는 나쁜 습관 10가지

① 짐작하기 : 상대방의 말을 듣고 받아들이기보다 자신의 생각에 맞는 단서를 찾아 자신의 생각을 확인하는 것을 의미한다. 짐작하고 넘겨 짚으려 하는 사람들은 상대방의 목소리 톤이나 얼굴표정, 자세 등을 지나치게 중요하게 생각한다. 또한 상대방이 하는 말의 내용은 무시하고 자신의 생각이 옳다는 것만 확인한다. 예를 들어, 남편이 자기 부인에게 "당신은 다른 사람보다 젊어 보여."라고 말하면, 부인은 남편의 표정이나 말투 등을 살피면서 '남편이 속으로는 내가 너무 늙어 보여서 매력이 없다고 생각하겠지.'라고 생각하거나 심한 경우에는 '남편이 다른 여자와 사귀는 것은 아닌가?'라고까지 지레 짐작한다.

② 대답할 말 준비하기 : 상대방의 말을 듣고 곧 자신이 다음에 할 말을 생각하는데, 집중해서 상대방의 말을 잘 듣지 않는 것을 의미한다. 결국 자기 생각에 빠져서 상대방의 말에 제대로 반응할 수 없게 된다.

③ 걸러내기 : 상대방의 말을 듣기는 하지만 상대방의 메시지를 온전하게 듣는 것이 아닌 경우를 의미한다. 즉, 듣고 싶지 않은 것들을 막아버리는 것이다. 상대방의 분노나 슬픔, 불안에 대해 말하는 것을 들어도 그러한 감정을 인정하고 싶지 않다거나, 회피하고 싶다거나, 또는 무시하고 싶을 때 자기도 모르는 사이에 상대방이 아무 문제도 없다고 생각해버린다.

④ 판단하기 : 상대방의 부정적인 판단 때문에 또는 상대방을 비판하기 위해 상대방의 말을 듣지 않는 것을 의미한다. 이런 경우 상대방을 어리석다거나 이기적이라고 생각한다면, 화자(말을 하는 사람)는 경청하기를 그만두거나 듣는다고 해도 상대방이 그렇다는 증거만 찾기 위해서 귀를 기울일 것이다.

⑤ 다른 생각하기 : 상대방에게 관심을 기울이는 것이 점차 힘들어지고 상대방이 말을 할 때 자꾸 다른 생각을 해서 내용을 알지 못하거나 흥미를 느끼지 못하는 것을 의미한다.

⑥ 조언하기 : 상대방이 말할 때 상대방의 말이 끝나지도 않았는데 끼어들어 상대방

에게 조언하는 것을 의미한다. 이러한 경우 상대방은 제대로 말을 끝맺을 수 없게 되고 기분이 좋지 않게 된다. 올바른 해결책을 찾고 모든 것을 제대로 고치려는 당신의 욕구 때문에 마음을 털어놓고 이야기하고 싶은 상대방의 소박한 바람이 좌절된다. 이야기를 들어주기만 해도 상대방은 스스로 자기의 생각을 명료화하고 그 사이에 해결책이 저절로 떠오르게 된다. 예를 들어, 남편이 아내에게 직장에 대한 좌절과 낙담을 털어놓자 "당신은 윗사람 다루는 기술이 필요해요. 당신 성격에도 문제가 있어요."라고 지체 없이 퍼붓게 되면 남편이 진실로 원했던 것 즉, 서로 공감하고 잠시 위로받고 싶었던 욕구가 좌절된다. 이러한 대화가 반복되면 상대방은 무시당하고 이해받지 못한다고 느끼게 되어 다른 사람에게 마음의 문을 닫아버리게 된다.

⑦ 언쟁하기 : 단지 반대하고 논쟁하기 위해서만 상대방의 말에 귀를 기울이는 것을 의미한다. 상대방이 무슨 말을 하든 자신의 입장을 확고히 한 채 방어만 하는 것을 의미한다. 언쟁은 문제가 있는 관계의 전형적인 의사소통 형태이다. 이럴 경우 상대방의 생각은 전혀 들을 생각이 없기 때문에 어떤 이야기도 듣지 않게 되고 상대방과의 생각과는 다른 자신의 생각을 논리대로 말하려고 한다. 지나치게 논쟁적인 사람은 상대방의 말을 경청할 수 없다.

⑧ 자존심 세우기 : 자존심이 강한 사람은 자존심에 관한 것을 막아버리려는 것을 의미한다. 이러한 경우 자신의 부족한 점에 대한 상대방의 말을 들을 수 없게 된다. 화자(말을 하는 사람)는 자신이 잘못했다는 말을 받아들이지 않기 위해 거짓말을 하고, 고함을 지르고, 주제를 바꾸고, 변명 등을 하게 된다.

⑨ 슬쩍 넘어가기 : 대화가 너무 사적이거나 위협적이면 주제를 바꾸거나 농담으로 넘기려는 것을 의미한다. 이러한 경우 문제를 회피하려 하거나 상대방의 부정적인 감정을 회피하기 위해서 유머를 사용하거나 상황을 잘못 맞추게 되면 상대방의 진정한 의미를 놓치게 된다.

⑩ 비위 맞추기 : 상대방을 위로하기 위해서 또는 비위를 맞추기 위해서 너무 빨리 동의하는 것을 의미한다. 이러한 경우 의도는 좋지만 상대방이 걱정이나 불안을 말하자마자 "그래요. 당신 말이 맞아.", "미안해요. 앞으로는 안 할 거예요."라고 말하며 지지하고 동의하는 데 너무 치중함으로써 상대방에게 자신의 생각이나 감정을 충분히 표현할 시간을 갖지 못하게 된다.

(2) 공감적 경청

남의 이야기를 듣는 태도를 보면, 상대방에 대한 공감성 유·무를 알 수 있다. 말하는 사람을 만족시키기 위해서는 공감성이 필요하다. 말하는 사람은 짧게 내용만 전달하여 이야기의 목적을 달성하려는 경우도 있지만, 대개는 말을 많이 하고 싶어 하는 경향이 있다. 따라서 이야기를 끝까지 들어주는 데는 상당한 끈기가 필요하다. 상대방의 말을 들을 때, 다음 사항에 유의할 필요가 있다.

① **열심히 듣는다.** : 말하는 사람의 의욕을 잃지 않도록 하고 말한 사실에 만족할 수 있는 경청자가 되는 것이다.

② **물으면서 듣는다.** : 말하는 사람에게 구체적인 방안을 제시하고, 질문에 대답할 수 있도록 적극적으로 귀를 기울이는 경청자가 되는 것이다.

③ **분명하지 못한 점은 확인하면서 듣는다.** : 이해하기 어려운 용어, 미흡한 상황 설명으로 인하여 이해가 부족한 내용을 적당히 듣고 넘기면 오해가 생기므로 확인하면서 듣는 경청자가 되는 것이다.

학습평가 2

1. 다음과 같은 상황은 올바른 경청을 하는 데 있어서 방해요인이 작용한 것이다. 어떠한 방해요인이 작용한 것인지 작성해 본다.

> 남편이 아내에게 직장에 대한 좌절과 낙담을 털어놓자 "당신은 윗사람 다루는 기술이 필요해요. 당신 성격도 문제가 있어요."라고 지체 없이 퍼붓게 되면 남편이 진실로 원했던 것, 즉 서로 공감하고 잠시 위로받고 싶었던 욕구가 좌절된다. 이러한 대화가 매일 반복된다면 상대방은 무시당하고 이해받지 못한다고 느끼게 되어 다른 사람에게 마음을 문을 닫아버리게 된다.

(　　　　　　　　　　　　)

2. 어떠한 방해요인이 작용한 것인지 작성해 본다.

> 남편이 자기 부인에게 "당신은 다른 사람보다 젊어 보여."라고 말하면, 아내는 남편의 표정이나 말투 등을 살펴보면서 '남편은 속으로 너무 늙어 보여서 매력이 없다고 생각하겠지.'라고 생각하거나 심한 경우에는 '남편이 다른 여자와 사귀는 것은 아닌가?'라고까지 지레 짐작한다.

(　　　　　　　　　　　　)

3) 기본학습 3

직장생활을 하면서 만나게 되는 고객들은 자신의 말에 귀를 기울여주고, 공감해주는 것만으로도 그 직원에 대해 만족감을 느낄 것이다. 고객센터에서 일하는 문씨는 고객의 불만을 차근차근 들어줄 뿐만 아니라 고객의 입장에서 공감해주는 능력이 있다. 많은 고객들은 문씨와 대화를 하고 나면 처음에 갖고 있던 불안이 많이 줄어들게 된다. 다음 사례 3을 통해 효과적인 경청방법이 무엇인지 알아보고, 경청의 올바른 자세 등에 대해서 알아본다.

사례 3

불친절한 말투에 고객의 말 자르기까지

일단 앵무새처럼 미안하다고 반복한다. 전화 상담원이 할 수 있는 말은 그리 많지 않다. 불만을 처리할 때에는 상당원이 처리할 수 있는 부분이 명확한 한계가 있기 때문이다. 할 말이 없다고 해서 미안하다는 말만 계속하는 것은 고객에게 더욱 무책임하게 들린다.

고객의 말을 자르는 것은 절대 금물이다. 고객의 문제를 파악했다고 해서 중간에 말을 잘라서는 안 된다. 특히 말을 자르고 앞질러 해결책을 제시했는데, 엉뚱한 방안일 수가 있다. 예를 들어, 단순 문의를 하려고 전화한 고객에게 '불만 있으면 처리해주겠다'는 식으로 응대해서 일을 그르치는 경우가 종종 발생한다.

이 상황에서는 '공감적 경청'이 가장 중요하다. "아, 그렇군요. 불편하셨겠네요."의 고객의 감동에 동의하는 말 등을 가끔씩 덧붙여 주어야 전화를 하는 고객이 안심할 수 있다. 또한 불만사항은 미안하다고 한 후에 정책에 반영하여 시정할 수 있도록 하겠다는 식의 처방을 제시하는 것이 좋다. 보이지 않는 고객에게도 최대한 호응하는 태도를 보이고 말로만이 아니라 그 의견을 진심으로 반영하겠다는 신뢰를 보여주는 것이 무엇보다도 중요하다(NCS학습모듈, 2015).

활동 3

제시된 사례 3에서 알 수 있듯이 대화 시 상대방의 태도나 반응이 의사소통에 있어 만족도와 관련이 있다. 대화를 할 때 나의 의견에 대해 상대방이 다음과 같은 반응을 보일 때 어떠한 느낌이 드는지 작성해 본다.

상황	예	느낌 작성
• 상대방의 흠을 잡는	"순전히 노력 부족이야. 어린애 같은 유치한 행동이	

상황	예	느낌 작성
단어를 쓴다.	야. 전혀 도움이 되지 않아. 도대체가 생각이 있어 없어. 머리를 써라. 도대체 제대로 하는 것이 없어." 등	
• 상대방의 행동 자체가 아니라 인간성에 초점을 맞춘다.	"어리석다. 미안하다. 이기적이다. 게으르다. 쓸모없다. 너는 구제불능이야. 돌대가리, 병신, 바보, 멍청이" 등	
• 비난하고 판단하는 식으로 말한다.	"당신은 꼭 늦게 들어와 저녁 시간을 망치는군요."	
• 과거의 일을 들춘다.	"예전에 그 때도 지금처럼 너 혼자만을 생각했잖아. 항상 그래."	
• 부정적인 비교를 한다.	"너는 누구를 닮았니? 피는 못 속여." 등	
• 위협을 가한다.	"당신이 잘못했으니까 내가 당신을 처벌할 거야."	
• 감정으로 공격한다.	목소리가 커지고 비꼬기도 하고 차갑게 적대적인 억양으로 "그럼 그렇지."	
• 폐쇄적이고 배타적인 신체언어를 사용한다.	눈도 쳐다보지 않고, 듣는 동안 한눈팔며, 팔짱을 끼고 있고, 뒤에 물러서 있다.	
• 의사를 표현할 때 전체적으로 전달하지 않고 일부만 이야기한다.	"당신은 일하는데 너무 많은 시간을 보내는 것 같아요."라고 말할 때 아내는 남편의 건강을 염려하는 것인데, 남편은 아내가 함께 있어주지 않는 것에 대한 불만을 표시하는 것이라 오해하여 아내가 자신의 입장을 이해 못한다고 짜증을 부리게 된다.	
• 분명하게 말하지 않는다.	"당신은 언제나 그렇듯이 말이 없군요."하는 대신 "당신 오늘도 말이 별로 없군요. 나한테 관심이 없나보다 생각이 돼서 속상해요. 당신이 무슨 생각을 하고 있는지 말을 해주었으면 좋겠어요."	

활동 3 내용

사람들이 진실한 감정과 태도를 전하는 것은 어렵지만 경청을 함으로써 상대방의 심정, 감정, 태도 등을 전달받는 것이 가능하고, 그 과정에서 자신의 생각과 느낌도 상대방이 이해하려고 노력하게 된다. 적극적 경청의 태도는 상대방이 무엇을 느끼고 있는가를 내가 상대방의 입장에서 받아들이는 공감적 이해가 중요하고, 자신이 가지고 있는 고정관념을 버리고 상대방의 태도를 받아들이는 수용적 태도와 자신의 감정을 솔직하게 전하고 상대방을 속이지 않는 진실적 태도가 중요하다. 따라서 효과적인 경청을 위해서는 ① 비판적·충고적인 태도를 버리고, ② 상대방이 말하고 있는 의미 전체를 이해하고, ③ 비언어적 표현에도 신경을 쓰며, ④ 상대방이 말하고 있는 것에 반응하며, ⑤ 감정을 흥분시키지 않는 것 등이 중요하다.

• 효과적인 경청방법

상대방과 의사소통을 하거나 많은 사람들을 대상으로 하는 프리젠테이션을 통해서 정보를 얻기 위해 많은 내용을 듣고 이해하는 것이 중요하다. 적극적인 경청자가 되기 위해 필요한 사항은 다음과 같다.

① 준비한다. : 수업시간이나 강연에 참가하면 수업계획서나 자료를 나누어준다. 이때 올바른 경청을 하려면 강의의 주제나 강의에 등장하는 용어에 친숙하도록 하기 위해 미리 읽어 둔다.
② 주의 집중한다. : 말하는 사람의 모든 것을 집중해서 적극적으로 들어야 한다. 말하는 사람의 속도와 말을 이해하는 속도 사이에 발생하는 간격을 메우는 방법을 알아 둔다.
③ 예측한다. : 대화를 하는 동안 시간 간격이 있으면 다음에 무엇을 말할 것인가를 추측하려고 노력한다. 이러한 추측은 주의를 집중하여 듣는 데 도움이 된다.
④ 나와 관련짓는다. : 상대방이 전달하려는 메시지가 무엇인가를 생각해보고 자신의 삶, 목적, 경험 등과 관련시켜 본다. 자신의 관심이라는 측면에서 메시지를 이해하면 주의를 집중하는 데 도움이 된다.
⑤ 질문한다. : 질문에 대한 답이 즉각적으로 이루어질 수 없다고 하더라도 질문을 하려고 하면 경청하는데, 적극적이 되고 집중력이 높아진다.
⑥ 요약한다. : 대화 도중에 주기적으로 대화의 내용을 요약하면 상대방이 전달하려는 메시지를 이해하고 생각과 정보를 예측하는데 도움이 된다.
⑦ 반응 및 피드백을 한다. : 듣는 사람이 반응을 보이면 말하는 사람은 더 많은 정보를 알려주려고 한다. 피드백은 상대방에 대한 지각이 옳았는지 확인할 수 있는 기회로서 오해가 있었다면 고칠 수 있도록 해준다. 또한 상대방에게 자신이 정확하게 의사소통을 하였는가에 대한 메시지를 제공할 뿐만 아니라 상대방의 관점을 받아들일 수 있도록 해준다.

(1) 경청의 올바른 자세

① **상대방을 정면으로 마주보고 경청한다.** : 이런 자세는 그와 함께 의논할 준비가 되었음을 알리는 자세이다.
② **손이나 다리를 꼬지 않는 자세로 경청한다.** : 이렇게 개방적 자세를 취하는 것은 상대방에게 마음을 열어 놓고 있다는 표시이다.
③ **상대방을 향하여 상체를 기울여 다가앉은 자세로 경청한다.** : 이런 자세는 자신이 열심히 듣고 있다는 사실을 강조하는 것이다.
④ **우호적인 눈의 접촉을 통해 경청한다.** : 눈의 접촉을 통해 자신이 관심을 가지고 있다는 사실을 알리게 된다.
⑤ **비교적 편안한 자세를 취하면서 경청한다.** : 이는 전문가다운 자신만만함과 편안한 마음을 상대방에게 전하는 것이다.

학습평가 3

1. 경청을 하는 데 있어서 올바른 자세가 아닌 것은?
   ① 상대방을 정면으로 쳐다보면 상대방이 민망할 수도 있으니까, 눈을 마주치지 않는다.
   ② 손이나 다리를 꼬지 않는 소위 개방적 자세를 취한다.
   ③ 상대방을 향하여 상체를 기울여 다가앉는다.
   ④ 우호적인 눈의 접촉을 통해 자신이 관심을 가지고 있다는 사실을 알린다.

4) 심화학습 1

잘 듣기 위해서는 공감적 이해가 필수적이다. 공감적 이해는 듣는 사람이 상대방의 입장이 되어 그의 주관적인 세계를 이해하는 것을 의미한다. 다음 사례 4를 통해서 효과적인 경청을 위한 경청훈련은 어떤 것이 있는지 알아본다.

사례 4

공감적 이해가 중요하다.

같은 무역회사에서 서로 다른 팀장을 맞고 있는 이씨와 김씨, 그리고 박씨는 나이도 비슷하고, 학벌도 비슷하고, 능력도 비슷하지만, 사람들이 인식하는 정도는 천차만별이다. 특히 대화를 할 때 이들의 차이점은 쉽게 나타난다.

"일단 저에게 맡겨준 업무에 대해서는 팀장님이 너무 간섭하지 않았으면 합니다. 제 소신껏 창의적으로 일하고 싶습니다."

이씨 : "자네가 지난번에 처리했던 일이 아마 잘못됐었지?", "자네 나름대로의 생각이 있더라도 상사의 지시대로 해야지."

김씨 : "자네 업무에 대해서 이야기하는 것이 간섭받는 것으로 생각되어 기분이 상한 모양이구만."

박씨 : "믿고 맡겨 준다면 더 잘할 수 있을 것으로 생각된다는 말이구만.", "자네가 맡은 일은 자신의 소신과 창의력에 따라 책임감을 갖고 일하고 싶은 모양이구만."

"저는 입사한지 1년이 넘었는데도 아직 일다운 일을 해 본적이 없습니다."

이씨 : "자네가 입사한 지 벌써 1년이 넘었나? 세월 빠르다 빨라!", "회사에서 중요하지 않은 일이 어디 있겠나? 모든 일에 최선을 다해야지."

김씨 : "음, 아직 일다운 일을 해보지 못했단 말이지.", "아직 자신의 능력에 맞는 일이 주어지지 않아서 섭섭했던 모양이군."

박씨 : "자네의 능력을 맘껏 발휘해볼 수 있는 일다운 일을 이제는 해보고 싶다는 말이지"(NCS 학습모듈, 2015).

사례 해설

제시된 사례는 공감적 이해의 세 가지 수준에 대한 내용이다. 공감적 이해는 듣는 사람이 상대방의 입장이 되어 그의 주관적인 세계를 이해하는 것을 말한다. 이것은 듣는 사람이 제 3의 귀를 가지고 상대방의 마음 속에 있는 '소리 없는 소리' 또는 '마음의 소리'를 듣는 것을 말한다. 또한 우리가 상대방의 눈으로 사물을 보는 것과 같이 상대방이 지니고 있는 생각과 느낌의 틀을 이용하여 그 사람의 생각과 감정을 이해하는 것이다.

듣는 사람이 상대방의 감정에 공감하고 있음을 나타낸다면 상대방은 그 자신이 이해받고 있다는 느낌을 갖게 되어 듣는 사람을 보다 신뢰하게 되어 자신을 더욱 드러내 보이게 된다. 공감적 이해에는 세 가지 수준이 있다.

① 이씨의 사례로 인습적 수준이다. 이는 듣는 사람이 상대방의 말을 듣고 그에 대한 반응을 보이기는 하지만 듣는 사람이 주로 자신의 생각에 사로잡혀 있기 때문에 자기주장만을 할 뿐, 상대방의 생각이나 느낌과 일치된 의사소통을 하지 못하는 경우이다. 이씨의 경우 상대방의 이야기를 듣고 난 후 성급하게 판단하여 설익은 조언이나 상투적인 충고를 하게 되는 것이다.

② 김씨의 사례로 기본적 수준이다. 대체로 듣는 사람은 상대방의 행동이나 말에 주의를 기울여 상대방의 현재 마음상태나 전달하려는 내용을 정확하게 파악하고 그에 맞는 반응을 보이는 것이다. 김씨의 경우 상대방의 의견에 대하여 재언급이나 요약 등을 하면서 반응을 보이게 된다.

③ 박씨의 사례로 심층적 수준이다. 듣는 사람은 언어적으로 명백히 표현되지 않은 상대방의 내면적 감정, 사고를 지각하여 이를 자신의 개념 틀에 의하여 왜곡 없이 충분히 표현함으로써 상대방의 적극적인 성장 동기를 이해하고 표출한다. 박씨의 경우 상대방의 의견에 대하여 긍정적으로 반응하고 사기를 진작시킨다.

학습자들은 위 세 사람의 사례를 보고 어떠한 반응이 기분이 좋은지 생각해 보고 자신은 어떻게 반응하는지 알아보고 반성해 본다.

활동 4

제시된 사례 4에서 알 수 있듯이 경청을 통한 이해가 중요하다. 다음은 '잘 듣기'를 배우고 연습하는 프로그램으로서 일명 '앵무새 놀이'라는 것으로써 경청훈련 활동이다. 지시사항을 충실히 따라해 보고 느낀 점을 발표해 보도록 한다.

지시사항

- 이 놀이를 하는 사람들이 명심해야 할 점은 이 놀이를 할 때에는 진지한 표정과 태도로 성실하게 임해야 한다는 것이다. 만약 그렇지 못하고 장난스럽게 하면 그것은 함께 연습하는 두 사람 서로에게 오히려 나쁜 영향만 주게 되므로 차라리 하지 않는 것이 더 낫다.
- 이 놀이는 상대방의 이야기를 들을 때 그 사람의 마음과 생각에 나의 관심을 집중시키는 것을 배우는 것이다. 그것을 장난처럼 하면 계속하기도 어려울 뿐만 아니라 만약 계속 하더라도 서로가 서로에게 실망하고 원망하는 마음만 생기게 된다. 그러나 이 놀이를 성실하게 한 사람들은 그 반대로 자기 이야기를 열심히 들어 준 상대방에게 고마운 마음이 들게 될 것이다. 그런 사람들은 이 경험을 마음 속에 소중히 간직하게 됨으로써 대화의 상황에 따라 적절하게 상대방의 말을 받아들여 반영, 요약, 정리할 수 있을 것이고 그럼으로써 상대방과의 관계를 더욱더 바람직하게 발전시켜 나갈 수 있을 것이다.

1. 두 사람이 가까이 마주 앉아 한 사람은 부하 직원, 다른 한 사람은 상사의 역할을 맡는다.

2. 먼저 부하 직원의 역할을 맡은 사람이 부하 직원들이 자주 겪을 만한 소재로 이야기를 한다.
   예) "어젯밤에 아이가 아파서 우는 바람에 밤새 잠을 설쳤습니다."
   "그러다 보니 오늘 오후에 너무 피곤해서 잠깐 졸았습니다."
   "그러다가 운 나쁘게 팀장님께 걸려서 야단을 맞았어요."
   "자식을 키우다 보면 그럴 수도 있는 일인데 이유도 안 물어보고 야단만 치시는 팀장님이 원망스러웠습니다."

3. 상사 역할을 맡은 사람은 부하 직원 역할을 맡은 사람이 한 말을 듣고 그대로 반복한다.
   예) "어젯밤에 아이가 아파서 우는 바람에 밤새 잠을 설쳤다고요?"
   "오후에 피곤해서 잠깐 졸았던 모양이군요."
   "그러다가 운 나쁘게 팀장님께 걸려서 야단을 맞았단 말이지요."
   "자식을 키우다 보면 그럴 수도 있는 일인데 이유도 안 물어보고 야단만 치시는 팀장님이 원망스러웠겠군요."

4. 5분간 계속한 후 이번에는 서로 역할을 바꾸어 연습한다.

5. 두 사람이 번갈아가며 '상대방의 말 그대로 반복하기'를 충분히 연습했으면 이번에는 한 마디 말하고 한 마디 따라하기가 아니라 마디 수를 늘려서 말하는 사람은 2~3마디를 한 번에 이야기하고, 듣는 사람은 상대방의 이야기를 들은 후 그 말을 약간 요약하여 조금 다른 말로 되돌려 준다.
   상대방이 한 말과 내용은 같되 표현만 조금 다르게 하여 대화를 좀더 자연스럽게 하는 것이다. 그러나 여기에도 듣는 사람의 주관적인 평가나 판단이 개입되게 해서는 안 된다. 이것도 역시 5분간 역할을 서로 번갈아가며 연습한다.
   예) "어젯밤에 아이가 아파서 우는 바람에 잠을 설쳐서 오늘 오후에 좀 졸았던 모양이군요."
   "아이고, 그러다가 운이 나쁘게 팀장님께 걸렸군요. 아이가 아픈 것도 걱정인데, 이유도 묻지 않고 다짜고짜 야단만 치시는 팀장님이 꽤나 원망스러웠겠어요."

6. 5분간 계속한 후 이번에는 서로 역할을 바꾸어 연습한다.

활동 4 내용

- **효과적인 경청훈련**

자신의 이야기를 들어주는 사람이 있다는 것은 고맙고 기쁜 일인 만큼 상대방에게 호감을 얻기 위한 첫째 조건으로 좋은 경청자가 되는 것이다. 그리고 좋은 경청자가 되기 위해서는 마음이 편안한 상태로 듣는다거나 듣고 있다는 것을 맞장구로 표현하여 상대방이 알도록 한다거나 질문을 활용하는 등으로 평소에 경청훈련을 해야 한다. 대화법을 통한 경청훈련을 통해서 습득한 대화법은 부부관계에서 뿐만 아니라 부모-자녀 관계, 직장 동료와의 관계 등 모든 인간관계에서 그대로 적용될 수 있다. 경청훈련법에 대해서 알아본다.

① 주의 기울이기(바라보기, 따라하기) : 이야기의 주의를 기울일 때는 몸과 마음을 다해 들을 수 있어야만 자신의 관심을 상대방에게 충분히 보여주는 것이 된다. 따라서 산만한 행동은 중단하고 비언어적인 것, 즉 상대방의 얼굴과 몸의 움직임뿐만 아니라 호흡하는 자세까지도 주의하여 관찰해야 한다. 또한 상대방이 하는 말의 어조와 억양, 소리의 크기까지도 귀를 기울여야 한다.

② 상대방의 경험을 인정하고 더 많은 정보 요청하기 : 상대방의 메시지를 인정하는 것은 당신이 그와 함께 하며 상대방이 인도하는 방향으로 따라가고 있다는 것을 언어적·비언어적인 표현을 통해 상대방에게 알려주는 반응이다. 또한 상대방이 말하는 것에 대해 관심과 존경을 보이게 되면 비록 상대방의 말에 완전히 동의하지 않더라도 상대방의 경험이 무엇인지 알게 된다.
요청하기는 부드러운 지시나 진술, 질문의 형태를 취합함으로써 상대방이 무엇이든지 당신에게 더 많은 것을 말할 수 있도록 하는 수단이 된다.

③ 정확성을 위해 요약하기 : 요약하는 것은 상대방에 대한 자신의 이해에 정확성을 확인하는데 도움이 될 뿐만 아니라 자신과 상대방을 서로 알게 하며 자신과 상대방의 메시지를 공유할 수 있도록 한다. 예를 들어, "당신은 지금 가사 분담을 제의하였지요? 방법은 아직 결정하지 않았군요. 같이 의논하자는 것인가요?"

④ 개방적인 질문하기 : 개방적인 질문은 누가, 무엇을, 어디에서, 언제, 어떻게 등의 어휘로 시작한다. 이는 단답형의 대답이나 반응보다 상대방이 보다 다양한 생각을 이해하고 상대방으로부터 보다 많은 정보를 얻기 위한 방법으로서 이로 인해 서로에 대한 이해의 정도를 높이기 위해서다.

⑤ '왜'라는 질문 피하기 : '왜'라는 질문은 일반적으로 진술을 가장한 부정적·추궁적·강압적인 표현이므로 사용하지 않는 것이 좋다. 예를 들어, "왜요?", "왜 전화했어요?", "당신은 왜 내가 하라는 대로 하지 않았어요?" 등

- **경청능력을 높이는 적절한 맞장구**

듣기를 잘하는 사람은 맞장구를 잘 치는 사람이다. 적절하게 맞장구를 치면 말하는 사람의 의욕이 북돋아져 이야기에 더욱 열의가 생긴다.

구분	표현
치켜 올리듯 가볍게 하는 맞장구	저런! 그렇습니까? 아닙니다. 잘됐습니다. 그렇게 하십시오.
동의하는 맞장구	과연! 정말 그렇겠군요. 알겠습니다.
정리하는 맞장구	아~ 말하자면 이런 것입니까?
재촉하는 맞장구	그래서 어떻게 되었습니까?

학습평가 4

1. 다음 경청에 관한 설명 중 맞으면 O, 틀리면 ×를 표시해보자.
   1) 경청능력은 연습하여 개발할 수 있다. (　　)
   2) 대화법을 통한 경청훈련은 모든 인간관계에서 적용할 수 없다. (　　)
   3) 적절한 맞장구는 대화하는 데 방해가 된다. (　　)

2. 경청능력을 개발하기 위한 방법을 작성하고 발표한다.

____

제 8 장

의사소통능력 Ⅳ

8.1 NCS 의사소통능력의 하위 의사표현능력 지도

제8장

의사소통능력 IV

의사소통은 둘 또는 그 이상의 사람들 사이에서 사실, 생각, 의견 또는 감정의 교환을 통하여 공통적 이해를 이룩하고 상대방 측의 의식이나 태도 또는 행동에 변화를 일으키는 행동이다(엄명용 외, 2009). 이러한 의미에서 직업기초능력에 따른 의사소통능력은 학업이나 업무를 수행함에 있어 글과 말을 읽고 들음으로써 다른 사람이 뜻한 바를 파악하고, 자기가 뜻한 바를 글과 말을 통해 정확하게 쓰거나 말을 하는 능력이다(NCS 학습모듈, 2015). 이 장에서는 NCS 의사소통능력의 하위능력(문서이해, 문서작성, 경청, 의사표현, 기초외국어) 중 의사표현능력에 대해서 알아본다.

8.1 NCS 의사소통능력의 하위 의사표현능력 지도

1) 기본학습 1

의사표현능력은 말하는 사람이 자신의 생각과 감정 등을 듣는 사람에게 음성언어(언어적)나 신체언어(비언어적)로 표현하는 능력이다. 의사표현능력은 의사소통의 중요한 수단으로 일상이나 직장생활에서 개인이나 조직 간에 원만하게 관계를 유지하고 업무 성과를 높이기 위해서는 필수적인 능력이다. 피터 드러커는 "인간에게 가장 중요한 능력은 자기표현이며, 현대는 의사소통에 의해 좌우된다."고 언급하면서 자기표현의 중요성을 강조했다. 따라서 오늘날은 의사표현의 시대이므로 표현을 못하면 자신의 능력을 충분히 표출할 수 없다. 반면에 의사표현을 잘하면 인생의 목적을 쉽게 달성할 수 있게 된다. 다음 사례 1을 통해 의사표현의 의미와 성공하는 사람의 이미지를 위한 의사표현 등에 대해서 알아본다.

사례 1

P씨의 프레젠테이션

광고회사에 다니는 박씨는 좋은 아이디어를 갖고 있어도 이를 제대로 표현하지 못해 안타까운 상황이다. 박씨는 남들 앞에서 프레젠테이션을 하는 상황만 되면 당황하게 되어 혼자 중얼거리거나 헤매게 되는 경우가 종종 발생한다. 지금 그는 입술을 닫고 말하거나 분명치 않게 발음한다. 박씨가 중얼거리고 있다는 것을 듣고 있는 사람들 모두가 느끼고 있다. 그가 중요한 부분에서 자꾸 중얼거리자 사람들은 말하는 내용이 갖는 진실성을 의심하기 시작했다.

또한 박씨는 자신이 말해야 될 내용을 순서에 따라 전개하지 못하고 중간에 딴 곳으로 흘러 말하는 경향이 있다. 듣는 사람은 말하는 사람이 말하는 내용의 진위를 파악할 수 없으며, 말하는 사람이 지나친 반복과 앞 내용과 연결되지 못한 발표로 인해서 듣는 사람의 불만은 거세진다. 이러한 상황은 박씨의 발표 준비 부족과 돌출적인 성격 때문이라고 생각하게 한다(NCS학습모듈, 2015).

활동 1

위 사례 1에서 볼 수 있듯이 의사표현능력은 개인의 능력에도 영향을 미칠 정도로 중요하다. 자신의 프레젠테이션 상황을 생각해 보고, 자신의 의사표현 정도가 어느 정도인지 점검해 보고, 그리고 이를 바탕으로 올바른 의사표현을 위하여 자신에게 필요한 능력이 무엇인지 발표하도록 한다.

문항	내용	1	2	3	4
1	나는 프레젠테이션 상황에서 일방적인 전달자가 된다.				
2	나는 프레젠테이션 상황에서 시간분배를 제대로 하지 못한다.				
3	나는 프레젠테이션 상황에서 설명이 정확하지 못하다.				
4	나는 프레젠테이션 상황에서 분위기를 딱딱하게 만든다.				
5	나는 프레젠테이션 상황에서 전용용어를 지나치게 쓴다.				
6	나는 프레젠테이션 상황에서 스크린만 쳐다본다.				
7	나는 프레젠테이션 상황에서 중얼거린다.				
8	나는 프레젠테이션 상황에서 간조어(아~, 에~)를 사용한다.				
9	나는 프레젠테이션 상황에서 종종 헤맨다.				
10	나는 프레젠테이션 상황에서 제스처를 안 쓴다.				

1 : 전혀 그렇지 않다, 2 : 가끔 그렇다, 3 : 거의 그렇다, 4 : 항상 그렇다

※ 30~40 : 도움이 필요하다. 프레젠테이션 기술을 개발하기 위한 기법을 적극적으로 학습해야 한다. 20~29 : 좋은 프레젠터이기는 하지만 앞으로 더 개선해야 한다. 10~19 : 프레젠테이션을 효과적으로 하는 사람이다.

만약 내가 30~40점에 해당된다면 성공적인 프레젠테이션을 하기 위해 무엇을 준비해야 하는지 적극적으로 노력해야 한다. 다음은 성공적인 프레젠터가 되기 위해 준비할 사항이다. ① 내용을 완전히 숙지해야 한다. ② 예행연습을 철저히 해야 한다. ③ 공포감을 극복해야 한다. ④ 자신감에 찬 프레젠테이션을 해야 한다. ⑤ 여유 있는 마음으로 천천히 프레젠테이션을 해야 한다. ⑥ 제한된 시간을 효과적으로 활용하는 기술을 익혀야 한다. ⑦ 일관된 흐름을 가지고 요점을 간결하고 명확하게 전달해야 한다. ⑧ 다양한 시청각 기자재를 활용하여 프레젠테이션 효과를 극대화해야 한다. ⑨ 철저한 준비를 해야 한다. ⑩ 설득해야 할 대상에 대하여 철저히 조사해야 한다. ⑪ 프레젠테이션 환경을 미리 조사해야 한다. ⑫ 청중의 욕구를 파악해야 한다. ⑬ 밝고 긍정적으로 프레젠테이션을 해야 한다.

활동 1 내용

• 의사표현의 의미

의사표현은 말하기를 위미한다. 즉, 말하는 사람이 자신의 생각과 감정을 듣는 사람에게 음성언어(언어적)나 신체언어(비언어적)로 표현하는 행위이다. 여기서 음성언어는 입으로 말을 하는 구어이고 신체언어는 신체의 한 부분인 표정, 손짓, 발짓, 몸짓 등으로 표현하는 몸말을 의미한다.

의사표현은 의사소통의 중요한 수단으로 말하는 사람의 의도 또는 목적을 가지고 그 목적을 달성하는 데 효과가 있다고 생각하는 말하기를 의미한다. 이러한 말하기는 ① 말하는 사람이 듣는 사람에게 어떤 영향을 미치기 위하여 주장하는 것이고, ② 필요한 정보를 제공받기 위하여 질문하는 것이고, ③ 어떤 일을 해주도록 요청할 때 하는 것이다.

의사표현의 종류는 상황이나 사태와 관련하여 공식적 말하기, 의례적 말하기, 친교적 말하기로 구분하며, 구체적으로 대화, 연설, 토의, 토론, 보고, 회의, 인터뷰, 낭독, 구연, 소개하기, 전화로 말하기, 안내하는 말하기 등이 있다. 각각에 대해서 살펴보면 다음과 같다.

① 공식적 말하기는 사전에 준비된 내용을 대중 상대로 말하는 것이다. 여기에는 연설, 토의, 토론 등이 있는데, 연설은 말하는 사람이 혼자 여러 사람을 대상으로 자기의 생각이나 감정에 관하여 일방적으로 말하는 방식이고, 토의는 여러 사람들이 모여 공통의 문제에 대하여 가장 좋은 방안을 얻기 위해 협의하는 말하기 이다. 또한 토론은 어떤 논제에 관하여 찬성자와 반대자가 각기 논리적인 근거를 발표하고 상대방의 논거가 부당하다는 것을 논박하는 말하기이다.

② 의례적 말하기는 정치적·문화적 행사에서와 같이 의례 절차에 따라 하는 말하기이다. 여기에는 식사, 주례, 회의 등이 있다.

③ 친교적 말하기는 매우 친근한 사람들 사이에서 가장 자연스런 상태에서 대화를 주고받는 말하기이다.

• 성공하는 사람의 이미지를 위한 의사표현

말은 그 사람의 이미지를 결정한다. 일반적으로 사람을 판단하는 데에 얼굴을 주로 본다. 관상가들의 말에 의하면 관상이라는 것은 그 사람이 어떻게 어떤 마음으로 살아왔느냐에 따라서 조금씩 변한다고 한다. 인색하게 재물만 모을 것 같은 관상도 남에게 베풀고 선행에 앞장서서 행동을 여러 해 동안 하다보면 후덕하고 온화한 상으로 변한다는 것이다. 그렇다면 말을 통하여 이미지를 바꾸는 것도 가능할 것이므로 말을 통하여 성공하는 사람으로 바꾸는 의사표현에 대해서 알아본다.

① 부정적인 말투를 고쳐야 한다. 부정적인 사람하고 어울리면 나도 모르게 부정적인 사람이 된다. 긍정적인 사람하고 어울리려고 노력하고 긍정적인 말을 하는 사람하고 대화를 자주한다.
② 상대방의 말을 공감한다. 가는 말이 고우면 오는 말도 고운 것처럼 우리가 말로써 상대방을 공감한다. 빈말인 줄 알면서도 여자들은 예쁘다는 말은 수없이 들어도 싫어하지 않는다고 한다. 남에게 기쁨이 되는 말을 하면 자신에게도 기쁨이 되는 말을 들을 수 있다.
③ 자신을 너무 과소평가하지 않는다. 이 말은 낮은 자존감과 열등감으로 자기 자신을 대하지 말라는 것이다. 안 좋은 일이 생기면, "내가 못 배운 게 한이지." 또는 "내가 가난한 게 죄지"로 표현하거나 평소에 "죄송합니다.", "미안합니다."라는 표현을 자주하는 사람이 있다. 얼핏 보면 예의 바르게 보일지 모르나 꼭 필요한 경우가 아니면 자신의 모습을 비하시키지 말라는 것이다.
④ 자신의 대화 패턴을 주의 깊게 살펴본다. 기회가 된다면 자기가 다른 사람과 대화하는 것을 녹음해서 들어보자. 불필요한 어휘나 부정적이거나 거부감을 주는 표현을 많이 쓰지 않는지, 또는 상대방이 못 알아듣는 전문용어나 사투리를 사용하지 않는지 점검해 본다. 잘못된 패턴으로 대화를 하고 있다면 자신의 대화나 언어사용 패턴을 바꾸도록 노력한다.

학습평가 1

1. 다음은 의사표현에 대한 설명이다. 잘못된 설명은?
   ① 의사표현이란 한 마디로 말하기이다.
   ② 의사표현에는 음성으로 표현하는 것과 신체로 표현하는 것이다.
   ③ 의사표현은 현대사회에서 자신을 표현하는 첫 번째 수단으로 매우 중요한 능력이다.
   ④ 의사표현의 종류에는 공식적인 말하기와 의례적인 말하기가 있고, 친구들끼리의 사적인 대화는 포함되지 않는다.

2. 다음은 의사표현에 대한 설명을 한 문장으로 요약한 것이다. (A)와 (B)에 들어갈 적당한 말을 적어보라.
   (A) ____은 그 사람의 (B) _____를 결정한다.

3. 성공하는 사람의 이미지를 위한 의사표현에 대한 설명이다. 잘못된 설명은?
   ① 부정적인 말을 하면 인생도 부정적으로 될 것이고, 긍정적으로 말을 하면 인생도 긍정적으로 될 것이다.
   ② 상대방의 말에 공감해야 한다.
   ③ 항상 공손한 자세로 "미안합니다.", "죄송합니다."라는 표현을 자주 써야 한다.
   ④ 자신의 대화 패턴을 주의 깊게 살펴본다.

2) 기본학습 2

말을 잘하고 싶지만 뜻대로 되지 않는 경우가 많다. 전자회사 입사 3년차 직장인 김씨는 프레젠테이션을 잘 하고 싶지만 항상 적절하지 못한 말의 억양과 속도로 어려움을 겪고 있다. 다음 사례 2를 통해 의사표현의 방해요인과 방해요인에 대한 제거방법에 대해서 알아본다.

사례 2

김씨의 프레젠테이션

전자회사 입사 3년차 김씨는 프레젠테이션에 자신이 없어 프레젠테이션 상황만 되면 겁을 낸다. 실제로 팀별과제로 준비한 프레젠테이션 도중 말을 더듬거나 심하게 떨기도 한다.

김씨의 프레젠테이션 실패 사례를 분석한 결과 다음과 같은 이유가 있었다. ① 김씨 스스로 '나는 자료를 멋있게 만드는 손재주가 없어서'라고 하는 자료 작성의 어려움을 느낀다. 이는 결국 능력이 부족함을 의미한다. ② '나는 목소리도 작고, 남들 앞에서는 떨려서 발표를 잘 못해요.'라고 말을 자주한다. 이는 프레젠테이션의 실전 경험이 부족하다. ③ '제가 잘 모르는 내용을 어떻게 프레젠테이션을 하죠.'라고 한다. 이는 프린젠터의 능력이 부족하다.

어떻게 하면 자신감이 넘치는 강력한 프레젠터가 될 수 있을까. 성공적인 프레젠테이션에는 프레젠터의 실전 경험과 배짱 그리고 승부욕이 전제조건이다(NCS학습모듈, 2015).

팁(Tip) : 자신이 프레젠테이션을 잘하지 못한다면 다음과 같은 요인이 있을 수 있다. ① 주제가 불명확하다. ② 일방적인 전달자가 된다. ③ 시간 분배가 제대로 되지 않았다. ④ 설명이 명확하지 못하다. ⑤ 분위기가 딱딱하다. ⑥ 전문용어를 지나치게 쓴다.

활동 2

위 사례 2에서 알 수 있듯이 원활한 의사표현을 방해하는 요소는 여러 가지가 있을 수 있다. 자신의 의사표현을 하는 습관을 체크해 보고 원활한 의사표현을 하기 위해서 어떠한 노력을 하고 있는지 작성해 보고 발표해 보도록 한다.

1. 나는 분명하고 정확하게 발음하고 알맞은 속도로 말한다.
2. 나는 자연스럽고 듣기 좋은 목소리로 말한다.
3. 나는 표준말을 상대방이나 상황에 맞는 어휘를 골라 품위 있게 쓴다.

4. 나는 어법에 맞고 상대방에게 알맞게 예사말과 높임말을 가려 쓴다.
5. 나는 말하는 상황에서 필요한 만큼의 정보를 제공한다.
6. 나는 말한 내용을 차례로 순서 있고 조리 있게 말한다.
7. 나는 내용의 요점을 빠뜨리지 않고 말한다.
8. 나는 상대방이나 상황에 맞는 화제를 골라 말한다.
9. 나는 상대방을 존중하면서 상대의 입장과 처지를 생각하면서 말한다.
10. 나는 알기 쉽게 말한다.
11. 나는 미리 계획하지 않고 순발력 있게 즉흥적으로 대응한다.
12. 나는 활발하고 침착하고 협조적으로 말한다.
13. 나는 상황에 어울리는 효과적인 동작과 표정으로 말한다.
14. 나는 예의를 지키며 부드럽고 상냥하게 말한다.

팁(Tip) : 의사표현에 사용되는 적절한 언어 : 이해하기 쉬운 언어, 상세하고 구제적인 언어, 대화체의 언어, 간결한 언어, 필요한 말, 정확한 말, 감각적 언어, 문법적 언어 등

- 잘못된 언어습관 : 중얼거림, 소리 지름, 단조로움, 간조어(음~, 어~) 사용, 헤매임 등

활동 2 내용

• 의사표현의 방해요인

의사표현에 영향을 미치는 요인은 여러 가지가 있을 수 있지만, 여기서는 연단공포증, 말, 음성, 몸짓, 유머 등에 대해서 알아본다(NCS학습모듈, 2015).

① 연단공포증 : 연단공포증은 자신만 그런 것이 아니라 90% 이상의 다수가 겪는 불안으로 본질적인 것이기 때문에 완전히 치유할 수는 없다. 그러므로 걱정하지 않고 오히려 불안한 심리현상을 잘 통제하면서 노력한다면 개선될 것이다.

② 말 : 의사표현, 즉 말은 일회성이기 때문에 책임 있는 말을 해야 한다. 또한 발음의 정확성 여부도 중요하다. 말의 장단, 고저, 발음, 속도, 쉼, 띄어 말하기 등을 고려하여 표현하는 방법을 학습해야 한다. 여기서 장단은 목소리의 길이로 한 음절을 얼마나 오래 끌며 말을 하는지를 의미한다. 고저는 낱말의 구조에 따라 소리 나는 현상에 차이가 생기는 높고 낮은 현상이다. '암행어사 출두요.'에 '어'음과 '어린이'의 '어'음의 소리현상이 다르다.

③ 음성 : 좋은 음성은 개인의 취향, 시대, 지방, 직업 등에 따라 그 기준이 달라질 수 있다. 자신의 음성에 결함이 있다면 결함을 발견하고 그것을 고쳐야 한다. 녹음기에 자신의 스피치를 녹음해서 음성, 고저, 발음의 명확성, 쉼, 감정이입 등의 면에서 자기 목소리를 점검해 보아야 한다.
목소리는 메시지의 전달뿐만 아니라 말하는 사람에 대한 인상을 반영한다. 즉, 약하고 여린 목소리는 말하는 사람의 용기와 열성을 감소시키고, 단조로운 목소리는 내적 열정을 감소시킨다. 좋은 목소리를 위해서는 편안한 마음으로 경청할 수 있는 적절한 크기로 하고, 분명하고 명확한 음성으로 하고, 내용에 따라 음성을 변화시키는 요령을 습득하고, 자신에 맞는 진실된 목소리를 가져야 한다.

④ 몸짓 : 말하는 사람은 언어적 요소와 비언어적 요소를 잘 결합하여 말을 해야 한다. 말하는 사람의 비언어적 요소로 외모나 동작을 들 수 있다. 외모 면에는 자세, 복장, 얼굴 표정 등이 있는데, 얼굴 표정은 편안한 마음으로 화사한 미소를 짓는 것이 좋으며, 복장은 세련되고 깔끔한 정장이나 캐주얼이 좋으며, 자세는 편안한 상태로 듣는 사람에게 불쾌감을 주지 않는 자세로 임해야 한다. 이와 같은 얼굴 표정, 복장, 자세가 자연스럽게 취해지기 위해서는 사전에 말할 때와 자세를 가까운 사람에게 보이고 결함이 있으면 이를 고치도록 노력해야 한다.
동작 면에 있어서 말하는 사람의 동작은 그것이 의도적이든 듣는 사람에게 어떤 의미를 부여한다. 예를 들어, 말하는 사람이 잠시 말을 멈추고 한 발짝 듣는 사람에게 다가갔다면 이는 상황에 따라서 "나의 신념을 믿으시오.", "중요한 말을 하고자 합니다." 등의 의미를 갖는다. 따라서 연단에서의 동작은 자연스러우면서 편안한 동작을 취해야 한다.

⑤ 유머 : 유머가 없는 의사표현은 새가 없는 정원에 비유될 수 있다. 또한 일정한 속도로 달리는 고속버스같이 듣는 사람에게 지루한 감을 준다. 따라서 평소 일상생활을 하면서 유머감각을 훈련해서 자연스럽게 상황에 맞는 유머를 즉흥적으로 구사할 수 있도록 노력해야 한다.

• 의사표현의 방해요인에 대한 제거방법

① 연단공포증 극복방법 : 익숙하지 못한 임무, 생소한 환경, 의사표현 성과에 대한 불안 등이 심리적 불안요인이다. 이러한 요인들은 다음과 같은 방법으로 극복할 수 있다. ⓐ 완전무결하게 준비하라. ⓑ 청중 앞에서 말할 기회를 자주 가지라. ⓒ 시간보다 더 많이 준비하라. ⓓ 충분히 휴식하라. ⓔ 처음부터 웃겨라. ⓕ 심호흡을 하라. ⓖ 청자분석을 철저히 하라.

② 말 연습방법 : 말(스피치) 연습방법은 다음과 같은 방법들이 있을 수 있다. ⓐ 등이 의자 등에 닿지 않도록 몸을 앞으로 조금 당겨라. ⓑ 앉은 키를 최대한 높일 수 있도록 상체를 위로 쭉 뻗어라. ⓒ 가장 큰 소리로 말하는 것처럼 가능한 한 성대와 목의 근육을 조여라. ⓓ 한꺼번에 긴장

된 모든 근육을 풀어라. ⓔ 가능한 한 몸을 이완시키고 곧바로 앉아 목과 목구멍의 근육이 완전히 이완되도록 하라. ⓕ 머리를 정상적인 자세보다 더 어깨에 가까워져야 한다. ⓖ 말하는 동안 하품을 하는 자세로 목의 근육과 목청을 유지할 수 있도록 하품을 하여 보아라. ⓗ 이러한 자세를 계속 유지하면서 짧은 문장을 크게 소리 내어 읽어 보아라.

③ 음성을 좋게 하는 방법 : 다음 사항은 음성을 좋게 하는 방법이다. ⓐ 숨을 얕게 들이마시면서 목소리가 떨리기 때문에 숨을 깊게 들이마셔라. ⓑ 음을 정확히 내기 위해서는 입을 크게 벌려라. ⓒ 입안이 타는듯하면 소금을 먹어라. ⓓ 긴장이 되면 껌을 씹어라. ⓔ 당분과 지방질 음식이 성대 보호에 좋다(오미자차, 꿀, 과일, 주스, 사탕 등). ⓕ 술과 담배를 절제하고 충분한 휴식을 취하라.

④ 몸짓을 자연스럽게 하는 방법 : 다음 사항은 몸짓을 자연스럽게 하는 방법들이다. ⓐ 두 다리 사이를 너무 넓게 벌리지 않는다. ⓑ 몸의 체중을 한 쪽 다리에 의존하지 않는다. ⓒ 지나치게 경직된 자세를 피한다. ⓓ 갑자기 자세를 고치지 않는다. ⓔ 뒷짐을 지든가, 팔짱을 끼든가, 손을 주머니에 넣지 않는다. ⓕ 화자와 청자의 시선을 연결시킨다. ⓖ 시선을 골고루 배분한다. ⓗ 눈동자를 함부로 굴리지 않는다. ⓘ 시선을 불안하게 두지 않는다. ⓙ 대화의 내용과 시선을 일치시킨다.

⑤ 유머를 활용하는 하는 방법 : 다음 사항은 유머를 활용하는 방법들이다. ⓐ 자기의 실패담을 이야기한다. ⓑ 기발한 재료를 모은다. ⓒ 한 단계 더 파고든다. ⓓ 습관적인 사고방식을 배제한다. ⓔ 청자 가운데 한 사람을 화제로 삼는다. ⓕ 쾌활한 태도로 간단한 이야기를 임기응변식으로 처리한다. ⓖ 이야기는 빨리하고 빨리 끝낸다. ⓗ 서투른 유머를 해서는 안 된다. ⓘ 무리하게 우기려고 하지 않는다. ⓙ 청자를 염두에 두고 이야기를 선택해야 한다. ⓚ 다른 사람의 기분을 상하게 하는 이야기는 하지 말아야 한다. ⓛ 화자가 먼저 웃어버리면 안 된다. ⓜ 진지한 내용의 연설을 전개할 때, 요점 보강에 주의하되 유머 삽입은 가능하면 피한다.

학습평가 2

1. 90% 이상의 사람들이 연단에만 오르면 긴장하고 당황하는 현상을 무엇이라고 하는가?
   (   )

2. 다음과 같은 상황은 원활한 의사표현을 하는 데 있어서, 방해요인이 작용한 것이다. 어떠한 방해요인이 작용한 것인지 작성해본다.

   발표자는 빠른 걸음으로 연단을 향하여 돌진하거나, 불안한 자세를 취하면서 걸어나오거나, 관심이 없는 듯이 거드름을 피우면서 걸어 나오거나, 원고를 둘둘 말아 가지고 나오는 상황이다.

   (   )

3. 연단공포증을 없애기 위한 방법에 대한 설명 중 잘못된 설명은?
   ① 인간의 언어 행위는 두뇌의 환기작용의 결과이기 때문에 적절히 휴식한다.
   ② 청자가 나의 상사이거나, 고관이거나, 연장자라면 연단에서 청자의 신분을 의식해야 한다.
   ③ 할당된 시간보다 더 많은 시간 동안 스피치 할 내용을 준비한다.
   ④ 청중의 눈을 봐야 하는 상황이 어렵다면 창 밖을 쳐다보지 말고 청중의 코를 본다.

3) 기본학습 3

사람들이 말하는 것을 보면 그 사람의 교양, 마음씨, 인격 등을 알 수 있다. 즉, 말과 인격, 말과 교양은 종이의 앞뒷면과 같아서 훌륭한 인격과 교양을 가진 사람은 예의바르고 품위 있는 말을 하게 된다. 다음 사례 3을 통해 상황과 대상에 따른 의사표현법과 원활한 의사표현을 위한 지침 등이 무엇인지 알아본다.

사례 3

나도 MC처럼 좌중을 휘어잡을 수 있을까?-고수들의 화법 5가지

모임의 성격과 분위기에 따라 자신을 바꿀 수 있는 사람이 일상의 토크쇼에서 MC가 될 수 있다. 신동엽, 유재석, 강호동, 김구라 등 개그맨 출신 MC들이 TV 토크쇼를 싹쓸이 하고 있다. 이들은 게스트를 휘어잡으면서 프로그램을 이끌기도 하고, 자신을 낮추면서 시청자들에게 웃음을 주기도 한다. 사람들은 '나도 MC처럼 좌중(여러 사람이 모인자리)을 휘어잡으면서 분위기를 이끌고 싶다.'고 부러워한다.

우리의 일상은 '토크쇼'와 다를 바 없다. 술자리나 회의 자리에서 분위기를 주도하면서 리드하는 사람이 있는 반면, 있는지 없는지 모를 정도로 존재감이 없는 사람도 있게 마련이다. '일상의 토크쇼'에서 인기 MC가 되고 싶다면 꼭 알아둬야 할 화법 5가지가 있다. ① 눈치 백단의 노련함 ② 변화무쌍한 캐릭터 변신 ③ 말보다 '손'을 사용하라 ④ 회의 자리에서 '절대'라는 단어는 '절대' 쓰지 마라 ⑤ 웃긴 이야기는 '외우지 마라'(NCS 학습모듈, 2015).

활동 3

다음은 프레젠테이션에 서툰 A씨의 사례를 분석한 결과이다. 자신이 프레젠테이션을 하는 상황을 생각해 보고, A씨와 비교하여 어떠한 수준인지 작성해 본다.

단계	분석	결과	반성
사전 준비	1) 청중의 요구조사가 정확히 되었는가?	• 하: 고객사가 현재 시스템에 대하여 가장 아쉬워하는 부분이 파악되지 않았음	
	2) 청중의 질문에 대하여 순발력 있는 답변이 가능한가?	• 중: 시스템 외의 질문에는 전문지식이 미흡하여 답변이 안됐음	
	3) 청중의 수준, 직급, 신분에 맞는 용어나 자료가 표현되는가?	• 하: 청중은 대표이사로부터 부서담당자까지 다양한 직급의 청중이 모인 상황이라 일일이 맞추어 줄 수는 없었을 뿐더러 극히 기술적인	

단계	분석	결과	반성
사전 준비		용어를 자주 사용함	
	4) 리허설이 선행되어졌나?	• 하: 리허설을 한 번도 진행하지 않았음	
	5) 발표자는 발표하는 내용에 대한 전문지식을 가지고 있는가?	• 하: 미리 조사가 이루어지지 않았음	
	6) 적절한 발표 매체를 이용하고 있나?	• 중: 자료 배포가 없었음	
발표 자료	7) 발표 자료에 자료 수집은 철저히 되어 있나?	• 하: 예전에 다른 업종에 사용하던 사료를 그대로 사용	
	8) 발표 자료가 서론, 본론, 결론 등 스토리보드구성이 적절한가?	• 중: 시장동향의 설명, 문제점 제기, 그에 대한 해결방안 등은 적절함, 그렇지만 업종에 맞는 자료가 아님	
	9) 다양한 시청각 자료를 이용해서 시각적인 자료를 이용하는가?	• 중: 프로젝터 1대만 활용	
	10) 객관적이고 구체적인 자료를 준비해서 발표하는가?	• 중: 예전 자료를 사용하니 객관성에서 뒤떨어지진 않지만 해당업계와 동떨어진 자료로 구체적이지 않음	
발표 기법	11) 적절한 유머를 사용하며 분위기를 좋게 유도하는가?	• 하: 딱딱한 분위기로 자료의 발표에만 치중함	
	12) 프리젠터의 의상, 태도는 양호한가?	• 중: 의상은 정장차림으로 양호했지만 가끔 머리를 쓸어 올리고, 주머니에 손을 넣기도 함	
	13) 프리젠터의 음량과 억양은 적절한가?	• 상: 양호함	
	14) 발표 시간은 잘 지켜졌는가?	• 하: 질문과 답변이 좀 길어져서 시간이 많이 초과됨	
	15) 프리젠터는 원고를 읽고만 있지 않은가?	• 하: 50%정도는 원고의 내용을 그대로 읽어 내려감	
	16) 가벼운 시작으로 분위기를 유도해 가는가?	• 하: 인사도 없이 지금 발표드릴 내용은... 하고 곧바로 시작함	
	17) 발표하고자 하는 핵심 주제는 잘 전달되고 있는가?	• 하: 고객이 듣고자 하는 내용에서 여러 번 빗나가고 중간 중간에 다른 업체의 상호를 실수함	
	18) 발표자와 청중이 컨센서스(교감 또는 합의)를 이루며 발표가 이루어졌는가?	• 하: 대부분의 청중은 주의 깊게 듣지 않고, 중간에 자리를 비운다든지, 발표자가 놓치는 핵심을 다시 짚어 주기도 함	

활동 3 내용

- 상황과 대상에 따른 의사표현법

의사표현을 하다 보면 곤란한 말을 해야 할 때도 있고 불쾌한 감정을 타인에게 전해야 할 때도 있다. 상황과 대상에 따른 의사표현법에 대해서 알아본다(NCS학습모듈, 2015).

① 상대방의 잘못을 지적할 때 : 상대방의 잘못을 지적할 때는 상대방과의 관계를 고려하여 애매모호한 표현을 쓰지 않고 상대방이 알 수 있도록 확실하게 지적한다. 또한 힘이나 입장의 차이가 클수록 저항은 적으나 지금 당장 꾸짖고 있는 내용에만 한정해야지 이것저것 함께 꾸짖거나 불필요한 말을 덧붙여서는 효과가 없다. 예를 들어, 상대방이 늦었을 경우에는 '늦었다'는 사실을 지적하는 것은 괜찮지만 '당신은 왜 항상 늦는 거요'라고 추궁하듯이 묻는 것은 금물이다.

② 상대방을 칭찬할 때 : 칭찬은 항상 상대방을 기분 좋게 만든다. 그러나 자칫 잘못하면 아부로 여겨질 수 있으므로 칭찬도 센스 있게 해야 한다. 특히 칭찬할 때 상대방이 중요하게 여기는 것을 칭찬하면 더욱 좋다.

③ 상대방에게 부탁해야 할 때 : 부탁하려면 먼저 상대방의 사정을 들은 다음에 부탁하고 응하면 내용(기간, 비용, 순서 등)을 구체적으로 부탁하면 상대방이 한결 받아들이기 쉽다. 또한 거절을 당해도 싫은 내색을 하지 말아야 한다.

④ 상대방의 요구를 거절해야 할 때 : 먼저 사과한 다음, 응해줄 수 없는 경우 이유를 설명하는 것이 좋다. 또한 애매모호한 태도를 취하는 것보다 단호하게 거절하는 것이 좋지만 상대방의 마음이 상하지 않도록 테크닉을 사용하여 부드럽게 표현하는 것이 좋다.

⑤ 명령해야 할 때 : '저기에 있는 물 좀 줘' 식으로 하인 다루듯 강압적으로 말하기보다는 '저기에 있는 물 좀 줄 수 있겠니!' 식으로 부드럽게 표현하는 것이 훨씬 효과적이다.

⑥ 설득해야 할 때 : 일방적으로 강요를 하거나 상대방에게 손해를 보라는 식으로 '밀어붙이기 식' 대화는 금물이다. 먼저 자신도 양보하는 의지를 보여줄 때 상대방도 받아들이게 된다. 즉, 자신이 변해야 상대방도 변한다는 사실을 인식해야 한다.

⑦ 충고해야 할 때 : 사람들은 자신의 존재와 능력을 인정해주고 칭찬해주는 사람에게 마음을 열게 된다. 자신에게 부정적이거나 거부반응을 보이는 사람에게는 결코 타협적이거나 우호적이지 않다는 사실을 인지해야 한다. 그렇지만 충고를 해야 할 상황이면 예를 들거나 비유법을 사용해서 충고하는 것이 바람직하다.

⑧ 질책해야 할 때 : 질책화법에는 샌드위치 화법이 있다. 샌드위치 화법은 '칭찬의 말'+'질책의 말'+'격려의 말'처럼 질책을 가운데 두고 칭찬을 먼저 한 다음 끝에 격려의 말을 하는 것이다. 이렇게 말을 하면 듣는 사람이 반발하지 않고 받아들이게 된다. 비난이나 질책, 야유하는 말들은 결국 부메랑이 되어 자신에게 다시 돌아온다는 사실을 인식하고 있어야 한다.

(1) 원활한 의사표현을 위한 지침

원활한 의사표현을 하기 위해서는 상대방의 마음을 읽을 수 있어야 한다. 성의 있는 진실한 자세, 상대방에 대한 세심한 관찰, 긍정과 공감에 초점을 둔 의사표현기법을 습득하여 상호 이해할 수 있도록 부드럽게 대화하는 요령이 필요하다. 원활한 의사표현을 위한 지침에 대해서 알아본다.

① **올바른 화법을 위해 독서를 하라** : 대화는 일방적인 것이 아니라 주고받는 것이다. 따라서 상대방의 채널에 맞춘다는 기분으로 하는 것이 바람직한 의사표현이다. 올바른 의사표현의 기본은 독서에 있다. 유창하고 능숙한 말솜씨를 가지려면 풍부한 어휘력이 필요한데, 어휘력을 기르는 데는 책을 읽는 것이 크게 도움이 된다.

② **좋은 청중이 되라** : 말을 잘하는 사람은 남의 말을 잘 듣는 사람이다. 평판 좋은 사람들을 보면 대개 말수가 적고 상대방보다 나중에 이야기하며 상대방의 말에 귀를 기울임을 알 수 있다. 의사표현의 목적을 파악한 뒤 그 기준에 맞추어 상대방의 말을 경청하는 것이 좋다. 또한 불필요한 감정, 시간의 소모 없이 생산적인 의사표현을 이끌어가기 위해서는 상대방의 성격, 인품, 습관 등을 미리 파악하는 것도 좋은 방법이다.

③ **칭찬을 아끼지 마라** : 사람은 자신을 칭찬하는 사람을 칭찬하고 싶어 한다. 그러므로 남을 칭찬하는 것은 곧 나를 칭찬하는 것이다. 간혹 보면 거짓 찬사를 늘어놓은 사람이 있는데, 그럴 경우 오히려 관계를 더 나쁘게 할 수도 있으므로 주의해야 한다.

④ **공감하고 긍정적으로 보이게 하라** : 가장 쉬운 대화방법은 상대방편의 말을 그대로 받아서 맞장구를 치는 것이다. 사람들은 자신의 희로애락에 공감하는 사람에게서 안정감과 친근감을 느낀다. 예를 들어, '요즘 사업하기 너무 힘들어!'라는 말을 들었을 때, '정말 힘이 드시겠군요.' 하고 맞장구를 쳐주면 상대방이 편안함을 느낄 것이다.

⑤ **겸손은 최고의 미덕임을 잊지 마라** : 누구나 다른 사람 앞에서 자신의 장점을 자랑하고 싶은 심리가 있다. 그러나 이러한 욕구를 적정선에서 제어하지 못하면 만나는 게 부담스럽고 껄끄러운 사람으로 찍힌다. 내면적으로 자신감을 갖고 있는 것과 잘난 척하는 것 사이에는 큰 차이가 있다는 것을 인식한다.

⑥ **과감하게 공개하라** : 좋은 관계를 유지하고 싶은 상대방에게 먼저 자신의 속내를 드러낸다면 상당한 효력을 발휘할 것이다. 이는 곧 '나는 당신을 나 자신처럼 믿는다.'는 신뢰의 표현이다.

⑦ **뒷말을 숨기지 마라** : 별것 아닌 일에도 버릇처럼 중의적인 표현을 사용하는 사람이 있는데, 이는 곧이곧대로 칭찬하거나 감탄하는 대신에 석연치 않은 뉘앙스(어떤 말에서 느껴지는 느낌이나 인상)를 풍겨 상대방을 기분 나쁘게 한다. 특수한 사항이 아니라면 비꼬거나 빈정대는 듯한 표현은 삼가 하는 것이 좋다.

⑧ **첫마디 말을 준비하라** : 첫 만남을 앞둔 시점이라면 어떤 말로 이야기를 풀어갈지 미리 생각해두는 것이 좋다. 재치 있는 말이 떠오르지 않을 때는 신문 또는 유머에 관한 책을 참고하거나 그날의 대화주제와 관련된 옛 경험을 떠올려보는 것도 한 방법이다.

⑨ **이성과 감성의 조화를 꾀하라** : 논리적 언변은 대화를 이끌어가는 데 큰 힘이 된다. 그러나 이견이 있거나 논쟁이 붙었을 때 무조건 앞뒤 말의 논리적 개연성만 따지고 드는 자세는 바람직하지 않다. 상황을 고려하여 이성과 감정의 조화를 이뤄 대화하는 것이 좋다.

⑩ **대화의 규칙을 지켜라** : 좋은 의사표현에는 상대방의 말을 가로막지 않고, 혼자서 의사표현을 독점하지 않고, 의견을 제시할 땐 반론 기회를 주고, 그리고 임의로 화제를 바꾸지 않는다. 이러한 내용은 익히 알고 있지만 지키기는 쉽지 않다. 말을 주고받는 순서와 자기가 하려는 말의 분량을 늘 염두에 두고 있으면 실수를 줄일 수 있다.

⑪ **문장을 완전하게 말하라** : 예를 들어 '갈게요.'보다는 '다녀오겠습니다.'가 훨씬 단정하고 분명하다. 축약된 말은 자칫 무례하거나 건방지다는 느낌을 줄 수 있지만, 바른말로 이루어진 완전한 문장은 말하는 이의 품격을 높여줄 뿐만 아니라 원활한 의사소통에도 도움을 준다.

(2) 의사표현의 오해를 풀기 위한 10가지 충고

① 명령하는 듯한 말을 쓰지 마라(반항을 일으키는 불씨다), ② 비판보다 칭찬거리를 먼저 찾아라(칭찬해서 싫어할 사람은 없다), ③ 상대방에게 호의를 베푸는 연습을 하라(좋아하려고 노력하고 좋아지도록 연습해야 한다), ④ 상대방의 반항을 존중하라(반항은 단지 존재가치를 느끼고 싶기 때문이다), ⑤ 싸우지 마라(윽박지르는 말이나 싸우는 행동에 의한 적대감정을 피하라), ⑥ 상대방이 틀렸다고 마구 꾸짖지 마라(틀리고 나쁜 점을 증명해 보라면 이점은 없다), ⑦ 큰소리가 'NO'라는 뜻이 아님을 알라(80%는 반항함으로 잊고 만다), ⑧ '나는 당신이 지금 어떤 기분인지를 압니다.'라는 말을 애용하라(놀라운 효과가 있다), ⑨ 무언가 질문하고 그 이야기에 귀를 기울여라(진지하게 자기의 말을 들어주는 사람을 싫어할 사람은 없다), ⑩ 상대를 위해 기도하고 용서하라(사랑으로 감싸는 모습을 마음속으로 그려라(NCS학습모듈, 2015)).

학습평가 3

1. 상황과 대상에 따른 의사표현법의 설명으로 잘못된 것은?
   ① 상대방의 잘못을 지적할 때는 확실하게 말하기보다는 돌려서 말해 준다.
   ② 상대방에게 부탁해야 할 때는 기간, 비용, 순서 등을 명확하게 제시해야 한다.
   ③ 상대방의 요구를 거절해야 할 때는 정색을 하면서 '안돼요'라고 말하기보다는 먼저 사과를 한 후에 이유를 설명한다.
   ④ 설득해야 할 때는 자신이 변해야 상대방도 변한다는 사실부터 받아들여야 한다.

2. 다음은 효과적인 의사표현을 위한 방법에 대한 설명이다. 잘못된 것은?
   ① 독서를 많이 하여 상대방의 기선을 제압할 수 있도록 어려운 말을 섞어서 쓴다.
   ② 상대방의 말을 그대로 받아서 맞장구를 치면 상대방이 친근감을 느끼게 된다.
   ③ 특수한 상황이 아니라면 비꼬거나 빈정대는 듯한 표현은 삼가 하는 것이 좋다.
   ④ 축약된 말보다는 문장을 완전하게 말해라.

4) 심화학습 1

인간은 다른 사람들과의 관계 속에서 도움을 주기도 하고 받기도 하면서 살아간다. 아무리 아는 것이 많고 실력이 뛰어난 사람이라도 모든 일을 스스로 해결할 수는 없다. 따라서 다른 사람들의 도움을 얼마만큼 잘 받아낼 수 있는가가 그 사람의 실력을 평가하는 잣대가 되기도 한다. 그러나 사람마다 각자 성격과 생각이 다르고 처한 상황이 다르기 때문에 다른 사람을 내 뜻으로 움직여서 내 사람으로 만드는 일이 결코 쉽지만은 않다.

이러한 설득의 기술은 어떤 특별한 이론이 필요한 것은 아니지만 상황에 맞는 전략과 요령이 필요한 것은 분명하다. 다음 사례 4를 통해서 주변 사람들이 자신을 따르게 하기 위한 설득력 있는 의사표현 지침에 대해서 알아본다. 또한 효과적인 설득을 위한 지침에 대해서도 알아본다.

사례 4

판매왕 K씨

화장품 회사에 다니는 김씨는 이번 달도 목표 실적 이상을 달성했다. 김씨의 영업비결에 대한 인터뷰를 한 결과 김씨는 다음과 같은 말을 하였다.

먼저 고객이 될 만한 사람을 생각해 보세요. 그리고 그 사람들을 짧은 시간에 많이 만날 수 있는 곳을 찾아가는 것입니다. 언뜻 상품이 주로 피부와 관련된 아이템인 것 같으니 피부과나 피부관리실 마사지 사우나 같은 곳도 생각해 볼 수 있겠지요. 아마 먼저 하고 계신 분들을 보면 어디를 가야 효과적인지 쉽게 아실 수 있을 겁니다. 생전 처음 보는 남에게 말을 거는 것이 어떤 분에게는 쉽다지만, 대부분 사람들이 불편하고 힘든 일입니다. 용기를 내서 문을 열고 들어갔다가 심하게 거절당하면 모욕감도 들고 자존심도 상하지요.

먼저 혼자 머리 속으로 상상을 해보세요. 예를 들어, 피부과 문을 열고 들어 설 때 창구의 간호사에게 어떤 인사말을 할 것인지, 간호사의 반응을 예상해 보시고 그에 대한 대꾸도 생각해 보세요. 대부분 바쁘니 나중에 오라거나 그런 상품 취급하지 않는다고 거절하겠죠. 바쁘다고 했을 때 어떻게 대응할 것인가? 그럼 나중에 다시 오겠다고 바로 나오기보다는 카탈로그라도 몇 부 놓고 가게 해달라든지 그도 안 되면 한번 읽어나 보시라고 한부만 놓고 온다든지 샘플을 주고 온다든지, 정말 바쁘면 다음에 온다고 하고 나온다든가... 이런 식으로 시나리오를 수십 가지 상황을 상상해서 미리 마음속으로 준비해 두세요. 가능한 구체적으로요... 몇 번 가면 그 간호사도 영업사원에게 친밀감을 느끼게 되고 영업은 그때부터 시작이겠지요. 이러한 시나리오를 상상함으로써 실제로 거절을 당해도 적절히 대처할 수 있고 마음의 상처도 덜 받게 됩니다. 예상했던 시나리오에 있던 상황이니까요.

또 한 가지, 말을 청산유수처럼 잘해야 영업을 잘한다고 생각하지 마세요. 약장사처럼 술술 말 잘하는 영업사원 중에도 훌륭한 영업사원은 많습니다. 그러나 그렇지 않은 판매왕들도 많습니다. 그분들 화법의 공통점은 설득력이 있고 믿음이 간다는 점입니다. 먼저 판매할 제품을 확실히 파악하세요. 그리고 그 제품이 지금 상담중인 고객에게 왜 필요한지를 가장 효과적으로 전달할 문장을 생각해 두세요. 예를 들어 아토피로 고생하는 아이엄마에게 할 말과 건성피부로 고민하는 아가씨에게는 다른 말을 해줘야 해요. 만병통치약이라는 식으로 아토피에도 좋고 건성피부에도 좋고 한참 떠들어도 설득력만 오히려 약해집니다. 너무 많은 것을 고객에게 전달하려고 노력하기보다는 눈앞의 고객에게 매치되는 몇 가지 포인트를 확실하게 전달해 주세요. 영업사원하고 한 시간 떠들어도 영업사원 나가고 나면 머릿속에 남는 거는 별로 없습니다. 수다 말고 메시지를 전달하는 영업을 하세요. 물론 인간적으로 친해지기 위해서는 수다도 필요하겠지만요...

모든 일이 그렇지만 가장 중요한 것은 초심을 잃지 않는 것 같습니다. 성실하고 꾸준하게 잘 안되면 방법을 바꿔 가면서 쭉 밀고 나가는 거죠. 그냥 저도 하는 일이 비슷해서 느낌대로 주절주절 했습니다. 부디 성공하세요(NCS학습모듈, 2015).

활동 4

자신이 상대방에게 설득당한 상황을 생각해 보고 판매왕 김씨의 사례에서 어떤 부분에 설득 포인트가 있는지 작성해 보고 발표해 보도록 한다.

김씨	설득 포인트
1. 휴대폰 기능을 설명하는 상황	
김씨는 휴대폰의 기능을 설명하는 상황에서 고객이 무엇을 원하는지 미리 파악하고, 새로운 정보를 제공하며 이를 입증할 만한 새로운 자료를 미리 준비하여 설명한다.	
2. 새로운 제품에 대한 호기심이 있는 고객과 적대감이 있는 고객을 응대하는 상황	
김씨는 새로운 제품에 호기심이 있는 고객에게는 고객이 새로운 제품을 선택해야 한다고 강조한 후, 그에 대한 이유와 논거를 설명한다. 반면에 적대심 있는 고객에게는 다양한 상황과 이유 및 논거를 설명한 후, 이러하기 때문에 이 제품은 꼭 고객에게 필요하다고 설명한다.	
3. 고객이 실수하여 제품이 손상된 상황	
김씨는 감정이입을 해서 고객의 입장을 자신의 입장처럼 생각하고 걱정해준다. 실수를 탓하기 전에, 자신도 그 상황에서는 그럴 수밖에 없었을 거라고 위로를 하고 그 이후에 문제해결을 한다.	

활동 해설

김씨는 첫째, 휴대폰 기능을 설명하는 상황에서 일상적인 기능을 설명하지 않고 고객의 직업이나 나이, 원하는 상황을 미리 파악하고, 이를 입증할 만한 새로운 자료를 미리 준비하여 설명하였다. 만약에 이와 같은 준비 없이 고객에게 일반적인 휴대폰 기능을 반복했다면 설득하기는커녕 오히려 짜증을 불러일으킬 것이다.

둘째, 새로운 제품에 대한 호기심이 있는 고객과 적대심이 있는 고객을 응대하는 상황에서는 호기심이 있는 고객에게는 새로운 제품을 선택해야 하는 다양한 논거와 이유를 설명한 반면에 적대심 있는 고객에게는 다양한 상황을 시연하고, 그 상황에 따른 논거와 이유를 설명했다. 이를 위해서는 제품에 대한 정확한 지식과 충분한 정보를 미리 파악하고 있어야 할 것이다.

셋째, 고객이 실수하는 제품이 손상된 상황에서는 고객을 탓하지 않고 자신이라도 같은 상황을 연출했을 것이라고 고객의 입장에서 이야기를 했다. 고객을 탓한다고 해서 손상된 제품이 다시 원상 복귀될 것이 아니다. 공감적 경청을 통해 고객의 불만을 처리하는 것을 우선시하고 응대하였다.

활동 4 내용

• 설득력 있는 의사표현 지침

세상에는 같은 유전자를 가진 사람은 한 명도 없다. 또한 한날 같은 시간에 태어난 사람도 성격이 천차만별이다. 이렇듯이 내가 아닌 다른 사람을 설득하기란 쉽지 않다. 그러나 상대방을 설득하는 학습을 함으로써 개선될 수 있다. 상대방을 설득하기 위한 의사표현 지침에 대해서 알아본다.

① 'Yes'를 유도하여 미리 설득 분위기를 조성하라 : 'Yes'라고 긍정할 때는 몸의 생리구조가 이완되어 외부의 자극을 편안히 받아들이는 부드러운 상태가 된다. 단호하게 거절하는 사람은 'NO'라는 정신적 준비상태에 놓여 있으므로 거북한 표정이나 자세를 취하는 것이 보통이다. 이렇게 'NO'라는 사람에게 다짜고짜 자기 의견을 늘어놓으면 오히려 'NO'라는 정신적 준비상태를 더 강화시켜줄 뿐이다. 상대방을 설득하는 것이 아니라 'NO'라는 마음을 더욱 확고히 해 주는 꼴이 된다. 이때 먼저 상대방이 긴장을 풀고 반사적으로 'Yes'라고 대답할 수 있는 평범한 질문을 의도적으로 몇 가지 던져 보는 것이 좋다.

② 대비 효과로 분발심을 불러일으켜라 : 사물을 판단할 때 사람들은 무의식중 여러 조건을 대비시켜 본다. 이쪽에서 어떤 조건을 제시하면 상대방은 일방적인 상식을 기준으로 그것을 판단하려 한다. 일반적 판단기준과 제시되는 조건을 대비시켜 그것을 평가하려는 것이 인간의 심리이다. 상대방에게 상식에 벗어나는 조건과 자기가 제시하고자 하는 조건을 동시에 제시해 보라. 이것이 '대비 효과'라는 것으로서 큰 손해를 입기보다는 작은 손해를 감당하는 것이 낫다는 심리에서 비교적 손해가 덜한 것을 선택한다는 것이다.

③ 침묵을 지키는 사람의 참여도를 높여라 : 경험이 많은 노련한 교사는 결코 아이의 머리를 쥐어박거나 야단치지 않는다. 떠드는 아이의 옆자리 아이를 의도적으로 지명하여 교과서를 읽힌다든지 질문에 답하도록 한다. 그렇게 하면 떠들던 아이는 당황하여 떠들기를 멈추고 수업에 집중한다. 이것이 일종의 간접적 설득이라고 한다. 직접 하지 않아도 스스로 떠들기를 멈추고, 또 다른 아이에게도 쓸데없는 긴장감을 주지 않으므로 좋은 방법이 된다. 이러한 기법은 회의에서도 많이 이용되고 있는데, 회의에 참석한 사람이 많을수록 발언하는 사람만 계속 발언한다. 이러한 경우 심리기법 가운데 발언을 시키고 싶은 사람을 직접 지명하지 않고 일부러 그 좌우에 앉아 있는 사람에게 집중적으로 의견을 묻는 방법이 있다. 자기 옆 사람이 발언하면 무관심하게만 앉아 있을 수 없는 것이 사람의 심리이다. 이처럼 희생양을 내세워 시범을 보이고 그것을 본보기로 삼아 상대방을 설득하는 방법을 암묵적 강화법이라고 한다.

④ 여운을 남기는 말로 상대방의 감정을 누그러뜨려라 : 우리는 집요한 항의나 요구에 압도되는 경우가 종종 있다. 듣는 쪽에서는 정말 어이없는 일이어서 그런 요구를 도저히 들어줄 수 없는데도 말하는 쪽은 강경하게 자기의 요구가 부당한 것이 아니라고 우길 때 "잘 알겠습니다."라고 더 이상 말을 꺼내지 못하게 한다. 말하는 편에서 보면 당신이 무엇을 말하려 하는지 알겠다는 의미이지만, 그렇다고 확답이나 승낙의 의미까지 포함하는 것은 아니다. 이러한 언어적 트릭을 사업상의 분쟁에 사용하면 효과적으로 대처할 수 있다.

⑤ 하던 말을 갑자기 멈춤으로써 상대방의 주의를 끌어라 : 강연을 하다가 어수선할 때 의식적으로 말소리를 낮추면 오히려 청중들이 귀를 기울인다. 강연이 아닌 개인과 개인의 대화에서도 마찬가지다. 한 사람은 열심히 말을 하는데, 전혀 맞장구도 치지 않고 관심을 보이지 않는 사람이 있다. 이런 경우는 심리적으로 상대방이 우위에 있을 때 많이 발생한다. 말하는 사람이 집요하게 매달릴수록 상대방은 더 무시하는 태도를 취한다. 이럴 때 이야기하는 도중에 소리의 크기를 갑자기 낮춘다든지 얼마간 말을 멈추거나 하여 소리에 변화를 주면 귀를 막고 마음의 문을 닫아두고 있던 사람이라도 먼저 반응을 보이면서 마음의 문을 열게 된다. 따라서 상대방이 스스로 이야기를 들으려는 자세를 취했을 때 설득을 시도해야 효과적이다.

⑥ 호칭을 바꿔서 심리적 간격을 좁혀라 : 일반적으로 사람들은 심리적 거리가 멀다고 여기기 때문에 마음의 문을 잘 열지 않는다. 따라서 고의적이라는 인상을 주지 않는 범위 내에서 친근감이 있는 호칭을 사용하면 의외로 빨리 심리적 거리감을 좁힐 수 있다. 반대로 상대방의 마음을 상하게 하지 않고 요구를 거절할 때는 의식적으로 존경어를 사용함으로써 상대방과의 사이에 심리적 거리감을 두는 방법이 효과적이다. 이처럼 우리가 인간관계가 소원하면 무의식중에 존경어를 사용한다. 따라서 친한 사이에 의식적으로 존경어를 사용하는 것은 상대방과의 심리적 접촉을 피하려는 완곡한 의사표현이라고 할 수 있다.

⑦ 끄집어 말하여 자존감을 건드려라 : 비즈니스에서 협상 상대와의 관계는 갑작스레 가까워질 수 없다. 이러한 관계는 서로 상대방의 눈치를 살피거나 속마음을 떠보는 등 표면적인 수준에 지나지 않는다. 그러나 이런 관계가 계속 지속되면 협상이나 상담은 좀처럼 진전되지 않는다. 그럴 때 보통 때라면 도저히 상상할 수 없는 상대방의 성격적 결함이나 단점을 넌지시 지적해 주는 것도 하나의 방법이다. 예를 들어 "걱정하시는 이유는 알겠지만, 왜 그렇게 나쁜 쪽으로 성급하게 결론을 내리려고 하십니까?"라든지 "실례지만 너무 지나치게 따지는 것 같은데요."라는 식으로 말하면, 겉치레 인사만 들어오던 상대방에게는 오히려 신선한 놀라움을 줄 것이다.

⑧ 정보전달 공식을 이용하여 설득하라 : 정보전달 공식을 이용하면 자기와 라이벌 관계에 있는 사람에 대한 나쁜 평가를 유도해 내기 쉽다. 마치 다른 사람에게서 들은 것처럼 제3자에게 "이런 이야기가 있는데 정말입니까?"라는 식으로 말하는 것이다. 사람은 직접 이야기를 들어서는 믿지 못할 것도 전혀 이해관계가 없는 제3자에게서 듣게 되면 더 잘 믿는 경향이 있다.

⑨ 상대방의 불평이 가져올 결과를 강조하라 : 논란이 되는 문제를 상당히 중요한 것처럼 강조하면 상대방은 사건의 중대성에 놀라 불평등을 누그러뜨린다. 그 순간을 놓치지 않고 사리에 따라 설명하면 상대방도 자기의 실수라고 인정한다. 노사분규에서 노사 간에 타협점을 찾지 못하고 교착상태에 빠지는 수가 많다. 조합원이 자기의 주장이나 요구 등을 굽히지 않는 것은 그 요구가 정당하며 타당하다고 믿기 때문이다. 그런 요구를 물리치기 위해 경영자가 사용하는 작전의 하나는 먼저 그 요구가 부당하고 지나치다는 것을 이해시키는 방법이다. 예들 들어 경영자가 "내가 잘 아는 회사가 얼마 전에 도산했다고 하네. 불황이어서 다시 취직할 길도 없고 하여 사원들은 불안한 나날을 보내고 있는 모양이야."라고 말하면, 조합 측에서는 이러한 비교에 대해 자신들은 아직 형편이 더 낫다고 생각을 하게 되면서 자기들의 요구가 너무 지나치다는 것을 깨닫고 기세를 누그러뜨릴 것이다.

⑩ 권위 있는 사람의 말이나 작품을 인용하라 : TV의 광고나 홍보 포스터에 저명인이나 권위자들 등장시키는 것은 심리학적 원리를 응용한 것이라고 할 수 있다. 광고의 수신자는 선전되는 상품과 등장인물의 이미지를 심층 심리에서 일치시켜 인지한다. 이러한 심리적 효과는 절대적인 힘을 갖는다. 그러므로 설득에 뛰어난 사람은 권위 있는 사람의 말이나 작품을 인용하여 자신의 말을 정당화시킨다. 이처럼 저명인이나 권위자를 내세워 자기 말을 정당화하려 할 때는 상대방이 무엇을 기대하고 무엇에 약한가를 사전에 면밀히 조사해 두어야 한다.

⑪ 약점을 보여 주어 심리적 거리를 좁혀라 : 설득하려는 상대방의 심리적 에너지나 감정상태를 잘 파악하여 자신의 주장을 펼치는 것이 설득에서는 매우 중요하다. 설득하려는 쪽이 실수 하나 없이 좀처럼 약점을 보이지 않는 우위의 입장에 있으면 상대방은 더욱더 마음의 벽을 단단히 쌓아 마음의 문을 열지 않게 된다. 이러한 경우는 일시적으로 자신의 약점을 털어놓아 상대방에게 우월감을 갖게 하는 기법이 필요하다. 이 때 주의할 점은 어디까지나 약점을 진정으로 털어놓는 것이 아니라 제스처에 불과한 정도로 드러내야 한다는 것이다. 실제로 인간의 심리는 묘한 것이어서 약점을 지적받기 전에 본인 스스로가 약점을 인정하고 나오면 상대방은 그 약점에 무관심해진다.

⑫ 이상과 현실의 구체적 차이를 확인시켜라 : 가정에서 자녀의 용돈 인상요구나 귀가 시간 연장요

구 등의 문제로 자녀들의 요구가 있는 경우가 많다. 이때 자녀들은 눈앞의 현실에만 집착하여 자신의 주장만을 늘어놓는 것이다. 이들은 평범한 설득으로는 물러서려 하지 않으므로 논리적인 설득도 별반 효과가 없을 것이다. 구체적이고 현실적인 요구의 밑바탕에 있는 보다 근본적인 추상적인 문제를 이끌어 내는 것이 좋다. 예를 들어 용돈을 많이 올려주기를 바라는 자녀들에 대해서는 성인이 될 때까지 드는 비용이나 불황에 허덕이는 경제, 가정 경제와의 관계, 또한 그들이 해야 할 본분 등의 기본문제를 들려준다. 이런 방식으로 자신의 요구가 현실과 괴리되어 있다는 점을 서서히 인식시켜 주면 이해하고 설득될 것이다.

⑬ 자신의 잘못도 솔직하게 인정하라 : 자기 자신을 굽히지 않는 상대방에게는 '밀어서 안 되면 당겨보라'는 전략을 사용하는 것도 한 가지 방법이 된다. 자기주장을 일단 양보하여 의견의 일치를 보이는 자세를 취함으로써 강경한 태도를 굽히지 않던 상대방을 결구 이쪽으로 끌어올 수 있다. 회의에서 누군가의 제안에 논리적인 근거 없이 반대를 위한 반대를 하는 심술꾸러기에서부터 그 날의 기분에 좌우되어 반대하는 이해심 없는 사람까지 여러 종류가 있다. 이런 경우 일단 자기 의견을 양보하여 상대방의 의견에 따르는 체하는 것이 효과적이다. 이쪽이 자기주장을 부정하고 상대방의 주장을 따르는 듯한 자세를 취하면 상대방도 자기주장만 내세울 수 없게 된다.

⑭ 동조심리를 이용하여 설득하라 : 인간은 동조심리에 의해 행동하는 경우가 많다. 즉 대부분의 사람들과 같은 행동을 하고 싶어 하는 심리가 있다. 이것은 유행이라는 현상으로 생각하면 쉽게 알 수 있다. 다른 사람들과 같아지고 싶은 충동이 유행을 추구하게 만든다. 예를 들어 회사에서 불만이 가득한 부하 직원이 있다고 가정하면, 이런 부하 직원을 회사 일에 적극적으로 협조하게 만들려면 그와 공동의 적을 만드는 방법이 있다. "이번에도 실적이 떨어지면 자네와 나는 지방 영업소로 밀려나겠지?"라는 식으로 가상의 적을 만들면 동조 심리가 적용하여 불평만 늘어놓던 부하 직원은 상사에게 협력하게 된다.

⑮ 지금까지의 노고를 치하한 뒤 새로운 요구를 하라 : 일단 상대방의 입장에 서서 지금까지의 노고를 치하할 필요가 있다. 상대방에게 있어 가장 견디기 힘든 것은 지금까지 열심히 해온 일을 대수롭지 않게 여기는 때이다. 그래서 설득하기가 어려울 수밖에 없다. 그러므로 "당신들이 열심히 해 온 것을 잘 압니다. 그러나 문제가 있는 것도 사실입니다."라고 강조하고 "지금까지 애써 왔지만 완벽한 것이 될 수 있도록 한 번 더 노력해 주기를 바랍니다."라고 부탁한다. 그러면 상대방은 지금까지 노력이 허사가 되지 않게 하기 위해서 보다 전향적인 자세로 이쪽의 요구에 응하게 된다.

⑯ 담당자가 대변자 역할을 하도록 하여 윗사람을 설득하라 : 예를 들어 당신의 회사에서 개발한 신제품을 판매하기 위해 거래처를 방문했다고 하자. 아무리 찾아가도 담당자가 좀처럼 반응을 보이지 않는다. 결정을 본인 마음대로 하지 못하기 때문이다. 이럴 때는 우선 담당자의 윗사람이 어떤 타입의 인물인가를 파악해야 한다. 그런 후에 "당신의 팀장님은 숫자에 밝으시니까, 이런 숫자를 제시하면 당신을 다시 보게 되고 칭찬을 해 주실 것입니다."라는 식으로 윗사람을 설득하기 위한 힌트를 준다.

⑰ 겉치레 양보로 기선을 제압하라 : 자기 논리의 약점을 인정함으로써 이론가처럼 자신하는 상대방을 설득하는 전략으로 설득이 교차상태에 빠진 때에는 겉치레 양보가 효과적일 수 있다. 여기서 교차상태는 서로가 양보하지 않겠다고 팽팽히 맞서는 상태이다. 이러한 경우에는 모양만 갖출 정도로 양보하면 된다. 무엇보다도 상대방의 기선을 제압하여 양보하는 것이 비결이다. 그렇게 하기 위해서는 처음부터 어느 정도의 복선을 깔아둔다. 즉, 필요 이상으로 많은 요구를 해 놓고는 "이것도 양보하고 저것도 양보하겠습니다. 그러나 이것만은 꼭 필요합니다."라고 하여 자기가 바라던 선을 지키는 방법이다.

⑱ 변명의 여지를 만들어 주고 설득하라 : 적극성 없이 우물쭈물하는 태도를 취하는 사람이라고 생각되면, 변명할 여지를 미리 만들어주어 책임감을 덜어줄 필요가 있다. 그런 다음 이야기를 진전

시켜 나가면 이런 유형의 사람은 의외로 쉽게 설득된다. 우물쭈물하면서 책임을 전가하려는 사람에게는 한 방향으로 밀어붙이기보다는 빠져나갈 여지를 미리 만들어주는 것이 설득에 더 효과적이다.

⑲ 혼자 말하는 척하면서 상대의 잘못을 지적하라 : 예를 들어 한겨울에 난방이 너무 잘 되어 사무실 안이 덥다고 하자. 이럴 때 다른 사람들은 보통 "창문 좀 열지 그래."라고 하지만, 다른 표현으로 무척 더운 표정을 지으며 "왜 이렇게 덥지?"라고 혼잣말을 한다. 이것을 두 번 정도 반복하면 가까이 있는 여직원이 창문을 열게 된다.

(1) 효과적인 설득을 위한 지침

설득에서 가장 중요한 것은 경청이다. 경청을 통해 상대방과 공감대를 형성하고, 구체적이고 현실적인 대안 제시가 가장 근본적인 지침이 된다. 또한 설득은 한 번에 이루어지는 것이 아니라 지속적인 과정을 통해 이루어지며, 상대방을 내 쪽으로 오게 하는 것이 아니라 내가 상대방에게 다가가는 것임을 알아야 한다. 카네기(D. Carnegie)는 인간관계에서 상대방을 설득하기 위한 지침으로 다음과 같이 제시하였다(박안석 편역, 2007: 임혜경 외, 2012).

① **논쟁을 피하라** : 불필요한 논쟁에는 승자도 패자도 없으며, 사람들은 처음 자신의 주장을 계속 고집하게 된다. 비록 상대방에게 이겼다 하더라도 상대방의 호감을 얻긴 어렵다.

② **상대방의 실수를 지적하지 마라** : 사람들은 자신이 옳다고 확신한다. 그러므로 상대방의 잘못된 정보나 생각을 지적한다고 동의가 이뤄지지 않는다. 오히려 상대방의 자존심과 지성에 흠집을 내게 되므로 스스로 인정하도록 정보를 제공하는 것이 좋다.

③ **자신의 실수를 인정하라** : 용감하고 솔직하게 자신이 잘못된 점이 있다면 인정하는 것이 필요하다. 그러면 변명을 하는 것보다 상대방에게 훨씬 많은 것을 얻을 수 있다.

④ **공손하게 말하라** : 상대방이 불쾌할 때는 아무리 명확한 논리와 정보도 설득에 도움이 되지 않는다. 그러므로 상대방에게 더없이 친절하고 부드럽게 대해야 동조를 이끌어 내기 쉬워진다.

⑤ **상대가 '네'라고 대답할 수 있는 얘기부터 시작하라** : 대화는 사람들에게 '네'라는 대답을 이끌어 내는 데서 시작한다. '네'라는 대답을 할 수밖에 없는 질문을 계속

하면서 반대자의 찬성을 이끌어 낸다. 즉, 대화를 시작할 때 자기 의견보다는 양측이 동조할 수 있는 이야기부터 꺼내어 '우리는 같이 목표를 추구하고 있다. 단지 방법상에 차이가 있을 뿐이다'라는 생각을 심어 주는 것이다.

⑥ 상대방이 이야기하도록 만들어라 : 상대방을 설득하지 못하는 이유는 말을 못해서가 아니라 너무 많이 하기 때문이다. 상대방이 7 대 3 정도로 더 많이 이야기하도록 만든다.

⑦ 상대방이 스스로 그 일을 원하도록 하라 : 상대방의 행동을 변화시키는 한 가지 방법은 바로 그 상대가 스스로 행동의 변화를 원하도록 자극하는 것이다. 상대의 의견을 묻고, 그의 생각을 존중해 주면 상대는 기꺼이 협력자로 나선다.

⑧ 상대방의 마음을 움직여라 : 상대방의 마음을 움직이기 위해서는 그 사람의 마음을 이해해야 한다. 이러한 노력으로 불필요한 갈등과 불쾌함을 줄이고 우호적으로 다가설 수 있다.

⑨ 상대방의 입장에서 생각하라 : 사람들은 공감과 인정에 목말라 있다. 그러므로 상대방의 입장에 서서 이해하려 애쓴다면 자연스럽게 원하는 것을 얻게 된다.

⑩ 고상한 동기에 호소하라 : 사람들이 어떤 행동을 하는 데는 두 가지 이유가 있다. 첫 번째는 진짜 이유이고, 두 번째는 그럴듯해 보이는 이유이다. 진짜 이유라면 굳이 말할 필요가 없지만 두 번째의 그럴싸한 이유라면 설득에 충분히 활용이 가능하다. 자신이 꽤 괜찮은 사람이라고 생각하는 사람이 있다면 그런 고상한 동기에 호소한다.

⑪ 당신의 견해를 극적으로 표현하라 : 쇼맨십을 발휘하여 극적인 순간을 연출해 낼 수 있다면 여왕의 마음도 사로잡을 수 있다. 마치 스티븐 잡스(Steve Jobs)가 얇은 노트북을 설명하기 위해 미리 준비해 간 노란 서류 봉투에서 노트북을 꺼내는 창의적 쇼맨십이 사람들을 움직인다.

⑫ 경쟁 심리를 자극하라 : 사람들은 타인보다 앞서고자 하는 욕망이 있기 마련이다. 그러므로 경쟁 심리를 자극하여 원하는 행동을 이끌어 낼 수 있다.

학습평가 4

1. 논리적이고 설득력 있는 의사표현에 대한 19가지 지침을 살펴보았다. 다음 상황에서는 어떤 지침을 이용해야 하는지 작성해 본다.

1) 한 사람은 열심히 말을 하는데, 전혀 맞장구도 치지 않고 관심을 보이지 않는 사람이 있다. 말하는 사람이 집요하게 매달릴수록 상대방은 더 무시하는 태도를 보이는 상황
( )

2) '어차피 당신은 알아주시지 않겠지만', '어차피 받아들이지 않을 것이므로 말씀드리지 않겠습니다.'라고 말하는 등 상대방의 성격을 어느 정도 건드려야 하는 상황
( )

3) 요구를 하는 상대방보다 훨씬 비참한 사람, 불행한 사람으로 보이는 상황임. "지금 한 달에 들어가는 보험료를 내지 못 해서 두 달간 연체하고 있는 설정이에요. 보험이 좋다는 건 알고 있고 지금 설명을 들은 보험은 너무너무 가입하고 싶지만 어쩔 수 없네요."라고 말해야 하는 상황
( )

제 9 장

직장에서의 인간관계

제9장

직장에서의 인간관계

인간의 발달과정에서 인간은 혼자 생활할 수 없으며 사회적·환경적·유전적 요인에 의해서 많은 지배를 받는다. 이러한 과정에서 서로 상호작용하는 발달이 가장 바람직한 방법이라고 할 수 있다. 사람들은 하루 24시간 중 8시간은 잠을 자고, 8시간은 일을 하고, 그리고 8시간은 여가를 보내면서 생활한다. 하루 일과 중 1/3을 포함하는 직장생활은 경제적인 활동을 하기 위해 중요할 뿐만 아니라 인간관계에서 중요한 역할을 한다. 이 장에서는 직장에서의 인간관계에 대해서 알아본다.

9.1 직장에서의 인간관계

1) 직장에서 인간관계의 중요성

'인생의 성공은 인간관계에 달려 있다'라는 말이 있을 정도로 인간관계는 중요하다. 인생에서 성공하기를 원한다면 바람직한 인간관계의 형성과 유지를 위해 부단히 노력해야 한다. 인간은 사회적 존재로서 좋든 싫든 자기가 속해 있는 집단의 한 구성원으로서 수많은 형태의 다양한 인간관계 속에서 생활해야 한다. 인류의 역사 이래 인간은 언제나 크건 작건 다양한 조직 속에서 생활해 왔으며, 그러한 가운데서 다양한 사람들과의 인간관계 경험을 통해 성숙·발전해 왔다.

인간관계에 실패할 경우 자신은 물론 가정, 직장, 그리고 사회생활을 하는 데 있어 많은 문제를 초래하게 된다. 특히 직장에서 많은 시간을 보내는 직장인들에게 있어서 직장에서의 인간관계는 직장생활의 적응과 부적응, 직업에서의 성공 등에 상당한 영향을 미친다. 직장인들에게 직장생활 중 가장 어려운 점을 꼽으라면 직장 경험이 별로 없는 초보 직장인들은 물론 오랫동안 직장생활을 해온 직장인들 가운데 상당수가 인간관계의 어려움을 호소한다.

흔히 개인들의 직장생활 적응을 규정하는 것은 '직무'와 '인간관계'라고 말한다. 만일 어느 한쪽이라도 적합하지 못하면 직장생활에 부적응을 초래하게 된다. 카네기(Carnegie) 기술연구소에 따르면, 개인기업과 공학기술에서 성공의 약 15%는 기술적 지식에 원인이 있고, 85%는 사람을 지도하고 영향을 줄 수 있는 인간경영기술에 있다고 한다. 나아가 공장에서 해고당한 사람들의 20~40%는 자신의 기술 부족으로 해고를 당했다고 생각한 반면, 60~80%는 자신들의 인간관계의 미숙함 때문에 해고를 당했다고 생각했다.

메이요(Mayo)가 1927년부터 1932년까지 호손공장에서 실시한 연구에서는 생산성 향상에 있어서 작업장의 조명, 환기와 같은 물리적 환경이나 피로보다 정서적 요소, 인간관계 요소, 그리고 동기적 요소들이 근로자들의 행동에 보다 직접적이고 보다 중요한 역할을 한다는 것을 보여주었다(Mayo, 1993). 특히 타인으로부터 관심을 받으며, 서로 상호작용할 수 있는 인간관계 경험들이 생산활동에 보다 큰 영향을 미치는 것으로 나타났다. 호손 효과(Hawthorne effect)로 알려진 이 실험결과를 통해 직장에서의 인간관계가 조직과 산업체의 생산성과 밀접한 관계가 있음을 알 수 있다.

직장에서 효과적으로 업무를 수행하고 직업적 성공을 거두기 위해서는 세 가지 기술이 필요한데, 그 세 가지 기술은 기능적 기술(technical skill), 개념적 기술(conceptual skill), 그리고 인간관계 기술(human relational skill)이다(설기문, 1997; 김혜숙 외, 2011). 기능적 기술은 자기가 맡은 전문분야의 업무를 의미하며, 개념적 기술은 단순히 자기가 맡은 구체적인 전문업무가 아니라 자기가 속해 있는 부나 조직 전체의 일을 총괄하여 조직이 나아가야 할 방향과 업무를 기획하고, 업무의 효율성을 위하여 적재적소에 인재를 배치하고 업무를 적절히 분배함으로써 거시적으로 조직 전체의 목표 달성과 생산성 향상을 꾀할 수 있는 기술을 의미한다. 그리고 인간관계 기술은 일보다는 직장의 동료, 상사, 부하들과 원만한 인간관계를 유지할 수 있는 기술을 의미하는 것으로, 직장을 인간적인 정이 충만하여 일할 맛이 나고 보람을 느끼는 삶의 현장으로 만들어 나갈 수 있는 기술을 의미한다. 인간관계 기술은 다양한 사람들로 구성된 직장에서 자신은 물론 상대방들의 욕구와 성격 특성을 이해하며 긍정적인 인간관계를 이룸으로써 생산성 향상에도 기여할 수 있는 것이다.

위의 세 가지 기술 중에서 기능적 기술은 특히 하급직에서 많이 요구되고, 개념적 기술은 상급직으로 올라갈수록 많이 요구되지만, 인간관계 기술은 어떤 지위에서나 공통적으로 필요한 기술이다. 따라서 직장생활은 인간관계의 장이라 할 수 있는데, 이러한 기술을 그림으로 나타내면 그림 9-1 과 같다.

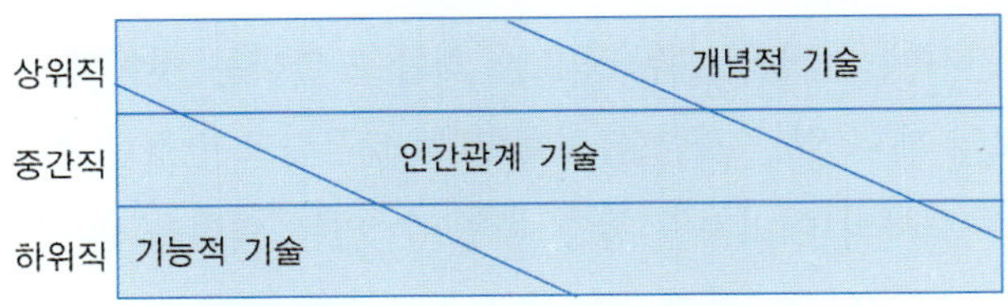

그림 9-1 직장에서 필요한 세 가지 기술

출처 : 설기문(1997).

직장에서의 인간관계가 중요한 이유는 직장인으로서 성공하기 위해서다. 직장 구성원으로서 회사를 위하여 무엇을 할 것인가를 알고 회사 일에 적극적으로 참여하고 협력해야 함은 물론 원만한 인간관계가 필수적으로 요구된다. 원만하고 생산적인 인간관계를 위해서는 인간관계에 필요한 다양한 기술과 매너, 인간의 존엄성과 가치성을 인정하고 타인에 대한 배려와 관심, 자기개방과 타인에 대한 수용적 태도가 필수적인 요인이 된다. 이러한 맥락에서 직장에서 선호하는 직장인 상을 간추려 보면, 대체로 다음과 같은 특성들을 들 수 있다(김혜숙 외, 2011).

① 성취 지향적이고 자율적이며 책임감이 투철한 사람을 선호한다. 물질적 보상에 연연하기보다는 일에 대한 열정을 갖고 성실하게 주도적·자발적으로 직장의 목표 달성을 위해서 정열을 쏟을 수 있는 사람을 원한다는 것이다.

② 직무를 원활히 수행할 수 있는 능력과 기술을 갖출 것을 요구한다. 즉, 직무 수행에 필요한 기본적인 기술, 직무에 적합한 기술을 요구한다. 대부분의 직장은 업

무와 관련하여 특정한 기술 수준이 요구되며, 이는 직무 수행과 성공의 기초가 된다는 것이다.

③ 애사심과 협동심을 요구한다. 자기가 재직하고 있는 회사에 대한 애착심과 애사심을 가져야 한다. 또한 상호의존적 과제를 수행하는 데 있어서 협동심은 단결된 팀워크로 개개인에게 부과된 과제를 책임지고 수행함은 물론 상호 협조와 도움으로 효율성을 극대화할 수 있다는 점에서 중요시되고 있다는 것이다.

④ 원만한 인간관계를 맺을 수 있는 사람을 선호한다. 아무리 능력과 기술이 뛰어나다 해도 인간관계가 원만하지 못하여 직장 동료들에게 피해를 주거나 종종 직장 분위기를 망쳐 놓는다면 아무도 그를 달가워하지 않을 것이다. 오히려 하루라도 빨리 그가 없어지기를 바랄 것이다. 원만한 인간관계는 직장생활에서 뿐만 아니라 모든 인간사에 있어서 매우 중요한 역할을 한다는 것이다.

⑤ 단정한 용모와 매너 있는 사람을 선호한다. 깔끔하고 단정한 용모와 깍듯한 매너의 소유자는 회사의 이미지를 한층 높일 수 있는 역할을 할 수 있기 때문이다. 근무 장소와 직종을 고려하여 적합한 복장을 갖추어야 하며, 직장인으로서 지켜야 할 매너를 지킬 줄 알아야 한다는 것이다.

2) 직장에서의 의사소통

직장생활에 있어서 의사소통은 공식적인 조직 안에서 의사소통을 의미한다. 이러한 의사소통은 직장생활에서 조직의 생산성을 높이고, 사기를 진작시키고, 정보를 전달하고, 그리고 설득하려는 목적이 있다. 직장에서 의사소통의 기능, 중요성 등에 대해서 알아본다.

(1) 직장에서의 의사소통의 기능

직장에서 의사소통은 조직과 팀의 효율성과 효과성을 성취할 목적으로 이루어지는 구성원 간의 정보와 지식의 전달과정이며, 여러 사람의 노력으로 공통의 목표를 추구해 나가는 집단 내의 기본적인 존재 기반이고 성취를 결정하는 핵심 기능이다. 또한 자신의 생각과 느낌을 효과적으로 표현하는 것과 타인의 생각과 느낌, 사고를 이해하는 과정으로 조직이나 팀과 관련된 핵심적인 기능이다. 그리고 효과적이고 원활한 의사소통은 조직과 팀의 핵심적 요소로써 구성원 간에 정보를 공유하는 기능을 한다(NCS 학습모듈, 2015).

(2) 직장에서의 의사소통의 중요성

인간관계 특히 직장과 같은 조직 내에서 의사소통은 직장생활에서 필수이며 대인관계의 기본이 된다. 따라서 개인이 집단을 이루어 활동할 때 그 활동을 효과적으로 수행하기 위해서는 조직 구성원 간의 의사소통이 원활하게 이루어져야 한다. 직장에서 상사나 동료 또는 부하와의 사이에 작업상 의사소통이 이루어져 상호 간에 공감하면 직장의 팀워크는 높아지고 그로 인해 사기가 높아져 능률이 향상될 것이다. 그렇지만 직장에서 긍정적인 의사소통은 결코 쉬운 일이 아니다. 조직의 구성원은 다양한 사회적 경험과 지위를 토대로 한 개인의 집단이므로 동일한 내용을 제시하더라도 각각 다르게 받아들이고 반응한다. 따라서 학습자는 메시지가 단단한 덩어리가 아니라 유동적이고 가변적인 요소이기 때문에 상호작용에 따라 다양하게 변형될 수 있다는 사실을 기억해서 의사소통해야 한다.

의사소통은 내가 상대방에게 메시지를 전달하는 과정이 아니라 상대방과의 상호작용을 통해 메시지를 다루는 과정이라고 인식해야 한다(NCS학습모듈, 2015). 따라서 성공적인 의사소통을 위해서는 자신이 가진 정보와 의견을 상대방이 이해하기 쉽게 표현하는 것뿐만 아니라 상대방이 어떻게 받아들일 것인가를 고려해야 한다. 진정한 의사소통은 다른 이해와 의미를 가지고 있는 사람들이 공통적으로 공유할 수 있는 의미와 이해를 만들어 내기 위해 서로 언어 또는 문서, 그리고 비언어적인 수단을 통해 상호 노력하는 과정이기 때문에 일방적인 말하기가 되지 않도록 의사소통의 정확한 목적을 알고 의견을 나누는 자세가 필요하다(NCS학습모듈, 2015).

3) 직장인의 매너

인간은 사회적 존재로서 현대사회의 급격한 변화 속에서 신체적·정신적 적응을 이루고 보다 인간다운 삶을 유지하기 위해서는 바람직한 인간관계의 확립과 사회적 적응이 필요하다. 이러한 맥락에서 매너는 자신을 바로 세우고 원만한 인간관계를 위한 약속이자 사회적 규범으로써 개개인이 반드시 갖추어야 바람직한 태도이다.

집단(2명 또는 그 이상의 집단)에 속해 있는 사람은 자신들이 속해 있는 집단의 규범을 지켜야 한다. 집단의 규범은 집단활동의 질서를 확립하기 위해 구성원에 의해 설정된 표준 또는 규칙인 만큼 반드시 지켜져야 하며, 이러한 규범이 곧 집단 내의 개개인 행동의 기반이 된다. 따라서 직장에서의 개인들은 다른 사람과의 관계를 고려하지 않으면 안 되므로 직장인 상호 간에 지켜야 할 행동규칙과 규범, 그리고 직장인으로서 갖추어야 할 매너가 있는데, 이러한 매너를 지켜야 한다. 직장에서 함께 일하고 싶은 사람과 반대로 함께 일하고 싶지 않는 사람의 특성을 예시하면, 표 9-1 과 같은 것들을 들 수 있다.

표 9-1 직장에서 함께 일하고 싶은 사람과 싶지 않은 사람의 특성

함께 일하고 싶은 사람	함께 일하고 싶지 않은 사람
• 회사와 직장동료에 대해 적극적인 관심을 갖고 있는 사람 • 직무 수행에 성실히 임하며 일을 남에게 떠넘기지 않는 사람 • 변화를 적극적으로 수용하려는 자세를 갖고 있는 사람 • 도덕심과 이타주의를 지향하는 사람 • 용모단정하며 근면하고 협동적인 사람 • 긍정적으로 수용하며 융통성이 있는 사람	• 신경질적이며 다른 사람을 멸시하는 태도와 지나친 이기주의 성향을 갖고 있는 사람 • 타사 제품이나 자사에 대해 헐뜯거나 불평불만을 늘어놓는 사람 • 개으르고 위생상태가 불량한 사람 • 마지못해 억지로 일을 하는 태도와 무사안일주의가 팽배한 사람 • 자기의 일을 종종 남에게 떠넘기는 사람 • 음담패설이나 유쾌하지 못한 잡담으로 시간을 허비하는 사람

직장에서의 개인의 지위(status)는 집단 내에서의 사회질서를 의미하며 개인의 행동에 강력한 영향을 미친다. 지위는 또한 집단규범에 대한 순응과 관계가 깊다. 낮은 지위에 있는 사람은 규범에 순응하지 않더라도 별로 잃을 것이 없다고 생각하기 때문에 집단규범의 영향력을 거부하기 쉬우며, 중간 정도의 지위에 있는 사람은 현재 자기의 신분을 좋아하고 보다 높은 지위를 원하기 때문에 순응도가 높은 편이다. 높은 지위에 있는 사람은 직위상 안정되어 있기 때문에 자유를 좋아하고 가끔은 집단규범에 순응하지 않는 경향이 있다. 직장생활을 하는 데 있어서 개인의 직위 및 상황과 관련하여 직장인으로서 지켜야 할 매너에 대해서 알아보면 다음과 같다(김혜숙 외, 2011).

(1) 상사로서의 매너, 상사에 대한 매너

조직에서의 인간관계는 조직의 목표와 개인의 목표를 조화롭게 통합하는 것이다. 만일 상사가 직원의 생각, 만족, 사기, 그리고 복지는 고려하지 않고 조직의 목표 달성만을 위해 희생만을 강요하고 구속한다면 더 이상 조직을 유지하기 어려울 것이다. 마찬가지로 부하도 상사가 늘 잘해 주기만 바란다든지 일하는 것에 비해서 봉급만 많이 받기를 원한다든지 불평불만만 늘어놓는다면 직장생활을 하는 데 상당한 어려움을 겪을 것이다. 상사와 부하가 상호 간에 적극적인 관심과 참여, 책임을 함께 나눌 때 바람직한 인간관계가 성립될 수 있다.

직장에서 직장의 분위기나 집단 의사결정에 보다 큰 영향을 미치는 사람은 상사이다. 따라서 상사는 부하들이 효과적으로 일할 수 있는 환경을 제공해 주어야 한다. 상사라고 해서 집단이 달성한 공적이나 아랫사람의 공적을 가로채서는 안 된다. 또한 정직하고 공정한 태도, 즉 조직의 업무처리에 있어서 공정한 인사관리, 합리적 의사결정, 그리고 공정한 업무처리가 되도록 해야 한다.

아마도 부하들이 요구하는 리더는 민주적 관리방식을 지님으로써 부하직원들과 긍정적 관계를 형성할 수 있는 민주적 리더일 것이다. 부하의 의견이나 제안을 귀 기울여 듣고 그것을 진지하게 검토하고 부하의 자주성을 인정해 주고 상사와 부하 간의 우호적인 분위기를 조성할 줄 아는 리더를 원한다. 이는 리더가 부하에 대해 관심을 갖고 신뢰하며, 상호 존중과 인정, 지원, 그리고 배려할 줄 아는 인간 중심적임을 의미한다. 남을 위압하는 것을 즐기고 다른 사람 위에 군림하려 하며, 자신을 과시하는 권위주의는 인간관계를 파괴시키는 결과를 초래한다. 상사일지라도 자신을 낮추고 상대방에 대한 관심과 존경이 필요하다. 또한 그날그날의 기분에 따라 부하들을 대하는 태도가 달라지거나 자신이 갖고 있는 고정관념이나 편견에 얽매여 상대방을 판단해서는 안 된다. 칭찬과 질책을 조화롭게 이용하는 것이 바람직하며, 질책을 할 경우 상대방의 인격에 대한 배려를 잊어서는 안 된다. 상사의 인격적 대우, 따뜻한 마음은 부하에게 그대로 전달된다.

바람직한 인간관계는 상호작용에 의한 상대방의 긍정적인 마음에서 시작된다. 상사와 부하가 서로를 인격체로 존중하지 않는 한 서로에 대한 신뢰 형성은 어렵다. 상사는 부하를 이해하고 부하의 어려움을 간파해야 하며, 부하는 상사에게 부하로서의 도리와 책임을 다해야 할 것이다. 상사에게 말할 때는 큰소리를 내지 않고 정중하게 차근차근히 말한다. 상사와 함께 걷게 될 경우 상사의 왼쪽에서 한 발짝 정도 뒤에서 걷는 게 좋다. 술과 담배의 경우 술은 상사와 같이 마실 수 있지만 상사 앞에서 담배를 피우는 것은 예의에 어긋난다. 업무와 관련하여 부하로서 자신의 업무를 정확히 파악하고 전력투구하라. 문제점이나 건의사항은 철저히 조사 분석한 후 제안하라. 심사숙고하지 않는 섣부른 문제 지적이나 건의사항이 상사와의 관계를 해칠 수 있음을 명심해야 할 것이다.

(2) 동료직원에 대한 매너

직장생활을 하는 데 있어서 상하관계뿐만 아니라 동료들과의 관계가 원만해야 조직생활을 유지해 나갈 수 있다. 상사에게는 잘하면서 동료들로부터는 신임을 받지 못하는 사람, 동료들로부터 신임을 받지만 상사에게서 인정을 받지 못하는 사람, 양자 모두 문제이다. 또한 조직 내뿐만 아니라 조직 밖의 관계도 좋아야 한다. 직장에서 생활하다 보면 동료들 간의 경쟁을 피할 수 없는 것이 현실이다. 모든 경쟁은 선의의 경쟁이어야 한다. 불공정한 수단에 의해 공정치 못한 경쟁이 이루어진다면 상호 간의 신뢰회복이 어렵게 된다. 페어플레이 정신을 갖고 진정한 선의의 경쟁이 이루어질 때 조직의 발전이 이루어질 수 있다. 더불어 개인플레이도 중요하지만 팀워크가 보다 중요하다는 것을 잊어서는 안 된다.

(3) 여직원에 대한 매너

현대사회는 여성의 직위가 높아지고 여성들의 직업활동이 점점 늘어나고 있다. 따라서 직장에서의 남성과 여성의 관계도 재조정과 재평가가 이루어지지 않으면 안 되게 되었다. 과거에는 직장에서의 여성의 역할이 예속적이었다. 그러나 이제 그 역할은 크게 달라졌으며, 여직원에 대한 태도도 달라져야 한다. 남성 위주의 여성 차별의식을 없애고 여사원에 대해서 성적 조롱이나 비하하는 언행을 해서는 안 된다. 남성들도 이제 여성을 함께 일해야 할 동등한 동반자로서 인식해야 한다.

직장에서 사사건건 여직원들을 흉보는 데만 열중해 있는 사람, 입만 열면 누가 있건 없건 야한 농담과 질문으로 여직원들을 당혹스럽게 만드는 사람, 상사의 비위를 맞추는 것이라면 온몸을 불사르며 아부를 떨면서도 부하에게는 한없이 차갑고 냉정한 사람, 여직원들을 가정부 취급하는 사람에게는 의무적으로라도 직장인으로서의 매너교육을 받게 해야 할 것이다. 마찬가지로 여성 자신들도 사회의 한 구성원으로서 당당하게 업무에 임해야 한다. 매사에 성실하지 못하고 이기적이며 평상시엔 남녀평등을 부르짖다가 힘든 일이나 곤란한 일이 생기면 여자니까 봐달라는 기회주의적 태도, 자기관리도 못하면서 사치나 일삼고 단정치 못하고 게다가 센스조차 없다면 직장 여성으로서 결코 좋은 점수를 받을 수 없을 것이다.

(4) 사무실에서의 매너

좁은 공간에서 온종일 부딪히다 보면 별것 아닌 일에도 상대방의 신경을 건드리게 되는 경우가 종종 있다. 따라서 직원들 상호 간에 지켜야 할 매너가 더욱 중시되는 공간이 바로 사무실이다. 용모단정, 예의바른 행동, 상대방을 존중, 그리고 배려하는 태도가 절실히 요구되는 곳이다.

그럼에도 불구하고 출근 시 먼저 아침인사를 하기는커녕 받을 줄도 모르고 목에 깁스한 사람, 사무실 분위기를 파악하지 못하고 제멋대로 행동하는 사람, 출근은 늦게 퇴근은 정각에 칼 같이 하는 사람, 아침부터 술 냄새 풍기며 들어서는 사람, 함부로 코 풀고 침 뱉는 사람, 직장에 어울리지 않는 복장과 화장으로 사무실 분위기를 흐리는 사람, 다른 사람에 대한 험담과 불평불만으로 하루를 보내는 사람, 그리고 자기와 상관없는 일에는 절대 신경 쓰지 않는 이기주의자들 등 이들 모두는 직장인으로서의 올바른 매너를 갖추어야 할 것이다.

또한 근무 중 조퇴나 결근 시에는 반드시 사유서를 제출하거나 미리 연락을 해야 한다. 외출 시에는 행선지를 알리고 연락이 취해질 수 있도록 해야 하며, 사적 외출은 삼가 해야 할 것이다.

(5) 인사 매너

인사는 상대방을 존중하는 마음으로 정중하고 예의바르게 해야 한다. 상냥한 미소가 함께 한다면 상대방의 마음을 즐겁게 해줄 수 있고 자신에 대해 호감을 갖도록 하는 효과가 있기 때문에 인간관계에 도움을 준다. 복도나 엘리베이터에서 평소 안면이 있는 사람을 만나면 모른 체 지나치지 말고 목례로 자연스럽게 예의를 표한다. 성의 없고 기계적인 인사는 상대방에게 오히려 불쾌감을 줄 수 있다. 인사는 아랫사람이 윗

사람에게 먼저 하며, 악수는 윗사람이 아랫사람에게 먼저 청하고 반드시 오른손으로 하되 장갑을 낀 경우 벗어야 한다. 손이 더러울 경우 상대방에게 양해를 구하면 된다. 남녀 간에는 여성이 먼저 악수를 청하며, 여성의 정장용 장갑은 벗지 않아도 된다. 악수를 할 때 양손을 사용하여 덥석 잡거나 허리를 굽실거리는 것, 지나치게 힘주어 잡는 것, 세게 잡고 흔드는 것은 올바른 악수 매너가 아니다.

(6) 전화 매너

전화는 서로 상대방을 볼 수 없기 때문에 세심한 주의가 필요하다. 전화가 왔을 때 받는 사람의 소속과 이름을 정확히 말한다. 상대방이 찾는 사람이 자리를 비웠을 경우에는 정중하게 상대방의 이름과 소속, 용건, 회신 여부 등을 묻고 전화가 온 시간과 전달할 메시지를 간략히 메모하여 전달해 주어야 한다. 전화를 걸 경우 먼저 자신의 이름과 소속, 용건을 간단히 밝히고, 담당자를 찾는다. 전화를 받아주는 사람에 대해서도 감사하다는 말을 잊지 않는다. 상냥하고 정중한 예의바른 전화 매너가 회사의 이미지는 물론 개인의 이미지 제고에 영향을 준다. 또한 직장에서의 대화는 용건만 간결하게 하고 사적인 전화는 삼가 해야 한다.

(7) 손님 접대 매너

손님이 찾아오면 하던 일을 잠시 멈추고 친절하게 응대하라. 자기의 손님이 아닐지라도 손님의 이름, 방문 목적을 묻고, 이를 담당자에게 전달해 주어야 한다. 만일 담당자가 자리에 없다면 언제 면담이 가능한지를 확인하여 오늘 만날 수 있는지, 만날 수 있다면 어느 정도 기다려야 하는지 등을 상세하게 알아내어 손님에게 전달한다. 손님이 기다리겠다고 하면 적당한 곳으로 안내하고 차와 간단히 볼 수 있는 신문이나 잡지를 권한다. 상대방으로부터 명함을 받을 경우 명함을 양손으로 들고 상대의 눈과 명함을 보며, 받는 즉시 확인 하면서 인사를 나눈다. 손님과 대화를 하는 동안에는 자신의 자리 앞쪽에 명함을 올려놓고 대화도중 가끔씩 명함을 바라보며 관심을 가지고 있음을 나타내 보인다.

4) 직장에서 성공적으로 생활하는 사람

직장은 단순히 특정한 목적을 달성하기 위해서 일하는 작업장이 아니라 삶의 보람과 욕구를 실현하는 곳이며 자아를 실현하는 곳이다. 직장 내에서 승진할 수 있는 기회나 조직에서 구성원들에게 제공할 수 있는 자원은 한정되어 있기 때문에 직장인 간에는 필연적으로 경쟁관계가 내재되어 있다(임혜경 외, 2012). 내면적으로 경쟁관계에 있는 서로 다른 사람들이 큰 목표를 달성하기 위해 함께 협력해야 한다는 모순적인 구조 때문에 직장생활은 만만한 일이 아니다. 게다가 직장인들은 성장과정, 생활의 배경, 개성, 생각, 그리고 신념 등이 서로 다른 성인들이 함께 생활하는 과정에서 많은 대립과 마찰 및 갈등을 경험하게 된다. 사회인으로 피할 수 없는 직장생활을 어떻게 하면 성공적으로 할 수 있을까? 라는 의문을 제기하기도 한다. 함께 직장생활을 하고 싶은 사람은 업무능력과 인간관계가 좋은 사람으로 집약된다. 직장인을 업무능력과 인간관계에 따른 유형은 다음과 같이 4그룹으로 단순화시켜서 생각해 보면 다음과 같다(임혜경 외, 2012).

(1) 업무능력도 좋고 인간관계도 좋은 사람

이런 사람은 함께 일하는 동료나 상사, 부하들이 기분 좋게 직장생활을 하면서 좋은 성과도 낼 수 있게 하므로 인기 있는 직장인이 될 수 있다. 새가 하늘을 높이 멋지게 날아오르려면 양 날개를 균형 있게 사용해야 한다. 직장인에게 필요한 두 날개는 업무능력과 인간관계이다. 따라서 성공적으로 직장생활을 하려는 사람들에게 업무능력과 인간관계는 상관관계를 갖고 있으므로 두 가지 면을 다 갖추어야 한다.

(2) 업무능력은 좋은데 인간관계가 나쁜 사람

이런 유형은 일을 잘하므로 인기가 있을 것 같지만 결과적으로 보면 직장생활을 성공적으로 하기 어려운 사람이다. 직장에서의 일은 여러 사람과 부서가 협력해서 진행되는 것이므로 혼자 아무리 일을 잘하고 열심히 해도 주변의 협력 없이는 일의 성과를 내기 어렵고 단기적으로 일의 성과를 낸다 해도 장기적으로는 주변에 사람이 없기 때문에 결국 직장생활에 적응하기가 어렵다.

(3) 업무능력도 떨어지고 인간관계도 좋지 않은 사람

이런 유형은 직장생활에 적응도 어렵고 직장에 피해를 주기 때문에 직장생활을 하기 어렵다. 취업을 했다가 얼마 가지 못해서 그만두기를 반복하는 사람들이 이러한 유형에 속한다.

(4) 업무능력은 떨어지나 인간관계가 좋은 사람

이런 유형은 직장에 대해서 딜레마에 빠질 수 있다. 모든 직장은 목표 달성을 추구한다. 기업처럼 영리를 추구하는 직장도 있을 수 있고 비영리 복지법인처럼 비영리 추구를 목적으로 하는 직장도 있지만, 공통적으로 모든 직장에는 달성하려는 목표가 있다. 직장인들은 궁극적으로 목표를 달성하려는 일을 하므로 각자 자신이 맡은 일에 충실히 수행해야 한다. 그러나 업무능력이 떨어진 사람이 있으면 아무리 좋은 성품의 사람이라도 다른 동료들에게 피해를 주기 때문에 결국은 직장생활을 유지하기 어렵다.

5) 직장에서 성공적인 인간관계를 위한 제언

모든 상황에서 바람직한 인간관계를 위한 절대적인 원리는 없다. 그러나 우리가 직장에서 바람직한 인간관계를 형성하는 데 도움을 줄 수 있는 원리들을 알고, 이를 적재적소에 잘 활용한다면 인간관계는 훨씬 더 부드럽고 긍정적인 관계로 개선하고 발전시킬 수 있을 것이다. 우리 주위에는 직장에서 원만한 관계 형성을 절실히 원함에도 불구하고 어떻게 해야 할지 몰라 당황하거나 망설이다가 종종 실패하는 사람, 마음은 그렇지 않은데 상대방의 오해를 불러일으켜 관계 형성에 어려움을 겪는 사람, 그리고 쓸데없는 행동으로 주위 사람들로부터 미움을 사는 사람들이 상당수가 있다. 이들의 공통점은 효과적인 인간관계에 필요한 기술과 태도, 매너가 부족하다는 것이다. 이러한 결핍을 보충해 주지 않는다면 성공적인 직장생활은 어려울 것이다. 직장에서 성공적인 인간관계를 위해 필수요소라고 할 수 있는 몇 가지를 제언하면 다음과 같다(김혜숙 외, 2011). 다음 사항을 잘 이해하고 인간관계에 적절히 활용한다면 직장에서의 성공 가능성은 보다 높아질 것이다.

(1) 상대방을 존중하라

이 세상의 모든 사람은 신분, 지위 고하를 막론하고 한 사람의 인간으로서 존엄성을 가지고 있다. 따라서 개개인의 존엄성은 당연히 인정받아야 한다. 이 세상에 중요하지 않거나 고귀하지 않는 사람은 없다. 또한 사람은 누구나 자신을 중요하게 생각하고 다른 사람들로부터 인정을 받고 싶어 하는 매슬로우의 4단계에 해당하는 자아존중의 욕구를 가지고 있다. 진심으로 상대방을 존중하는 마음과 겸손한 마음으로 한 사람의 인격체로 대우할 때 진실한 관계가 형성된다. 직장에서 성공적인 인간관계를 확립하기 위해서는 무엇보다도 상대방을 존엄성을 지닌 가치 있는 인간으로 인정하고 대우해야 한다는 것이다.

(2) 자기를 개방하라

원만한 인간관계를 위해서는 자기개방이 필요하다. 상대방에게 가까이 다가가 자신을 알림으로써 서로의 관계형성을 방해하는 장애물을 없애고 열린 공간을 공유할 필요가 있다. 마음을 열고 상대방에게 내 자신을 있는 그대로 보게 하는 것이 좋다. 자신을 드러내지 않고 상대방만 개방하기를 요구하거나 원해서는 안 된다. 적절한 자기개방으로 상대방이 나를 보다 잘 이해하고 신뢰할 수 있게 되면, 서로에 대한 신뢰감이 형성되어 이를 기초로 원만하고 진실한 관계가 형성될 수 있으며, 그 결과 심리적 성숙을 가져오게 된다.

(3) 효과적인 의사소통 방법들을 적절히 이용하라

조직에 있어서 의사소통은 정보를 교환하고 서로를 이해하고 조직환경에 적응하는 데 중요한 역할을 한다. 원만한 인간관계를 이루기 위해서는 효과적인 의사소통을 할 수 있는 기술과 능력이 요구되며, 서로 간에 감정이나 태도, 사실, 그리고 생각 등을 전달하는 의사소통은 쌍방적 과정이어야 한다. 의사소통의 과정에서 사람들은 각각 자신의 참조체제를 통해 메시지를 수용하게 되는데, 메시지가 정확하게 수용되었는지를 확인하기 위해 피드백 과정이 필요하다. 메시지가 개인의 참조체제를 통과하면서 종종 왜곡될 수 있기 때문이다. 피드백을 통해 정보를 정확히 전달하고 메시지의 의미를 바로잡고 의사소통을 보다 명료하고 분명하게 할 수 있다.

(4) 정직하고 성실하라

진정한 인간관계 형성을 위해서는 진실하고 성실해야 한다. 상대방의 직위나 신분을 자신의 이기적 욕구 충족을 위한 대상이나 도구로 이용하려고 하면 진정한 인간관계는 형성될 수 없다. 사람들은 진실한 인간관계를 형성하는 데 있어서 솔직함과 정직성을 중요한 요인으로 꼽는다.

아론슨(Aronson et al.) 등은 대학생들에게 ① 능력은 우수하나 실수를 저지른 사람, ② 능력도 우수하고 실수도 저지르지 않는 사람, ③ 보통의 능력을 가지고 실수를 저지른 사람, ④ 보통의 능력을 가지고 실수를 저지르지 않은 사람을 제시하고 이들을 평가하게 하였다. 그 결과 번호 순서대로 호감을 나타냈다. 이 실험은 능력이 많을수록 매력적으로 본다 할지라도 결점이 있다는 것이 오히려 더 매력을 느끼게 함을 보여준다. 이를 실수효과(Pratfall effect)라 한다(양창삼, 1997). 실수를 했다고 무조건 다 덮어주는 것은 아니지만 자신의 단점과 실수에 대해 거짓말을 하거나 남에게 책임을 전가하지 않고 정직하게 인정하는 것이 오히려 높은 평가를 받는다는 것이다.

(5) 협력하라

집단의 공동 합의에 의해 결정된 목표는 각자의 역할 분담을 통해 이루어져야 하는 만큼 목표 달성을 위해 협력하는 것은 집단 구성원으로서의 개인의 의무이다. 그럼에도 불구하고 우리 주위에는 자기주장만 내세우고, 자신의 이해득실만을 생각하고, 그리고 자신만 인정받기를 원하는 사람이 의외로 많다. 개개인의 업적이 선명하게 드러나지 않는다고 해서 피하거나 적극적으로 협력하지 않는다면 결국 사람들로부터 배척당할 것이다.

(6) 상호 간의 이해의 폭을 넓혀라

인간관계는 다른 사람에 대해 관심을 두는 것으로부터 시작된다. 상대방에 대해 어떠한 관심을 갖느냐에 따라 다양한 인간관계가 성립된다. 현대사회에서 점점 상실되어 가는 진정한 의미의 인간적 관계의 형성을 위해서는 직장에서도 지위의 고하를 막론하고 서로에게 관심과 애정을 갖고 서로를 보다 잘 이해할 수 있어야 한다. 인간관계의 성공은 상대방의 입장에 서서 그를 이해하려고 하는 마음가짐에 달려 있다.

(7) 건설적인 비판을 수용하라

누군가로부터 비판받는다는 것이 결코 기분 좋은 일은 아니지만 만일 그것이 건설적인 비판이라면 적극적으로 수용하고 감사할 줄 알아야 한다. 건설적인 비판은 개인의 성장을 돕는 중요한 열쇠가 될 수 있다. 수용적 자세를 갖고 비판을 겸허하게 받아들일 줄 안다는 것은 그만큼 성숙함을 의미한다.

(8) 경청자가 되라

의사소통을 하는 데 있어서 상대방에게 자기의 의견을 효과적으로 전달하는 것 못지않게 상대방의 말을 경청하는 것 또한 매우 중요하다. 경청은 그저 상대방의 말을 듣는 것이 아니라 상대방이 하는 말의 내용을 잘 이해하면서 귀담아 듣는 것을 의미한다. 상대방의 말을 경청함으로써 상대방을 이해하려 하고 있음을 보여줄 수 있으며, 어쩌면 실제적인 도움을 주거나 위안이 될 수 있다. 상대방과의 대화에 있어서 말을 많이 하기보다는 많이 들어 주는 것이 좋다. 당신이 비록 전문적인 상담가 또는 심리치료사가 아닐지라도 직장의 동료나 고객의 이야기를 잘 들어주는 것만으로도 당신은 상대방에게 도움을 줄 수 있다. 효과적인 경청을 위해서는 상대방의 언어적 메시지는 물론 비언어적 메시지를 감지하고 이해하며 기억하는 것이 중요하다. 경청한 다음 상대방에게 충고나 비판을 하기보다는 상대방의 관점과 입장에서 듣고 이해하는 공감(Empathy)이 필요하다.

(9) 자기주장적이 되라

때로는 말하고 싶어도 주위의 압력이나 체면, 또는 상대방의 기분을 살피느라 심지어는 마음에도 없는 말이나 행동을 하는 경우도 있다. 지나치게 위축되어 자신의 권리도 찾지 못하거나 반대로 자신의 권리에만 집착하고 타인의 권리를 침범하거나 빼앗는 경우가 있는데 양자 모두 바람직하지 못하다. 자기주장적 의미는 자신의 권리와 특권을 명확히 이해하고, 그것을 건설적 · 생산적으로 사용하는 적절한 자기 의사표현 방법을 의미한다. 즉, 상대방의 인권과 권리를 존중하면서 자신의 생각이나 의견, 느낌 등을 솔직하게 표현함으로써 자신의 권리도 찾고 상대방과의 관계도 향상시킬 수 있는 방법이다.

(10) 긍정적으로 사고하고 행동하라

긍정적 사고는 긍정적 결과를 낳고 부정적 사고는 부정적 결과를 낳는 경향이 있다. 긍정적 사고는 인간관계를 생산적으로 진전시키는 데 도움을 주지만, 부정적 사고는 인간관계를 저해하는 요인이 된다. 많은 사람들은 상대방의 좋은 점을 찾아내어 칭찬하고 키워주기보다는 부정적인 면을 더 확대 해석하여 상대를 철저히 부정하고 상대조차 하려 하지 않는다. 상대방의 실수나 단점을 파헤치는 데 급급해 하지 말고 상대방이 능력을 발휘할 수 있도록 자신감을 심어주고 긍정적 시각으로 바라봐주는 것이 필요하다. 상대방에 대한 부정적인 생각과 부정적인 행동을 버리고 긍정적으로 생각하고 긍정적으로 행동한다면 그들의 인간관계는 훨씬 더 생산적이고 성공적인 관계로 발전할 것이다.

(11) 칭찬하라

어린아이부터 노인까지 칭찬을 싫어하는 사람은 없다. 아무리 사소한 것도 그냥 보아 넘기지 말고 찾아내어 칭찬하라. 당신의 칭찬 한 마디에 상대방은 하루 종일 기쁜 마음으로 생활할 것이다. 그리고 대부분의 사람은 자신에게 칭찬을 해준 사람에 대해 호감을 갖게 된다. 또한 칭찬 한 마디가 어색한 관계를 원활하게 해주는 윤활유 역할을 하는 것을 흔히 볼 수 있다. 칭찬은 사람을 분발시키고 발전시키는 힘을 갖고 있다. 상대방을 칭찬한다는 것은 상대방을 긍정적으로 인식하고 있으며 인격체로 존중하고 있음을 보여주는 것이다.

(12) 유머감각을 살려라

인간관계에서 유머는 양념과 같은 역할을 한다. 유머가 있는 관계는 활력이 넘치며 인간관계를 훨씬 풍요롭게 한다. 유머감각은 성공적인 인간관계를 이루는 데 큰 장점이 된다. 어디에 있어도 분위기를 밝게 하는 분위기 메이커는 침체된 관계를 끌어올리는 데도 큰 역할을 할 수 있다. 타고난 유머감각을 가지고 있다면 좋겠지만, 타고나지 못했을지라도 열심히 갈고 닦고 노력하면 길러질 수 있는 것이 유머감각이니만큼 이를 개발할 필요가 있다.

(13) 융통성을 가져라

모든 상황에 대해 똑같은 방식을 무차별적으로 강요하는 고지식한 사람은 인간관계가 원만하지 못하다. 법에도 상황에 따라 예외가 있을 수 있듯이 인간관계에 있어서도 상황에 따라 유연성 있게 대처할 필요가 있다. 목표를 달성하는 방법에는 여러 가지가 있을 수 있다. 자기가 제안하는 방법이 아니면 안 된다는 편협함을 버리고 상황에 따라 융통성을 갖고 신축성 있게 합리적으로 대처할 줄 알아야 한다.

(14) 먼저 베풀어라

대부분의 인간관계는 상응관계이다. 서로가 서로에게 어떻게 대하느냐에 따라 인간관계는 달라진다. 아론슨(Aronson et al.) 등은 피험자로 하여금 피험자로 위장한 실험조수와 실험자 간의 대화를 여러 차례에 걸쳐 우연히 엿듣게 하는 실험을 하였다. 대화의 내용은 실험조수가 실험자에게 피험자의 인상을 말하는 것이었다. 대화에서 인상평가의 내용은 처음부터 끝까지 좋은 평, 시종 좋지 않은 평, 처음에는 좋게 말하다가 나중에는 나쁘게 말하는 평, 처음에는 나쁘게 말하다가 나중에는 좋게 말하는 평의 네 가지였다. 실험결과 피험자는 자신을 좋게 보는 사람을 좋아하고, 나쁘게 보는 사람을 싫어하는 경향이 있다. 이를 상호성의 원리(Reciprocity principle)라 부른다. 또한 계속 좋게 평한 사람보다는 처음에는 비판하거나 나중에 칭찬해 주는 사람을 더 좋아하며, 반대로 계속해서 나쁘게 평가하는 사람보다는 칭찬하다가 나중에 가서 비판하는 사람을 더욱 싫어하는 경향을 보였는데 이를 득실현상(Gain-loss phenomena)이라 부른다(양창삼, 1997).

아무리 작은 호의라도 먼저 베풀면 상대방은 심리적으로 빚을 지게 되어 호의를 베푼 쪽에 대해 긍정적으로 대하게 된다. 상호성의 원리는 직장에서도 그대로 적용하게 된다. 상사가 부하를 대할 때 부하라는 이유만으로 함부로 대하거나 무시한다면 부하도 상사에 대해 좋은 감정이나 태도를 갖지 않을 것이다. 상사가 부하를 존중할 때 부하도 상사를 존경하게 될 것이다. 대부분의 사람들은 상대방이 먼저 자기에게 어떻게 하느냐에 따라 자신도 그에 맞추어 대응할 것이라고들 말한다. 만일 상대방으로부터 잘 대접받기를 원한다면 당신이 먼저 상대방에게 대접하라. 남이 나에게 베풀기만을 기다리지 말고 내가 먼저 베풀 노력이 필요하다. 좋은 인간관계는 그저 찾아오는 것이 아니라 많은 시간과 노력, 배려, 때로는 희생이 필요하다.

(15) 친절하라

일을 하다 보면 다양한 사람들을 만나게 된다. 그 중에는 너무나 상냥하고 친절해서 잊혀 지지 않는 사람이 있는가 하면 너무나 불친절해서 다시는 보고 싶지 않는 사람도 있다. 좋은 인간관계의 형성과 유지를 위해서는 친절해야 한다. 친절한 사람에게 호감이 가는 것은 당연하다. 직장에서도 고객 한 사람 한 사람을 정성껏 최선을 다해 서비스를 제공하고 친절을 베푼다면 그 사람의 미래는 성공적일 것이다.

6) 직장인이 경험하기 쉬운 문제점

한 직장에서 매일 접촉을 하며 인간관계를 형성하는데 연대의식이 형성되고 협동·단결의 계기도 되지만, 경우에 따라서는 의견충돌, 대립, 그리고 알력이 형성될 수도 있고 적대적 관계를 이루는 경우도 있을 수 있다. 직장인에게 형성되는 여러 문제 가운데 갈등, 가면성, 그리고 자기중심성과 스트레스 측면 등에 대해서 살펴본다(임혜경 외, 2012).

(1) 갈등

갈등은 조직 내의 개인 또는 집단 간에 대립, 경쟁, 그리고 술수로 인하여 의사결정이나 조직 발전에 지장을 초래하는 상태를 의미한다. 직장에서 개성이 다르고 사회적 배경이 다른 사람들이 공동생활을 하기 때문에 의견 일치를 본다는 것이 어려우며 자기주장이나 목표 달성을 위하여 투쟁하는 경우도 있다. 어느 정도의 갈등이 잘 관리되면 발전을 위한 새로운 계기가 될 수도 있지만, 악화되면 당사자는 물론 직장 전체의 발전을 저해하기도 한다.

(2) 가면성

가면성은 태도와 행동이 실제 마음과 다른 것을 의미한다. 직장에서는 보직과 승진 문제가 있고 대우받으려는 풍조가 강하기 때문에 속과 겉이 다를 때가 많다. 신입사원은 선배나 상사에게 잘 보이려 할 것이고, 오래 근무한 사람은 승진을 위해 인정을 받으려고 의복, 몸가짐, 그리고 행동에 신경을 쓰게 된다. 이러한 가면성은 인간관계를 풍부하게 하고 열심히 근무하도록 하는 힘이 된다. 이는 조직사회에서 목적을 달성하게 하고 공동생활의 기반을 튼튼히 한다. 물론 이러한 가면성은 어느 정도까지는 유용한 작용을 하나 정도를 지나치면 발전의 저해요인으로 작용하게 된다. 따라서 가면성은 직장생활에서 필요하면서도 인간관계에 혼란을 야기할 수도 있기 때문에 가면성을 진실성으로 바꾸려는 노력이 필요하다.

(3) 자기중심성과 스트레스

자기중심성은 자기에게 주어진 일에만 열중하고 남의 일이나 시키지 않는 일에는 무관심 한 것을 의미한다. 원만한 인간관계가 중시되는 우리나라의 직장문화에서 이러한 자기중심성은 적절하지 않다. 동료를 배려하고 팀워크를 중시하는 태도가 있어야 직장생활이 즐겁고 성공에도 도움이 된다.

스트레스는 가까운 관계에서 형성되는 경우가 많다. 직장에서 상사 또는 직원 상호간에 형성된 스트레스, 반복되는 업무에서 오는 스트레스는 육체적으로 피로, 불쾌감, 체력 저하, 그리고 각종 직업병을 유발한다. 대부분의 직장인들이 술자리를 통해 스트레스를 풀기 때문에 건강을 해치는 경우가 많으므로 자신을 돌보면서 바람직하게 건전한 취미생활을 통해 스트레스를 해소할 수 있는 방법을 찾는 것이 중요하다.

9.2 혈액형에 따른 직장에서의 인간관계

A형은 일을 완벽하게 처리하는 데서 무한한 기쁨을 느끼는 기질 덕분에 칭찬을 많이 듣는다. 일처리가 완벽해서 직장에 어려운 일이 생길 때마다 구원투수로 등장한다. 사무실이나 컴퓨터 프로그래머 등 꼼꼼함이 필요한 분야에서 최고의 능력을 발휘하며, 교사나 의사 같은 전문직도 잘 맞는다. 변신하고 싶은 욕망 때문에 연예인이 되어 숨은 끼를 발산할 수도 있다.

B형은 누군가 참견하거나 통제하면 제 실력을 발휘하지 못한다. 추천을 받아 어렵

게 입사한 직장도 따분하고 재미없다는 이유로 사직서를 제출해 소개해준 이를 어색하게 만들기도 한다. 정해놓은 규율에 반감을 갖기 때문에 프리랜서가 최적의 직업이라 할 수 있다. 능력만 발휘할 수 있다면 직종을 가리지 않지만, 신제품 개발이나 홍보 등을 담당하면 최고의 능력을 발휘할 수 있다.

AB형은 남에게 약점을 보이지 않으려고 노력하기 때문에 보다 윤택한 사회생활을 위해 어느 정도 마음의 여유를 갖고 대인관계를 이루어야 한다. 단순히 반복되는 일이나 많은 양의 정보를 단번에 암기해야 하는 것에는 생리적으로 거부감을 갖고 있다. 이 때문에 주변 사람들로부터 '적극성이 부족하다'는 지적을 받을 수 있다. 반면에 주변 사람들을 융합하는 데는 탁월한 재능을 갖고 있고 봉사정신이 투철하기 때문에 사회통합을 유도하는 직종에 적합하다.

O형은 활동적이고 성과가 드러나 보이는 직업에 적합하기 때문에 세일즈나 판촉 분야에서 기량을 발휘할 수 있다. 칭찬을 듣게 되면 잠재되어 있는 능력을 마음껏 발휘하고 싶은 욕구에 휩싸인다. 타인과의 유대관계를 결속시키는 데 탁원한 능력을 발휘할 수 있다. 그러나 너무 튀다 보면 주제넘게 나선다는 견제를 받을 수 있다. 똑같은 행동도 상대방의 입장에 따라 극과 극의 평가를 받을 수 있다. 혈액형에 따라 이러한 특징을 갖고 있는 직장인의 인간관계에 대해서 알아본다.

1) 직장에서 혈액형에 따른 선임 선배를 내 편으로 만드는 법

A형은 직장생활을 잘하기 위해서는 동료보다 선배들과 원만한 관계를 맺는 것이 더욱 중요하다. 특히 직속 선배와 긍정적인 관계를 맺고 유지하는 것이 편안하게 직장생활을 하기 위한 전제조건이라 할 수 있다. B형은 서열을 구분하는 것에 다소 둔한 감이 있다. "부장님, 어제 술을 많이 하셨나 봐요? 코가 빨개요."라든지 "옷이 너무 멋져요. 가불하시더니 옷 사시려고 그러셨나 봐요."라고 하면서 지나치게 친근감을 표시하려다 오히려 당사자의 눈총을 받는 경우가 있을 수 있다. 다른 직원들은 야근을 생각하고 있는데 정시에 퇴근해버리는 바람에 '조직생활을 하기에는 버거운 사람'이라는 인식을 받는다. 이 때문에 본의 아니게 인간관계에서 실수를 할 수도 있으니 항상 주위 사람들을 생각하는 마음을 갖는 자세가 필요하다.

AB형은 자신이 정한 룰을 중요시하므로 직장에서 커피 심부름 같은 일에 대해서는 성차별이라고 반발할 만큼 민감하게 반응해 주변 동요들로부터 눈총을 받을 소지를 안고 있다. 회식 자리도 마음에 내키지 않으면 중요한 선약이 있다며 당당히 거절한다. 그러나 직장이나 사회가 모두 논리정연하고 합리적으로 움직이는 것이 아니기 때문에 융통성을 발휘하지 못하면 눈 밖에 날 수 있다. 어떤 특정한 것에 집착하지 않으므로 객관적인 판단을 할 수 있는 특징을 살려 다양한 견해를 제시하는 처세술 등은 원만한 유대관계를 조성할 수 있는 긍정적인 면이 될 수 있다. O형은 B형처럼 서열을 구별하는 것에 다소 둔하다. 업무도 실리적인 면을 추구해서 직장생활을 하기 때문에 본의 아니게 인간관계에서 실수를 할 수도 있으므로 항상 주위 사람들을 생각하는 마음을 갖는 자세가 필요하다.

2) 직장에서 혈액형별 행동이나 말투의 특징

혈액형에 따라 행동이나 말투가 어떠한 특징이 있는지를 살펴보면 다음과 같다.

(1) 대화할 때 말투나 태도는?

A형 : 남들이 자신을 어떻게 평가하고 있는지 알아보기 위해 마음속에 있는 비밀도 스스럼없이 털어놓는다.

B형 : 더 이상 이야기할 것이 없는데도 어떤 말이라도 좋으니 말을 하게 만든다.

AB형 : 상대를 구분하지 않고 비밀 이야기를 공개한다.

O형 : 돈독한 관계를 맺고 있는 사람에게는 대체로 친근하지만, 이해관계가 걸려 있는 경우엔 태도가 돌변하기도 한다.

(2) 선배가 분노하는 경우는?

A형 : 일을 건성건성 처리하거나 예의에 어긋나는 일을 했을 경우

B형 : 다른 사람의 행동 때문에 자신의 업무가 방해를 받았을 경우

AB형 : 어리광을 부리는 태도를 보이거나 불투명한 어투로 말했을 경우

O형 : 상대가 억지를 쓰는 경우

(3) 잘못한 일에 대한 선배의 반응은?

A형 : 앞에서는 적극 감싸주지만 뒤에서는 수군거린다.

B형 : 기분파이기 때문에 그날의 상황에 따라 달라진다.

AB형 : 귀책사유가 업무자의 안일함으로 인해 발생됐다면 마음의 상처를 입을 정도로 비난을 가한다.

O형 : 평소 사이가 원만하면 방패막이가 되어주지만 그렇지 않을 경우에는 비난의 화살을 보낸다.

(4) 아부에 대한 선배의 반응은?

A형 : 상대방이 자신의 주장에 지나치게 동조한다고 생각하여 의혹의 표정을 짓는다.

B형 : 다른 사람이 자신을 추켜세우면 어린아이처럼 무작정 좋아한다.

AB형 : 아부라는 것을 눈치 채면 찬바람이 날 정도로 눈총을 준다.

O형 : 과시욕을 갖고 있어 여러 사람들 면전에서 칭찬해주면 매우 좋아한다.

(5) 업무에 대해 조언하는 스타일은?

A형 : 행동 하나하나에 불안해한다. 후배의 사소한 말투나 행동을 꼬투리 잡아 충고해주는 것을 좋아한다.

B형 : 바로 잡아주는 것을 좋아한다. 틀리거나 미흡한 것을 발견하면 즉시 지적한다.

AB형 : 얼음장 같은 단호한 어투로 자신의 의견을 피력하고 비판하는 것을 좋아한다.

O형 : 떠들썩한 말투로 가르치는 것을 좋아한다. 충고하는 말을 경청해주면 기분 좋은 유대관계로 이어갈 수 있다.

(6) 부서 회식 때 노래방에 가면?

A형 : 스트레스를 발산한다. 한번 마이크를 잡으면 타인에게 좀처럼 양보하지 않는 독점파이다.

B형 : 율동을 곁들여 분위기를 띄워준다. 다른 사람의 장단을 잘 맞춰주는 스타일이다.

AB형 : 다른 사람이 노래 부르는 것을 지켜본다. 지적당하지 않으면 절대 나서서 먼저 부르지 않는다.

O형 : 성량이 좋아 다른 사람들에게 노래를 들려주고 싶어 안달한다. 노래방 분위기를 주도한다.

3) 직장에서 혈액형에 따른 상사나 동료와의 관계

모든 것이 낯선 신입사원 시절이나 새로운 동료들과 팀워크를 이루었을 경우 초기에는 전혀 어떻게 할지 모르는 경우가 많다. 이러한 경우 혈액형에 따라 상사나 동료가 어떤 생각을 갖고 있으며 어떻게 하는지를 알고 있으면 직장생활에 도움이 될 수 있을 것이다. 혈액형에 따른 상사나 동료와의 관계에 대해서 알아본다.

(1) A형에 따른 선배나 동료와의 관계

A형은 모든 면에서 "모르는 것이 있으면 언제든지 찾아와"라고 사소한 것에도 성심성의껏 가르쳐주는 스타일이다. 따라서 A형끼리는 허물없이 지내는 것이 최대한 장점이다. 저녁 약속이 있는데 중요한 일을 미처 끝내지 못해 쩔쩔매고 있을 때 A형 동료에게 부탁하면 기꺼이 대신해준다. 그러나 매사 고민 없이 즉흥적으로 일을 처리하는 것을 지켜보는 A형 선배의 입장에서는 신뢰할 수 없다는 마음을 갖기 쉽다. 잔소리에 사사건건 대꾸한다면 평상시 어느 날 분노를 폭발시킬 수 있는 여지를 품고 있다. 자유분방하게 이야기하는 AB형의 말하는 습관은 본의 아니게 내뱉은 말은 A형에게 상처를 줄 수 있으므로 말을 조심해야 한다. 따라서 평소 힘들거나 꺼리는 일을 부탁할 때는 신경을 건드리지 않고 예의를 갖추어 부탁하고 부탁을 들어주었을 때는 그에 대한 감사를 표시해야 한다.

(2) B형에 따른 선배나 동료와의 관계

B형은 직장생활에서 상하관계에 별로 신경 쓰지 않는 스타일이기 때문에 직접 나서서 친절하게 가르쳐주지 않고 불필요한 명령은 하지 않는다. 그렇기 때문에 분위기 메이커인 O형의 특징을 별다른 거부감이나 질투심 없이 모두 받아주는 것이 B형의 장점이다. 고심해서 어렵게 부탁하는 일이라도 단번에 거절하는 것이 B형의 특징이다. 반대로 B형 선배나 동료가 들어주기 어려운 부탁을 하면 빙빙 돌려 말하기보다는 솔직하게 거부 의사를 표현하면 별다른 문제는 없다. 부탁하지 않고 마음만 맞으면 즐겁게

지낼 수 있는 스타일이다.

(3) AB형에 따른 선배나 동료와의 관계

AB형은 다른 사람한테 한번 도움을 받으면 반드시 그에 상응하는 도움을 주려고 하는 것이 특징이다. AB형은 후배들을 엄하게 다루는 경향이 있고 시간을 어긴다거나 규율을 무시하면 엄격한 질책이 따를 수 있으니 이를 유념해야 한다. 또한 자신만이 도와줄 수 있다고 생각하면 주저 없이 도와준다. 계획성 있게 일을 처리하기 때문에 남에게 자주 부탁을 하진 않지만, 어쩌다 무엇인가 부탁했는데 거절하면 이후 관계가 서먹해질 것을 각오해야 한다. 거절하기 전에 해보려는 모습을 보이면 고마워한다. 철저한 분담을 선호하기 때문에 가능하면 참견을 하지 않는 것이 좋다. 그리고 같은 AB형끼리는 빈틈없이 일을 처리하는 스타일이기 때문에 황금의 팀워크를 이룰 수 있는 여지가 풍부하다. 그러나 AB형은 겉과 속이 거의 같기 때문에 겉으로는 웃고 속으로는 비난하는 O형과는 여러 가지 갈등의 소지를 안고 있을 수 있다. 아무리 친하다고 해도 사생활에 대해서는 관심을 보이면 싫어한다.

(4) O형에 따른 선배나 동료와의 관계

O형은 타인이 연약한 모습으로 도움을 요청하면 공사를 막론하고 언제나 후원자를 자처하는 스타일이다. 본의 아닌 실수로 난감해하고 있을 때 이를 흔쾌히 해결해주는 것도 O형만의 특징이다. 다만 지원이나 후원을 받기 위해서는 평상시 우호적인 관계를 맺어두는 것이 좋다. B형의 털털한 말투나 행동을 늘 불안하게 여겨 온갖 충고를 하면서도 급할 때는 마다하지 않고 이것저것 보살펴준다. 그러나 편 만들기를 좋아하고 집단의식이 강한 O형의 특징상 누구와도 허물없이 지내는 B형의 태도를 보고 "내가 그렇게 신경을 써주는데 도대체 무슨 생각으로 저 사람들과 어울리는거야!"라는 오해를 품을 수도 있다. 또한 맺고 끊는 것이 정확한 AB형에 대해 O형은 '인정머리 없는 사람'이라는 불만을 품을 수 있다. 그러므로 O형에게는 "늘 큰 도움을 받고 있습니다." 라고 호의적인 태도를 취하는 것이 좋다. O형은 가족 의식이 강하기 때문에 어려운 부탁을 해올 땐 건강이나 가족문제를 들어 완곡하게 거절하는 것이 요령이다.

4) 직장에서 혈액형에 따른 상사와의 유대관계법

직장에서 선배나 동료 못지않게 상사와 원만한 유대관계를 유지하는 것도 중요하다. 상사의 혈액형별 장·단점을 파악하고 있다면 직장에서 발생할 수 있는 우환을 미연에 막을 수 있는 요령 중 하나일 것이다. 혈액형에 따른 상사의 특성을 살펴보면 다음과 같다.

(1) A형 상사의 특성

A형 상사는 상하 질서를 엄격히 따지고 직장에서 정한 규칙이나 업무를 완벽하게 처리하는 것을 요구한다. 실수에 대해서 꼬치꼬치 지적하는 경향이 많다. 잘못된 점을 지적받으면 예전에 잘못했던 점이 바탕에 깔려 있으니 절대 말대꾸나 반박을 하지 말고 군소리 없이 즉각 받아들이는 것이 상책이다. 알게 모르게 늘 남의 시선을 의식하고 있으므로 면전에서 지시사항을 거부하는 태도를 자제해야 한다. 평소 아랫사람의 일 처리 능력을 예의주시하기 때문에 도를 벗어나는 비난을 하지 않는다. 그러므로 간혹 부당하다고 느끼거나 반박하고 싶어도 꾹 참는 것이 좋다. 정말 부당하다고 생각하면 동료들이 보는 앞에서 공개적으로 따지기보다는 단독 면담을 통해 조용히 건의하면 대부분 받아들인다. 대담하게 말하거나 다소 덤벙대는 O형의 태도는 A형 상사에게 늘 경계의 대상이 될 수 있다. O형이 자신의 뜻을 밝힌답시고 토를 다는 반박을 했다가는 찬바람 부는 직장생활을 각오해야 한다. 힘에 벅찬 일일지라도 최선을 다하는 모습을 보이면 A형 상사는 인사고과에서 상당히 유리한 평정을 부여한다.

(2) B형 상사의 특성

B형의 상사는 기분파이자 소탈한 성격을 갖고 있기 때문에 상하 질서를 중시하지 않고 체면이나 격식을 따지지 않는다. 성별이나 경력보다는 오로지 능력으로 부하를 평가하기 때문에 실력을 갖춘 후배로서는 일하기 편한 상사라고 할 수 있다. 변덕스러운 면이 강해 예정에 없는 회의를 소집하는 등 돌발적인 상황이 많고 아침과 저녁 말이 다를 경우도 있다. B형 상사의 돌출행동이나 태도를 무리 없이 수용할 수 있는 것은 B형만의 장점이다. 난관에 부딪혔을 때 재빨리 대처방안을 내놓으면 높은 점수를 딸 수 있다. 실수했을 때는 기분이 좋을 때를 노려 상황을 보고하는 것이 좋고, 잘못을

했을 때는 분명한 어조로 시인하는 등 정확하게 표현하는 부하직원을 좋아한다. 또한 무리한 일을 거절할 때는 이유를 분명하게 밝히면 받아주지만 타인으로부터 지적이나 질책을 당하면 발끈하는 성격이므로 이를 유념하여 행동으로 옮겨야 한다.

(3) AB형 상사의 특성

AB형 상사는 감정적이거나 편파적이지 않고 공평하고 합리적으로 일을 처리한다. 능력을 중시하고 공정하게 평가하기 때문에 공사를 엄격하게 구분하고 일 처리를 완벽하게 하는 부하직원을 좋아한다. AB형 상사에게 개인적인 친분을 드러내는 것을 자제해야 한다. 친해졌다는 생각에 이것저것 사생활을 물으면 바로 냉랭해진다. 약속과 정해진 시간을 엄수하려는 생각이 강하기 때문에 지각을 하거나 업무 처리가 늦어지는 것을 몹시 싫어한다. 업무상 실책이 있을 경우 혹독한 비난이 뒤따르는데, 구차한 변명보다 묵묵히 받아들이는 것이 좋다. 또한 상사의 지시가 부당하다고 느낄 때도 일단 먼저 받아들이고 난 다음에 할 수 없는 이유를 설명하는 것이 좋다.

(4) O형 상사의 특성

O형 상사는 우락부락하고 다혈질이라는 느낌이 들 수 있고 때로는 강하게 밀어붙여 당황하게 만든다. O형 상사가 "오늘 한잔 어때?"라고 제안하면 흔쾌히 따르는 것이 좋다. 업무나 사적인 일을 통해 '내편'이라는 느낌을 심어주면 그 이후의 일은 일사천리로 진행된다. 편 가르는 것을 좋아해서 자기를 따르는 아랫사람한테는 최대한 편의를 제공하지만 그렇지 않을 경우 사사건건 트집을 잡힐 수 있다. 업무상 실수를 저질렀을 경우에는 감추지 말고 바로 인정하는 것이 좋다. 호통을 쳐도 다음날 바로 잊어버리는 일이 많으므로 오래 마음에 담아둘 필요가 없다. 부당한 일을 지시할 때는 일단 수용하고 다음날 처리할 수 없는 이유를 설명하면 흔쾌히 취소한다.

부록

표 1 학습자의 수업 전 의사소통능력 사전평가 체크리스트

학과 및 학년 : __________, 학번 : ______________, 이름 : ________

문항	평가 내용	매우 미흡	미흡	보통	우수	매우 우수
1	나는 의사소통의 종류를 설명할 수 있다.	①	②	③	④	⑤
2	나는 의사소통의 중요성을 설명할 수 있다.	①	②	③	④	⑤
3	나는 의사소통의 저해요인에 대하여 설명할 수 있다.	①	②	③	④	⑤
4	나는 효과적인 의사소통개발 방법을 설명할 수 있다.	①	②	③	④	⑤
5	나는 문서이해의 개념 및 특성에 대하여 설명할 수 있다.	①	②	③	④	⑤
6	나는 문서이해의 중요성에 대하여 설명할 수 있다.	①	②	③	④	⑤
7	나는 문서이해의 구체적인 절차와 원리를 설명할 수 있다.	①	②	③	④	⑤
8	나는 문서를 통한 정보 획득 및 종합 방법을 설명할 수 있다.	①	②	③	④	⑤
9	나는 체계적인 문서작성의 개념 및 중요성을 설명할 수 있다.	①	②	③	④	⑤
10	나는 목적과 상황에 맞는 문서의 종류와 유형을 설명할 수 있다.	①	②	③	④	⑤
11	나는 문서작성의 구체적인 절차와 원리를 설명할 수 있다.	①	②	③	④	⑤
12	나는 문서작성에서 효과적인 시각적 표현과 연출방법을 안다.	①	②	③	④	⑤
13	나는 경청의 개념 및 중요성을 설명할 수 있다.	①	②	③	④	⑤
14	나는 경청을 통해 상대방 의견의 핵심내용을 파악할 수 있다.	①	②	③	④	⑤
15	나는 올바른 경청을 방해하는 요인들과 고쳐야할 습관을 알고 있다.	①	②	③	④	⑤
15	나는 대상과 상황에 따른 경청방법을 설명할 수 있다.	①	②	③	④	⑤
17	나는 정확한 의사표현의 중요성을 설명할 수 있다.	①	②	③	④	⑤
18	나는 원활한 의사표현의 방해요인을 알고, 관리할 수 있다.	①	②	③	④	⑤
19	나는 논리적이고 설득력 있는 의사표현의 기본요소 및 특성을 안다.	①	②	③	④	⑤
평가 결과	문항 수 : 19문항 × 최대 5점, 합계 점수 : ________, 합계점수 ÷ 문항 수 점수 : _________, * 합계점수를 문항 수로 나눈 값이 3점 이하에 해당하는 경우 학업을 성공적으로 수행하는 데 어려움이 있을 수 있으므로 학습자의 능력이나 흥미 등의 장점과 단점을 분석하여 적절한 지도가 필요할 것임					

출처: 국가직무능력표준, www.ncs.go.kr

표 2 학습자의 수업 후 의사소통능력 사후평가 체크리스트

학과 및 학년 : ___________ , 학번 : ______________ , 이름 : __________

구분	평가 내용	매우 미흡	미흡	보통	우수	매우 우수
A-1. 의사소통능력	1. 나는 의사소통의 종류를 설명할 수 있다.	①	②	③	④	⑤
	2. 나는 의사소통의 능력과 종류를 구분하여 설명할 수 있다.	①	②	③	④	⑤
	3. 나는 의사소통을 적절히 하여야만 하는 이유를 설명할 수 있다.	①	②	③	④	⑤
	4. 나는 올바른 의사소통을 저해하는 요인에 대해 설명할 수 있다.	①	②	③	④	⑤
	5. 나는 올바른 의사소통을 저해하는 요인을 제거하는 방법에 대해 설명할 수 있다.	①	②	③	④	⑤
	6. 나는 효과적인 의사소통능력을 개발하기 위한 방법을 설명할 수 있다.	①	②	③	④	⑤
A-2-가. 문서이해능력	1. 나는 문서가 무엇인지 설명할 수 있다.	①	②	③	④	⑤
	2. 나는 문서이해의 개념 및 특성에 대하여 설명할 수 있다.	①	②	③	④	⑤
	3. 나는 문서이해의 중요성에 대하여 설명할 수 있다.	①	②	③	④	⑤
	4. 나는 문서이해의 구체적인 절차와 원리를 설명할 수 있다.	①	②	③	④	⑤
	5. 나는 문서를 통한 정보획득 및 종합 방법을 설명할 수 있다.	①	②	③	④	⑤
	6. 나는 다양한 문서의 종류를 구분하여 설명할 수 있다.	①	②	③	④	⑤
	7. 나는 다양한 문서에 따라 각기 다른 이해방법을 알고 있다.	①	②	③	④	⑤
	8. 나는 문서이해능력을 키우기 위한 방법을 알고 설명할 수 있다.	①	②	③	④	⑤
A-2-나. 문서작성능력	1. 나는 직업생활에서 필요한 문서가 무엇인지 확인할 수 있다.	①	②	③	④	⑤
	2. 나는 문서를 작성해야 하는 목적 및 상황을 파악할 수 있다.	①	②	③	④	⑤
	3. 나는 내가 주로 작성하는 문서가 어떻게 작성되어야 하는지 방법을 설명할 수 있다.	①	②	③	④	⑤
	4. 나는 문서의 종류에 따라 적절하게 문서를 작성할 수 있다.	①	②	③	④	⑤
	5. 나는 문서작성에서 시각적인 표현의 필요성을 설명할 수 있다.	①	②	③	④	⑤
	6. 나는 문서작성에서 시각적인 표현을 효과적으로 사용할 수 있다.	①	②	③	④	⑤
A-2-다. 경청능력	1. 나는 경청의 개념을 설명할 수 있다.	①	②	③	④	⑤
	2. 나는 경청의 중요성을 설명할 수 있다.	①	②	③	④	⑤
	3. 나는 올바른 경청을 방해하는 요인들을 설명할 수 있다.	①	②	③	④	⑤
	4. 나는 효과적인 경청방법에 대해 설명할 수 있다.	①	②	③	④	⑤
	5. 나는 경청훈련을 통하여 올바른 경청방법을 실천할 수 있다.	①	②	③	④	⑤
A-2-라. 의사표현능력	1. 나는 의사표현의 개념을 설명할 수 있다.	①	②	③	④	⑤
	2. 나는 의사표현의 중요성을 설명할 수 있다.	①	②	③	④	⑤
	3. 나는 원활한 의사표현을 방해하는 요인들을 설명할 수 있다.	①	②	③	④	⑤
	4. 나는 효과적인 의사표현방법에 대해 설명할 수 있다.	①	②	③	④	⑤
	5. 나는 설득력 있는 의사표현을 실천할 수 있다.	①	②	③	④	⑤
평가결과	문항 수 : 30문항 × 최대 5점, 합계 점수 : , 합계점수 ÷ 문항 수 점수 : , * 합계점수를 문항 수로 나눈 값이 4점 이하에 해당하는 경우 학업을 마친 후 의사소통능력을 수행하는 데 어려움이 있을 수 있으므로 보충수업이나 심화학습을 통해 개별학습을 하는 것이 필요함					

출처: 국가직무능력표준, www.ncs.go.kr

제5장 의사소통능력 지도 학습평가 1 [정답 및 해설]

[1번 정답] : (A) 의사전달, (B) 상호교류

[해설] : 의사소통이란 기계적으로 무조건적인 정보의 전달이 아니라 두 사람 또는 그 이상의 사람들 사이에서 의사의 전달과 상호교류가 이루어진다는 뜻이며, 어떤 개인이나 집단이 개인이나 집단에 대해서 정보, 감정, 사상, 의견 등을 전달하고 그것을 받아들이는 과정이다.

[2번 정답] : 1) X, 2) X, 3) O

[해설] : 의사소통은 자신이 상대방에게 메시지를 전달하는 과정이 아니라 상대방과의 상호작용을 통해 메시지를 다루는 과정이다. 과거에는 기계적인 정보의 전달만으로 이해가 되었지만, 의사소통은 정보의 전달 이상의 것이다. 우리가 남들에게 일방적으로 언어 또는 문서를 통해 의사를 전달하는 것은 의사소통이라고 할 수 없다. 성공적인 의사소통을 위해서는 자신이 가진 정보를 상대방이 이해하기 쉽게 표현하는 것도 중요하지만, 상대방이 어떻게 받아들일 것인가에 대한 고려 역시 바탕이 되어야 한다.

제5장 의사소통능력 지도 학습평가 2 [정답 및 해설]

[1번 정답] : 1) (A) 문서이해능력, (B) 문서작성능력, 2) (C) 경청능력, (D) 의사표현능력

[해설] : 학교나 직장생활에서 요구되는 문서적인 의사소통능력은 문서로 작성된 글이나 그림을 읽고, 내용을 이해하고 요점을 판단하며, 이를 바탕으로 목적과 상황에 적합하도록 아이디어와 정보를 전달할 수 있는 문서를 작성하는 능력을 말한다. 또한 직업인에게 요구되는 언어적인 의사소통능력은 상대방의 이야기를 듣고, 의미를 파악하며, 이에 적절히 반응하고, 이에 대한 자신의 의사를 목적과 상황에 맞게 설득력을 가지고 표현하기 위한 능력을 말한다.

[2번 정답] : 1) 문서적 의사표현능력 — 상황과 목적에 적합한 문서작성
2) 언어적 의사표현능력 — 감정적인 정보전달, — 상대방의 이야기를 듣고 의미파악

〔해설〕: 언어적인 의사표현능력은 문서적인 의사소통과는 달리 상대방의 이야기를 듣거나 감정적인 정보전달을 할 수 있는 반면, 문서적인 의사소통능력은 상황과 목적에 맞는 문서작성으로 감정적이라기보다는 권위적이며 정확성이 있는 의사소통이라고 할 수 있다.

제5장 의사소통능력 지도 학습평가 3 [정답 및 해설]

〔1번 정답〕: 선입견과 고정관념, 의사소통 기술의 부족, 표현능력의 부족, 이해능력의 부족 등

〔해설〕: 의사소통의 저해요인을 기술하거나 자신이 생각하고 있는 바람직한 의사소통을 저해하는 요인을 작성해 보도록 지도한다. 개인별 의견을 작성한다면 특별한 정답이 있는 것이 아니며, 저해요인을 찾기 어려워하는 학습자를 위해 본문 내용을 중심으로 의사소통 저해요인을 작성하도록 지도한다.

제5장 의사소통능력 지도 학습평가 4 [정답 및 해설]

〔1번 정답〕: 1) X, 2) X, 3) O

〔해설〕: 전문용어의 사용은 그 언어를 사용하는 집단 구성원들 사이에서 사용될 때에는 이해를 촉진시키지만, 조직 밖의 사람들 예를 들어, 고객에게 사용했을 때에는 의외의 문제를 야기할 수 있기 때문에 의사소통을 할 때 주의하여 단어를 선택하는 것이 필요하다. 듣는 것은 수동적인 데 반해 경청은 능동적인 의미의 탐색이므로 이야기를 들어주는 것과 경청의 의미는 다르다.

〔2번 정답〕: 메모하는 습관 기르기, 다른 사람 이야기에 관심가지기 등

〔해설〕: 의사소통능력을 개발하는데 자신이 실천할 수 있는 작은 변화를 위한 습관부터 고려할수록 좋으므로 자신의 내재적인 특징이나 목표, 자신의 성격 등을 모두 고려하여 작성한다.

제5장 의사소통능력 지도 학습평가 5 [정답 및 해설]

〔1번 정답〕: 1) O, 2) O, 3) O, 4) X

[해설] : 인상적인 의사소통을 위해서는 자주 사용하는 표현은 섞어 쓰지 않으면서 자신의 의견을 잘 전달하는 것이 중요하다.

제6장 문서이해능력 지도 학습평가 1 [정답 및 해설]

[1번 정답] : (A) 내용을 이해, (B) 요점을 파악, (C) 필요한 행동이 무엇인지 추론

[해설] : 학교나 직업생활에서 문서이해능력은 원활한 업무처리를 위해 필수적이며, 우리는 문서이해를 통해 주어진 문서에 나타난 내용을 이해하고, 발표하고자 하는 요점을 파악하여 우리에게 필요한 행동을 추론하는 것을 목적으로 한다. 이를 잘 파악하여 문서이해의 개념을 확인하는 것이 중요하다.

[2번 정답] : 상대방의 의도 파악, 원활한 업무처리 등

[해설] : 문서이해능력을 통해 무엇을 하고자 하는지 각자 생각하는 점을 작성해 보는 것이다. 문서이해능력을 통해 얻고자 하는 바는 개인에 따라 다를 것이므로 특별한 정답은 없지만, 보편적으로 문서이해능력을 통해 상대방의 의도를 파악하여 요점을 도출하고, 나의 행동을 변화시키거나 원활하게 업무를 처리하는 것을 목적으로 하기 때문이다.

제6장 문서이해능력 지도 학습평가 2 [정답 및 해설]

[1번 정답] : 리포트, 보고서, 기획서, 보도자료, 비즈니스 레터 및 메모

[해설] : 문서의 종류는 다양하고 그에 따라 이해방법이 다르다는 것을 이해해야 한다.

[2번 정답] : 1) 결산보고서 : 진행됐던 사업의 수입과 지출결과를 보고하는 문서, 2) 보도자료 : 각종 조직 및 단체 등이 언론을 상대로 자신들의 정보가 기사로 보도되도록 하기 위해 보내는 자료, 3) 기획서 : 상대방에게 기획의 내용을 전달하여 기획을 시행하도록 설득하는 문서, 4) 기안서 : 회사의 업무에 대한 협조를 구하거나 의견을 전달할 때 작성하는 문서

제6장 문서이해능력 지도 학습평가 3 [정답 및 해설]

[1번 정답] : (A) 필요한 정보를 획득하고 수집하여 종합하는 능력, (B) 정리하는 습관

[해설] : 주어진 문장을 이해했다 하더라도 모든 문서의 내용을 기억하기 어렵기 때문에 획득한 정보를 요약하고 수집 및 종합하는 능력이 필요하다. 문서의 이해와 이를 통한 정보획득은 단기간에 이루어지는 것이 아니기 때문에 지속적인 연습과 노력이 필요하다.

[2번 정답] : ① 문서의 목적을 이해하기, ② 문서가 작성되게 된 배경과 주제를 파악하기, ③ 문서에 기록된 정보를 밝혀내고 문서가 제시하고 있는 현안문제를 파악하기, ④ 문서를 통해 상대방의 요구와 의도 및 내게 요구되는 행동에 관한 내용을 분석하기, ⑤ 문서에게 이해한 목적 달성을 위해 취해야 할 행동을 생각하고 결정하기, ⑥ 상대방의 의도를 도표나 그림 등으로 메모하여 요약·정리하기

제6장 문서작성능력 지도 학습평가 1 [정답 및 해설]

[1번 정답] : 대상, 목적, 시기, 기대효과

[해설] : 문서를 작성하는 것은 무엇을 전달하려 하는지 명확히 한 후에 작성해야 한다. 따라서 문서를 작성할 때에는 작성하는 개인의 사고력과 표현력을 총 동원해서 작성한다. 또한 문서에는 대상과 목적, 시기가 포함되어야 하며 기획서나 제안서 등 경우에 따라 기대효과가 포함되어야 한다.

[2번 정답] : 품위 있고 짜임새 있는 골격, 객관적이고 논리적이며 체계적인 내용, 이해하기 쉬운 구조, 명료하고 설득력 있는 구체적인 문장, 세련되고 인성적이며 효과적인 배치

[해설] : 직장에서의 문서는 경쟁상황에서 상대를 설득하거나 조직의 의견을 전달하는 기능을 하기 때문에 일관적이며 통일성을 갖추고 전체 흐름이 일목요연한지, 객관적인 근거가 정확한지, 핵심사항이 정확한지 등을 확인하여 작성해야 한다.

제6장 문서작성능력 지도 학습평가 2 [정답 및 해설]

[1번 정답] : 1) 기획서 — 상대방에게 어필해 상대가 채택하게끔 설득력 있게 작성

한다. 2) 설명서 — 명령문보다 평서형으로 동일한 문장보다는 다양하게 표현한다. 3) 공문서 — 내용이 복잡한 경우 — 다음 —, — 아래 — 와 같은 항목을 만들어 구분한다. 마지막엔 — 끝 — 자로 마무리한다. 4) 보고서 — 궁금한 점에 대해 질문받을 것을 대비한다. 업무상 진행과정에서 작성하므로 핵심내용을 구체적으로 제시한다.

[해설] : 직장생활 중에는 다양한 상황에서 목적에 맞는 다양한 문서를 작성해야 한다. 이에 대비하여 내용에 제시된 각각의 문서 특징을 알 수 있도록 해야 한다.

[2번 정답] : (A) 제안서, (B) 기획서

[해설] : 학교나 직장생활에서 일을 하다 보면 업무에 대한 제안을 하거나 기획을 해야 할 때가 있다. 이때 필요한 문서는 제안서와 기획서를 작성하게 되는데, 중요한 업무를 추진할 때 많이 사용하므로 작성방법에 대해서 알고 있어야 한다.

제6장 문서작성능력 지도 학습평가 3 [정답 및 해설]

[1번 정답] : ①

[해설] : 문서는 작성은 시기가 중요하다. 문서의 작성 날짜 및 시기는 문서가 담고 있는 내용에서 중요한 부분이다.

[2번 정답] : 1) X, 2) X, 3) O

[해설] : 문서작성은 공적으로 자신을 표현하고 대외적인 문서의 경우 회사나 기관을 대표하는 것이기 때문에 문서작성의 원칙에 따라 작성해야 한다.

[3번 정답] : 간결체로 작성한다.

제6장 문서작성능력 지도 학습평가 4 [정답 및 해설]

[1번 정답] : 개념도, (개념), 그래프, (정보), (표현)

[해설] : 문서의 내용을 시각화하기 위해서는 전하고자 하는 내용의 개념이 명확해야 하고, 수치 등의 정보는 그래프 등을 사용하여 시각화하고, 그리고 강조하여 표현하

고 싶은 내용은 조형을 통해 활용할 수 있다.

［2번 정답］: ① 보기 쉬워야 함, ② 이해하기 쉬워야 함, ③ 다채롭게 표현되어야 함, ④ 숫자는 그래프로 표시함

［해설］: 문서내용을 시각화한다고 해서 무조건 그림이나 사진, 표 등을 넣는 것은 아니다. 의미나 목적을 내포하는 내용이 보기 쉬워야 하고 이해하기 쉬워야 한다.

제7장 경청능력 지도 학습평가 1 [정답 및 해설]

［1번 정답］: ③

［해설］: 우리가 경청하면 상대방(말을 하는 사람)은 본능적으로 안도감을 느끼고 경청하는 사람에게 무의식적으로 믿음을 갖게 된다. 그리고 말하는 사람은 자신도 모르게 더 집중하게 된다. 이러한 심리적인 효과로 인해 말을 하는 사람은 말과 메시지나 감정을 효과적으로 상대방(경청자)에게 전달하게 된다. 일반적으로 경청하는 만큼 상대방(말하는 사람)은 경청해주는 사람을 싫어하는 사람은 세상에 존재하지 않는다는 사실을 인식해야 한다.

［2번 정답］: (A) 존중, (B) 성실한, (C) 공감

［해설］: 의사소통은 내가 상대방에게 메시지를 전달하는 과정이 아니라 상대방과의 상호작용을 통해 메시지를 다루는 과정이다. 즉, 성공적인 의시소통을 위해서는 내가 가진 정보를 상대방이 이해하기 쉽게 표현하는 것도 중요하지만, 상대방이 어떻게 받아들일 것인가에 대한 고려가 바탕이 되어야 한다. 따라서 의사소통을 위한 기본 자세는 경청하는 것이 중요하다.

제7장 경청능력 지도 학습평가 2 [정답 및 해설]

［1번 정답］: 조언하기

［해설］: 지나치게 상대방의 문제를 조언하거나 충고하며 끼어들면 상대방은 제대로 말을 끝맺을 수 없다. 조언하기는 올바른 경청을 방해하는 요인이 될 수 있다.

〔2번 정답〕 : 짐작하기

〔해설〕 : 일반적으로 사람에 따라 상대방의 말을 듣고 공감하기보다는 자신의 생각에 맞는 단어를 찾아 자신의 생각을 확인하려고 한다. 이는 상대방이 하는 말의 내용을 무시하고 자신의 생각이 옳다는 것만 확인하려 한다. 짐작하기는 올바른 경청을 방해하는 요인 중 하나이다.

제7장 경청능력 지도 학습평가 3 [정답 및 해설]

〔1번 정답〕 : ①

〔해설〕 : 상대방을 정면으로 마주하는 자세는 그와 함께 의논할 준비가 되었음을 알리는 자세이다. 따라서 눈을 마주치지 않고 피하면 상대방이 의논할 자세가 안 되었다고 느끼기 때문에 올바른 경청자세가 아니다.

제7장 경청능력 지도 학습평가 4 [정답 및 해설]

〔1번 정답〕 : 1) O, 2) X, 3) X

〔해설〕 : 경청능력은 연습하여 개발할 수 있다. 안 된다고 생각하지 말고 대화법을 통한 경청훈련, 놀이를 통한 경청훈련, 공감적 이해 등을 통해 경청능력을 개발할 수 있도록 노력해야 한다. 또한 대화법을 통한 경청훈련은 모든 인간관계에서 적용할 수 있다. 부부관계, 부모-자녀관계, 친구관계, 직장동료 관계, 직장 상사와 부하직원과의 관계 등 모든 인간관계에서 그대로 적용된다. 그리고 적절한 맞장구는 대화하는 데 방해가 되지 않는다. 듣기를 잘하는 사람은 맞장구를 잘하는 사람이다. 듣는 사람이 적절하게 맞장구를 치면 말하는 사람은 의욕이 북돋아져 이야기에 더욱 열의가 생기게 된다.

[2번 정답〕 : 공감적 이해를 통한 경청훈련, 앵무새 놀이를 통한 경청훈련, 대화법을 통한 경청훈련, 적절한 맞장구를 통한 경청훈련 등이 있을 수 있다.

제8장 의사표현능력 지도 학습평가 1 [정답 및 해설]

〔1번 정답〕 : ④

〔해설〕: 의사표현의 종류는 상황이나 사태와 관련하여 공식적 말하기, 의례적 말하기, 친교적 말하기로 구분하며, 구체적으로 대화, 토론, 보고, 연설, 인터뷰, 낭독, 구연, 소개하기, 전화로 말하기, 인내하는 말하기 등이 있다. 따라서 친구끼리의 사적인 대화도 포함된다.

〔2번 정답〕: (A) 말, (B) 이미지

〔해설〕: 말은 말하는 사람의 이미지를 결정한다. 따라서 말을 통하여 이미지를 바꾸는 것이 가능하다. 말하는 방법을 바꿈으로써 자기 자신의 이미지를 성공하는 사람으로 바꾸도록 노력할 필요가 있다.

〔3번 정답〕: ③

〔해설〕: 의사표현을 하는 데 있어서 자신을 너무 과소평가하지 말아야 한다. 즉, 낮은 자존감과 열등감으로 자기 자신을 대하지 않도록 한다. 평소에 "미안합니다.", "죄송합니다."를 입에 달고 사는 사람이 있다. 얼핏 보면 예의 바르게 보일지 모르나 꼭 필요한 경우가 아니라면 사용하지 않는 것이 좋다.

제8장 의사표현능력 지도 학습평가 2 [정답 및 해설]

〔1번 정답〕: 연단공포증

〔해설〕: 연단공포증은 소수인의 심리상태가 아니라, 90% 이상의 사람들이 호소하는 불안이다. 그러므로 이를 걱정할 필요는 없으며, 오히려 이러한 심리현상을 잘 통제하면서 구두발표를 한다면 청자는 그것을 더 인간다운 것으로 생각하게 될 것이다. 이러한 연단공포증은 본질적인 것이기 때문에 이것을 완전히 치유할 수은 없다. 그러나 의사전달 시 반복연습 등의 노력에 의해서 심리적 불안을 얼마간 유화시킬 수는 있다.

〔2번 정답〕: 몸짓

〔해설〕: 화자는 연단 앞에 서기 이전에 자신의 용기와 겸손, 주의력 등을 고려하여 단정한 몸가짐과 시선, 그리고 얼굴표정 등을 밝게 관리하여 청중으로부터 좋은 인

상을 주어야 한다.

[3번 정답] : ②

[해설] : 발표자가 연단에 섰을 때 청자의 나이와 사회적 신분만을 생각한다면 말하기 전에 위축되어 스피치를 할 수 없게 된다. 비단 청자가 나의 상사이거나, 고관이거나, 연장자일지라도 연단에서는 순간 하나의 무생물로 인식해야 한다. 발표에 관한 한 나는 권위자이며, 청자의 신분이 어떠하든 간에 청자와 나는 똑같은 평범한 인간이라는 생각을 가지고 연단에 서야 한다.

제8장 의사표현능력 지도 학습평가 3 [정답 및 해설]

[1번 정답] : ①

[해설] : 상대방의 잘못을 지적할 때는 확실하게 지적한다. 애매모호한 표현은 설득력을 약화시킨다. 잘못을 지적할 때는 먼저 상대방과의 관계를 고려한다. 지적하는 사람의 힘이나 입장의 차이가 클수록 저항이 적다. 또한 지금 당장 꾸짖고 있는 내용에만 한정해야지 이것저것 함께 꾸짖으면 효과가 적다.

[2번 정답] : ①

[해설] : 의사표현은 일방적인 것이 아니라 주고받는 것이기 때문에 상대방의 채널에 맞춘다는 기분으로 하는 것이 바람직하다. 따라서 풍부한 어휘력을 갖기 위해서 독서를 많이 하는 것은 도움이 된다.

제8장 의사표현능력 지도 학습평가 4 [정답 및 해설]

[1번 정답] : 1) 하던 말을 갑자기 멈춤으로써 상대방의 주의를 끌어라.
2) 끄집어 말하여 자존심을 건드려라.
3) 상대방의 불평이 가져올 결과를 강조해야.

참고문헌

강문희(2019). **인간관계의 이해**. 학지사.

강인숙(2019). **리더십 역량 개발을 위한 의사소통**. 동문사.

곽노의 · 김경철 · 김유미 · 박대근(2008). **영유아발달**. 양서원.

곽윤경 · 김윤경 · 노지영 · 배영주 · 우희철(2017). **인간관계와 의사소통**. 의학서원.

권구영 · 고은숙 · 김용민 · 박봉정 · 진혜경 · 최은정(2009). **사회복지실천론**. 창지사.

길귀숙 · 강희숙 · 이재호 · 천덕희 · 김상곤 · 오영훈 · 현영렬 · 임승희(2011). **사회복지실천론**. 양서원.

김경희(1999). **발달심리학**. 학문사.

김미영 · 강훈 · 김건 · 신정옥 · 이희승(2019). **나 너, 우리의 자존감을 키우는 대화법**. 한국학술정보.

김성희(2017). **인간관계와 의사소통 : 이론과 기술**. 공동체.

김수희 · 김지현 · 나용선 · 전대성(2008). **아동발달**. 양서원.

김영애(2019). **사티어 빙산의사소통 : 자기이해를 통한 마음과 마음 나누기**. 김영애가족치료연구소.

김정희 · 강혜자 · 이상빈 · 박세영 · 권혁철 역(2005). **생활과 심리학**(*Psychology Applied to Modern Life*). 시그마프레스(주).

김종두(2005). **교육과 의사소통**. 양서원.

김진숙 · 김지은 · 연미희 · 이인수(2014). **인간관계와 의사소통**. 창지사.

김혜숙 · 박선환 · 박숙희 · 이주희 · 정미경(2011). **인간관계론**. 양서원.

리잉 지음 · 고보혜 옮김(2019). **하버드 심리 수업**. 이터.

문소윤(2019). **성공의 차이를 만드는 의사소통과 자기계발**. 지식인.

문지현(2017). **정신과 의사에게 배우는 자존감 대화법**. 사람과 나무사이.

민승기(2019). **데인 관계? 대인 관계!**. 나비의활주로.

박안석 역(2007). **한권으로 읽는 데일카네기**. 베이직북스.

박연경 · 박종팔 · 조영란(2017). **인간관계와 의사소통**. 양서원.

박영규(2019). **관계의 비결**. MID.

서혜석 · 이혜숙 · 이윤형 · 한경리(2010). **사회복지실천기술론**. 양서원.

설기문(1997). **인간관계와 정신건강**. 학지사.

손재석(2019). **인간관계 심리학**. 정민사.

송관재 · 김범준 · 홍영오(2003). **대인관계의 심리**. 선학사.

송명자(2009). 대학의 교양강좌를 이용한 인간관계훈련 프로그램 개발 및 효과. 영남대학교 박사학위논문.

신의식(2019). **효과적인 인간관계를 위한 협력적 의사소통**. 양성원.

아돌프F.크니게 지음 · 차전석 옮김(2019). **뒤돌아서 후회않는 사교술**. 나래북.

양참삼(1997). **인간관계와 갈등관리**. 경문사.

엄명용 · 노충래 · 김용석(2009). **사회복지실천기술의 이해**. 학지사.

우오즈미 리에 지음 · 강다영 옮김(2019). **잘 듣는 습관**. 매일경제신문사.

유상용 · 박양순 · 김동혁 · 김은송(2019). **Step up 실전 의사소통능력**. 양성원.

유수현 · 오수희 · 길귀숙 · 이재령 · 이재호(2009). **인간관계론**. 양서원.

유안진(1999). **아동발달의 이해**. 문음사.

유효순(2007). **아동발달**. 창지사.

윤대혁(2019). **인간관계의 이해**. 탑북스.

이경리(2015). **인간관계와 의사소통 워크북**. 포널스출판사.

이광자 · 고성희 · 이숙 · 김경희 · 민소영(2017). **인간관계와 의사소통의 실제**. 신광출판사.

이광자 · 이숙 · 김경희 · 민소영 · 최윤정(2019). **인간관계와 의사소통의 실제**. 신광출판사.

이근후 · 박영숙 역(1990). **사회적응을 위한 인관관계**. Ellenson, A.(1988). *Human Relation. Englewood Cliffs*, NJ: Prentice-Hall. 하나의학사.

이민식(2019). **갈등을 잘 다루니 인간관계가 쉬워졌습니다**. 메이트북스.

이성태(2011). **인간관계론**. 양서원.

이수용(2019). **인간관계의 심리**. 학지사.

이숙 · 권명진 · 김순오 · 김효정 · 박명희(2019). **직무능력향상을 위한 인간관계와 의사소통**. 대한나래출판사.

이숙 · 권명진 · 김순오 · 박명희 · 임미림(2014). **인간관계와 의사소통**. 대한나래출판사.

이시한(2019). **NCS 59초의 기술 의사소통능력**. 더북.

이영호(2008). **사회복지실천기술론**. 공동체.

이원영 외(2001). **영아의 애착형성을 도와주세요**. 다음세대.

이윤로(2009). **사회복지실천기술론**. 학지사.

이은숙(2012). **세계속의 효과적인 인간관계와 의사소통**. 양서원.

이은숙(2014). **세계 속의 효과적인 인간관계와 의사소통**. 양서원.

이주혜(1981). 유아의 낯가림 및 격리불안과 어머니의 양육태도와의 관계. 성균관대학교 대학원 석사학위논문.

이지연(2019). **NCS 의사소통 액션북 : 4차 산업혁명시대 직장인의 소통과 대화 기술을 위한**. 백산출판사.

이해선 · 김은미(2015). **인성과 자기계발**. 정민사.

이현주(2019). **직장생활의 99%는 관계다**. 메이트북스.

임혜경 · 김송이 · 이금진 · 이현(2012). **인간관계론**. 양서원.

정옥분(2007). **아동발달의 이해**. 학지사.

존 내버로 지음 · 김수민 옮김(2019). **FBI 관찰의 기술 : 몸의 신호로 상대를 꿰뚫어 보는 실전 매뉴얼**. 리더스북.

차배근(1989). **커뮤니케이션학개론**. 세영사.

차희연(2019). **매일 10분 마음수업**. 베프북스.

최경숙 · 박영아(2005). **아동발달**. 창지사.

최경화 · 김재열 · 유인애 · 석재은 · 황성식 · 안성의 · 이형진(2010). **사회복지실천기술론**. 도서출판 신정.

최영희(1987). 5~7개월아의 기질조사 연구. **아동학회지**, 8(2), 1-15.

한금선 · 양승희 · 손정남 · 박정원 · 김근면(2018). **의사소통과 인간관계론**. 고문사.

허윤재(1984). 청소년의 도덕성 발달과 가정환경과의 관계: 13세 아동을 중심으로. 중앙대학교 교육대학원 석사학위 청구논문.

Ainsworth, M. S., Blehar M. C., Waters, E., & Wall, S.(1978). *Patterns of attachment: A psychological study of the strange situation*. Hillsdale, NJ: Erlbaum.

Bandura, A., Grusec, J. E., & Menlove, F. L.(1967). Some determinants of self-monitoring reinforcement systems. *Journal of Personality and Social Psychology, 5*, 449-455.

Barker, R. L.(1987). *The Social Work Dictionary*. Silver Spring: NASW.

Berger, K. S.(2003). *Developing Person Through Childhood and Adolescence*. NY: Worth publishers.

Berk, L. E.(2000). *Child development*(5th ed.). Boston, MA: Allyn and Bacon.

Bowlby, J.(1958). The nature of the child's tie to mother. *International Journal of psychoanalysis, 41*.

Bowlby, J.(1988). *A secure base: Clinical application of attachment theory*. London: Tavistock.

Brenner, E. M., & Salovey, P.(1997). Emotion regulation durong childhood: Developmental, interpersonal, and individual considerations. In P. Salovey, & D. J. Sluyter, *Emotional development and emotional intelligence*. NY: Basic Book.

Brill, N. I.(1997). *Working with People: The Helping Process*(6th ed.). New York: Longman.

Bowen, M.(1978). *Family Therapy in Clinical Practice*. New York: Jason Aronson.

Bullock, M., & Lutkenhaus, P.(1990). Who am I? Self-understanding in toddlers. *Merrill-Paimer Quarterly, 36*, 217-238.

Carkhuff, R. Robert(1971). *The Development of Human Resources*. New York: Holt, Rinehart & Winston, Inc..

Chess, S., & Thomas, R.(1984). *Origins and evolution of behavior disorders*. New York: Brunner/Mazel.

Crain, W. C.(1980). *Theories of development: Concepts and applications*. Englewood Cliffs. NY: Prentice Hall.

Fromm, E.(1956). *The Art of Loving*. NY: Harper & Row.

Goleman, D.(1995). *Emotional intelligence*. NY: Bantam Books.

Golden, M., Montare, A., & Bridger, W.(1977). Verbal control of delay behavior in two-year-old boys as a function of social class. *Child Development, 48*.

Harter, S.(1998). The development of self-representations. In W. Damon(Ed.), *Handbook of child psychology*(5th ed., Vol.3). New York: Wiley.

Harter, S., Whitesell, N. R., & Kowalski, P. S.(1992). Individual differences in the effects of educational transitions on young adolescents' perceptions of competence and motivational orientation. *American Educational Research Journal, 29*.

Harter, S., Wright, L., & Bresnick, S.(1987). A developmental sequence of the emergence of self affects. Paper presented at the biennial meeting of the Society for Research in Child Development, Baltimore.

Hepworth, D. H., & Larsen, J. A.(1990). *Direct Social Work Practice: Theory and Skills*(3rd ed.). Belmont: Wadworth Publishing Company.

Hoffman, M. L.(1980). Moral development in adolescence. In J. Adelson(Ed.), *Handbook of adolescent psychology*. New York: Wiley.

Hoffman, M. L.(1988). Moral development. In M. H. Bornstien & M. E. Lamb(Eds.), *Developmental psychology: An advanced textbook*(2nd ed.). Hillsdale, New Jersey: Erlbaum.

Hower, J. T., & Edwards, K. J.(1979). On relationship between moral character and adolescent's perception of parental behavior. *Journal of Genetic Psycbology*, *135*(1).

Howes, C., & Olenick, M.(1986). Family and childcare influence on toddlers' compliance. *Child Development*, *57*.

Izard, C. E.(1994). Innate and universal facial expressions: Evidence from Developmental and cross-cultural research. *Psychological Bulletin*, 115-288-299.

Izard, C. E., & Malatesta, C. Z.(1987). Perspectives on emotional development: 1: Differential emotions theory of early emotional development. In J. D. Osofsky(Ed.), *Handbook of infant development*(pp. 494-555). New York: Wiley.

Kadushin, A.(1990). *The Social Work Interview*(3rd ed.). New York, NY: Columbia University Press.

Kail, R. V.(2004). *Children and their development*(3rd ed.). New Jersey: Prentice-Hall.

Kirst, K. K., & Hull, Ashman(1993). *Understanding Generalist Practice*. Chicago: Nelson-Hull Publishers.

Kohlberg, L. A.(1966). Cognitive developmental analysis of children's sex-role concepts and attitudes. In E. E. Maccoby(Ed.), *The development of sex differences*. Stanford, California: Stanford University Press.

Kopp, C. B.(1987). The growth of self regulation: Caregivers and children. In N. Eisenberg(Ed.), *Contemporary topics in developmental Psychology*. NY: Wiley.

Kuebli, J.(1994). Young children's understanding of everyday emotions. *Young Children*, 36-48.

Lewis, M., & Brooks-Gunn, J.(1978). Self-Knowledge and emotional development. In M. Lewis & L. Rosenblum(Eds.), *The development of affect*. Cambridge, UK: Cambridge University Press.

Lorenz, K. Z.(1965). *Evolution and the modification of behavior*. Chicago: University of Chicago Press.

Maslow, A. H.(1965). A theory of human motivation. In D. E. Hamachek(Ed.), *The self in growth, teaching and learning*. New Jersey: Prentice-Hall.

Mayo, E.(1993). *The Human Problem of on Industrial Civilization*. N.Y.: Viking.

Miller, J. B.(1976). *Toward a New Psychology of Women*. Harmondsworth: Penguin.

Montemayor, R., & Eisen, M.(1977). The development of self-conceptions from childhood to adol escence. *Developmental Psychology*, *13*, 3144-319.

Murdock, G. P.(1949). *Social Structure*. New York: Macmillan.

Muuss, R. E.(1996). *Theorise of adolescence*(6th ed.). Mcgraw-Hill.

Netting, F. E., Kettner, P. M., & McMurtry, S.(1998). *Social Work macro Practice*(2nd ed.). New York: Longman.

Papalia, P. E., & Olds, S. W.(1995). *A child's world: Infancy through adolescence*(3rd ed.). NY: McGraw-Hill.

Redfield, Charles, E.(1958). *Communication in Management*(rev. cd.). Chicago University of Chicago Press.

Saarni, C.(1997). Emotional Competence and self-regulation in childhood. In P. Salovey, & D. J. Sluyter, *Emotional development and emotional intelligence*. NY: Basic Book.

Saarni, C., Mumme, D., & Campos, J.(1998). Emotional development: Action, communication, and understanding In W. Damon(Series Ed.) and N. Eisenberg(Vol. Ed.), *Handbook of child psychology: Vol. 3. Social, emotional, and personality development*(5th ed., pp. 237-309). New York: Wiley.

Saarni, C. & Harris, P. L.(1989). *children's understanding of emotion*. Cambridge: Cambridge University.

Salovey, P. & Mayer, J. D.(1990). Emotional intelligence. *Imagination, cognition, and personality*, *9*.

Scheafor, B. W., Horejsi, C. R., & Horejsi, G. A.(1997). *Techniques and Guidelines for Social Work Practice*. New York: Allyn & Nacon. 서울대사회복지실천연구회 역(1998). **사회복지 실천기법과 지침**. 나남출판.

Shaffer, D. R.(1979). *Social and personality development*. Pacific Grove, CA: Brooks/Cole.

Shaffer, D. R.(1993). *Developmental psychology: Theory, research, and applications*. Pacific Grove, CA: Brooks/Cole.

Shaffer, D. R.(1999). *Developmental psychology: Childhood and adolescence*(5th ed.). Pacific Grove, CA: Brooks/Cole.

Selman, R. L.(1980). *The growth of interpersonal understanding*. NY: Academic Press.

Selman, R. L.(1981). The child as a friendship philosopher: A case study in the growth of interpersonal understanding. In S. R. Asher & J.

Simmons, R. G., & Blyth, D. A.(1987). *Moving into adolescence: The impact of pubertal change and school context*. Hawthorne, New York: Aldine & de Gruyter.

Thomas, J. R.(2000). children's Control, Learnig and Performance of Motor Skills. *Research Quarterly for Exercise and Sport*, *71*(1).

Thomas, A., & Chess, S.(1977). *Temperament and development*. New York: Brunner/Mazel.

Underwood. M., Coie, J., & Herbsman, C.(1992). Display rules for anger and aggression in school-age children. *Child Development*, *63*.

Vaughn, B. E., Kopp, C. B., & Krakow, J. B.(1984). The emergence and consolidation of self-control from eighteen to thirty months of age: Normative trends and individual differences. *Child development*, *55*.

찾아보기

인명

저/자/약/력

김현호 충북도립대학교 사회복지과 교수
공경배 우송정보대학 사회복지과 겸임교수
구헌철 대원대학교 간호과 교수
김신혜 국제대학교 경호보안학과 초빙교수
모아라 연성대학교 사회복지과 교수
신종우 계명문화대학교 사회복지상담과 교수
이순득 세경대학교 미술치료과 겸임교수
장예진 국제대학교 경호보안학과 교수
조용태 중원대학교 교양학부 교수

인간관계와 의사소통능력

1판 1쇄 인쇄 – 2019년 8월 10일
1판 1쇄 발행 – 2019년 8월 15일

저　　자 - 김현호 공경배 구헌철 김신혜 모아라
신종우 이순득 장예진 조용태
발 행 인 - 강철원
발 행 처 - 양성원
주　　소 - 경기도 파주시 검산로 173번길 29-20
전　　화 - 031-946-3861(代)
팩　　스 - 031-946-3864
이 메 일 - tnwpub@naver.com
홈페이지 - tnwpub.co.kr
출판등록 - 2015년 8월 31일 제 2015-000211 호

ISBN 979-11-6126-201-7

정가 17,000원